그래프 알고리즘

그래프 알고리즘

아파치 스파크와 Neo4j를 사용한 실전 예제

마크 니덤 · 에이미 호들러 지음 테크 트랜스 그룹 T4 옮김

에이콘

에이콘출판의 기틀을 마련하신 故 정완재 선생님 (1935-2004)

추천의 말

마케팅 속성 분석, 자금 세탁 방지^{AML, Anti-Money Laundering} 분석, 고객 여정 모델링, 안전사고 원인 분석, 문헌 기반 발견, 사기 네트워크 감지, 인터넷 검색 노드 분석, 지도 애플리케이션 생성, 질병 클러스터 분석, 윌리엄 셰익스피어^{William Shakespeare} 연극의 성능 분석에서 공통점은 그래프를 사용한다는 것이다. 셰익스피어가 "세상은 연극 무대다."라고 말한 것처럼 "세상은 그래프로 연결돼 있다."가 옳음이 증명됐다.[1]

에이본의 바드^{Bard of Avon}(셰익스피어를 의미)은 실제로 그 문장에서 그래프라는 단어를 쓰지 않았고 실제로는 연극 무대로 썼다.[2] 그러나 위에 나열된 모든 예에는 직접/간접(전이) 관계를 포함해 엔티티와 엔티티 간의 관계가 포함된다. 엔티티는 그래프의 노드며 사람, 이벤트, 개체, 개념, 장소가 될 수 있다. 노드 간의 관계는 그래프의 에지^{edge}가 된다.[3] 따라서 셰익스피어 연극의 본질은 개체(노드)와 그 관계(에지)를 적극적으로 묘사한 것이 아닐까? 결과적으로 셰익스피어는 그의 유명한 선언에

---

1. 원래 셰익스피어는 "All the world's a stage"라고 했다. 원문에서는 이를 활용해 "All the world's a graph"로 바꾼 것이다. – 옮긴이

2. 셰익스피어를 간단히 The Bard라고 부르지만 좀 더 구체적으로는 'The Bard of Avon(에이본의 바드)'라고도 부른다. 에이본은 셰익스피아가 태어난 스트래트포드 어폰 에이본(Stratford-upon-Avon)이라는 마을을 말한다(출처: http://blog.daum.net/johnkchung/6825336). – 옮긴이

3. edge는 여기서는 에지로 표기했다. 위키피디아에서는 edge는 변 또는 간선으로 표기됐지만 직관적이지 않아 에지로 표기했다 (출처: https://ko.wikipedia.org/wiki/%EA%B7%B8%EB%9E%98%ED%94%84_%EC%9D%B4%EB%A1%A0). – 옮긴이

그래프를 쓸 수 있었을 것이다.

그래프 알고리즘과 그래프 데이터베이스를 그토록 흥미롭고 강력하게 만드는 것은 A가 B와 관련된 두 개체 간에 단순한 관계만 있기 때문은 아니다. 결국 데이터베이스의 표준 관계형 모델은 수십 년 전에 엔티티 관계 다이어그램^{ERD}에서 이러한 타입의 관계를 인스턴스화했다. 그래프에서 중요한 것은 방향 관계와 전이 관계다. 방향 관계에서 A는 B를 유발할 수 있지만 그 반대는 안 된다. 전이 관계에서 A는 B와 직접 관련되고 B는 C와 직접 관련되며 A는 C와 직접 관련되지 않았지만 결과적으로 보면 A는 C와 전이적으로 관련된다.

이러한 전이 관계(특히 관계와 네트워크 패턴이 가능한 한 많고 엔티티 간 일정한 분리 정도를 가지면서 엔티티가 많고 다양할 때가 해당됨)를 통해 그래프 모델은 연결이 끊어지거나 관련이 없는 것처럼 보일 수 있고 관계형 데이터베이스에 의해 감지되지 않는 엔티티 간의 관계가 존재할 수 있다. 따라서 그래프 모델은 많은 네트워크 분석 사용 사례에서 생산적이며 효과적으로 적용할 수 있다.

마케팅 속성 사용 사례를 고려해보자. 사람 A는 마케팅 캠페인을 살펴보고 소셜 미디어에서 그에 대해 이야기한다. 사람 B는 사람 A와 연결돼 그 의견을 봤다. 그 후에 사람 B가 제품을 구매한다. 마케팅 캠페인 관리자의 관점에서 B는 캠페인을 보지 않았고 A는 캠페인에 응답하지 않았기 때문에 표준 관계형 모델로는 그 기여를 식별하지 못했다.

캠페인은 실패한 것처럼 보이지만 실제 성공(및 긍정적 ROI)은 중개자(중간에 있는 엔티티)를 통해 마케팅 캠페인과 최종 고객 구매 간의 전이 관계로 그래프 분석 알고리즘을 사용해 발견한다.

다음에는 AML$^{Anti-Money\ Laundering}$ 분석 사례를 살펴보자. A와 C가 불법 인신 매매 혐의를 받고 있다. 둘 사이의 모든 상호작용(예, 금융 데이터베이스의 금융 거래)은 당국에 의해 신고돼 철저하게 조사됐다. 그러나 A와 C가 함께 사업을 하지 않고 대신 안전하고 존경받으며 신고되지 않은 금융 기관 B를 통해 금융 거래를 수행한다면 거래에서 어떤 정보를 얻을 수 있을까? 그래프 분석 알고리즘을 사용해보자. 그래프 엔진은 중개자 B를 통해 A와 C 사이의 전이 관계를 발견한다.

인터넷 검색에서 주요 검색 엔진은 하이퍼링크 네트워크(그래프 기반) 알고리즘을 사용해 주어진 검색 단어 집합에 대해 전체 인터넷에서 신뢰할 수 있는 중앙 노드를 찾는다. 네트워크의 권위 있는 노드는 다른 많은 노드가 가리키는 노드이기 때문에 이 경우 에지의 방향성은 매우 중요한 역할을 한다.

문헌 기반 발견[LBD](지식 네트워크(그래프 기반) 애플리케이션으로 수천(또는 심지어 수백만) 개의 연구 저널 논문의 지식을 기반으로 한 중요한 발견이 가능하다)의 '숨겨진 지식'은 출간된 연구 간의 연결을 통해서만 발견할 수 있다. 결과 사이에 여러 수준의 분리(전이 관계)가 있을 수 있다. LBD는 암 연구에 적용되고 있고 여기에서 증상, 진단, 치료, 약물 상호작용, 유전적 마커, 단기 결과 및 장기 결과에 대한 의미론적 의학 지식 기반이 알려지지 않은 치료법이나 해결하기 어려운 경우의 유익한 치료법을 '숨길' 수 있다. 따라서 이와 관련된 지식은 이미 네트워크상에 존재할 수 있지만 이를 찾으려면 연구들을 연결해야 한다.

그래프 알고리즘을 통한 모든 네트워크 분석 예를 사용해 앞서 언급한 다른 사용 사례에서도 유사한 그래프 작성 능력을 설명할 수 있다. 각 사례는 엔티티(사람, 개체, 이벤트, 행동, 개념, 장소)와 그 관계(접촉점, 인과[casual] 관계, 단순[simple] 연결 모두)와 깊이 관련된다.

그래프가 가진 힘을 고려할 때 실제 사례에서 활용될 수 있는 그래프 모델의 가장 강력한 노드는 '콘텍스트[context]'일 수 있다는 점을 염두에 둬야 한다. 콘텍스트에는 시간, 위치, 관련 이벤트, 주변 엔티티 등이 포함될 수 있다. 콘텍스트를 그래프(노드 및 에지)에 통합하면 인상적인 예측[predictive] 분석과 규범적[prescriptive] 분석 기능을 얻을 수 있다.

마크 니덤[Mark Needham]과 에이미 호들러[Amy E. Hodler]의 책은 알고리즘, 개념, 알고리즘의 실제 머신러닝 애플리케이션을 포함해 중요한 타입의 그래프 분석에 대한 지식과 기능을 확장하는 것을 목표로 한다. 기본 개념에서 기본 알고리즘, 처리 플랫폼, 실제 사용 사례에 이르기까지 멋진 그래프 세계에 대한 유익한 가이드다.

2019년 3월

– 커크 본(Kirk Borne) 박사

부즈 앨런 해밀턴(Booz Allen Hamilton)의 수석 데이터 과학자 및 수석 고문

지은이 소개

마크 니덤^{Mark Needham}

Neo4j의 그래프 Advocate이자 개발 엔지니어다. 사용자가 그래프와 Neo4j를 수용하게 돕고 까다로운 데이터 문제에 대한 정교한 솔루션을 구축했다. 이전에 Neo4j의 인과 클러스터링^{Causal Clustering} 시스템 구축을 도왔고 그래프 데이터에 대한 깊은 전문성을 지니고 있다. 인기 블로그(https://markhneedham.com/blog/)에 그래피스타 경험에 대해 기고하고 있으며 트위터는 @markhneedham(https://twitter.com/markhneedham)을 사용한다.

에이미 호들러^{Amy E. Hodler}

Neo4j의 네트워크 과학 전문가이자 AI와 그래프 분석 프로그램 관리자다. 실제 네트워크 내의 구조를 밝히고 동적 동작을 예측할 수 있는 방법으로 그래프 분석을 추천한다. EDS, 마이크로소프트, HP^{Hewlett-Packard}, 히타치^{Hitachi} IoT, 크레이^{Cray} Inc. 같은 회사에서 팀이 새로운 기회를 창출할 수 있게끔 새로운 접근 방식을 적용하도록 도왔다. 복잡성 연구와 그래프 이론에 매료돼 과학과 예술을 좋아한다. 트위터는 @amyhodler(https://twitter.com/amyhodler)를 사용한다.

감사의 말

이 책의 자료를 모으고 도움을 주신 모든 분께 감사드린다. 특히 마이클 헝거Michael Hunger, 편집 작업을 해준 짐 웨버Jim Webber, 날카로운 연구를 해준 토마즈 브라타닉 Tomaz Bratanic에게 감사드린다. 마지막으로 강력한 예제를 만들 수 있도록 옐프의 풍부한 데이터 세트를 사용할 수 있게 해주셔서 대단히 감사하다.

옮긴이 소개

테크 트랜스 그룹 T4

최신 IT 테크놀로지에 대한 리서치를 목적으로 하는 스터디 그룹이다. 엔터프라이즈 환경에서 오픈소스를 활용한 프레임워크 구축에 관심이 많으며 알고리즘, 양자 컴퓨팅, OpenCV, ML 등의 기술에 주목하고 있다. 또한 다양한 오픈소스 기반의 플랫폼 개발 활용에 관심이 많다. 옮긴 책으로는 『OpenCV 4를 이용한 머신러닝 입문 2/e』(에이콘, 2020), 『OpenCV 4 마스터 3/e』(에이콘, 2020), 『양자 컴퓨팅 발전과 전망』(에이콘, 2020) 등이 있다.

옮긴이의 말

그래프 알고리즘은 오래 전부터 일상생활에서 많이 활용돼 왔다. 특히 스마트폰의 지하철 애플리케이션이나 자동차의 내비게이션은 자주 사용한다. 서울역에서 강남역까지의 가장 빠른 길을 찾으려고 지하철로 이동할 수도 있고, 자가용으로 이동할 수도 있다. 하지만 어떻게 가야 가장 빨리 도착할 수 있는지는 판단하기 어렵다. 이러한 어려움을 해결할 때 그래프 알고리즘이 사용된다. 출발지와 목적지를 입력만 하면 어느 길이 빠른지, 환승을 줄일 수 있는지 모두 살펴볼 수 있다. 이때 사용되는 그래프 알고리즘이 바로 최단 경로 알고리즘이다. 최단 경로 알고리즘은 그래프상의 두 정점 사이를 연결하는 경로 중 가장 짧은 경로를 찾는 방법이다. 여기서 '짧다'는 것은 단지 물리적인 거리 외에도 시간과 비용 등의 다양한 기준을 사용할 수 있다.

이렇게 일상생활에서 중요한 위치를 차지하는 그래프 알고리즘은 개발자라면 누구든지 습득해야 하는 필수 지식으로 자리를 잡았다. 뉴욕 주립 대학교의 스티븐 스키에나 교수는 "그래프는 교통 시스템, 인간 상호작용 및 통신 네트워크의 조직을 설명하는 컴퓨터 과학의 추상적 통합 주제 중 하나이며, 그래프 교육을 받은 프로그래머는 매우 다양한 구조를 모델링할 수 있기 때문에 개발할 때 큰 도움이 된다."라고 언급했다. 개발자들이 산업 전반에서 사용되는 그래프 이론을 현실의 개발에 적용하는 데 이 책은 많은 도움이 된다. 자동차 업계에 있는 개발자라면 자율 주행 알고리즘을 만드는 데 그래프 알고리즘을 가장 필수적으로 적용해야 하지 않을까? 여러 가지 그래프 알고리즘을 학습하고 그 알고리즘 중 어느 것을 사용할지 정하는 일은 매우 어려운 일이지만 이 책을 통해 그 결정에 도움될 수 있을 것이다.

그래프 알고리즘의 다양한 주제를 다루며, 사용자가 자유롭게 사용할 수 있을 정도로 상세히 설명한다. 알고리즘의 기능을 배우고 알고리즘의 사용 사례와 자세한 내용을 확인할 수 있다. 더불어 스파크, Neo4j 또는 두 가지 모두에서 구체적 알고리즘 사용 방법을 볼 수 있어서 실제로 알고리즘을 사용하려는 개발자들의 레퍼런스가 될 수 있다.

진심으로 이 책이 모든 독자가 그래프 알고리즘을 이해하고 실제로 구현하는 데 많은 도움이 되길 바란다. 이 책이 나오기까지 주변에서 묵묵히 많은 도움을 준 가족들과 진행하는 데 있어 든든한 버팀목이 되어주신 에이콘출판사 권성준 사장님, 황영주 상무님, 박창기 이사님, 조유나 님, 김진아 님께 감사의 말씀을 드리고 싶다. 같이 고민해주고 처음부터 끝까지 살펴봐 준 멤버들에게도 고마운 마음을 전한다.

차례

1장   시작하기   29

부록 추가 정보와 자원   329

들어가며

세계의 금융과 커뮤니케이션 시스템에서 사회적 프로세스와 생물학적 프로세스에 이르기까지 연결^{connections}이 주도하고 있다. 이러한 연결 의미를 찾는 작업은 사기 조직을 식별하고, 각 그룹의 강점을 평가하고 연속적인 실패를 예측하기 위한 권장 사항을 최적화하는 등 산업 전반의 혁신을 주도한다.

연결성이 계속 가속화됨에 따라 그래프 알고리즘에 대한 관심이 폭발적으로 증가한 것은 데이터 간의 관계에서 인사이트를 얻고자 명확하게 수학을 기반으로 하기 때문이다. 그래프 분석으로 모든 조직의 복잡한 시스템과 대규모 네트워크의 작동을 파악할 수 있다.

그래프 분석의 유용성, 중요성뿐만 아니라 복잡한 시나리오의 내부 동작도 알아본다. 최근까지 그래프 분석을 하려면 상당한 전문 지식과 계산이 필요했다. 도구를 사용하기 어려울 뿐만 아니라 그래프 알고리즘을 문제에 적용하는 방법을 아는 사람이 거의 없었기 때문이다. 이를 변화시키는 것이 이 책의 목표다. 이 책을 통해 조직이 그래프 분석을 더 잘 활용해 새롭게 발견하고 지능형 솔루션을 더 빠르게 개발할 수 있도록 도울 것이다.

이 책의 간단한 소개

이 책은 아파치 스파크™ 또는 Neo4j를 사용한 경험이 있는 개발자와 데이터 과학자를 위한 그래프 알고리즘을 시작하는 실용적인 가이드다. 알고리즘 예제는 스파크와 Neo4j 플랫폼을 활용하지만 이 책은 선택한 그래프 기술에 관계없이 좀 더 일반적인 그래프 개념을 이해하는 데도 도움이 될 수 있다.

처음 두 개 장에서는 그래프 분석, 알고리즘과 이론에 대한 소개를 제공한다. 세번째 장에서는 고전적인 그래프 알고리즘(경로 찾기, 중심성, 커뮤니티 감지)에 초점을 맞춘 세 가지 내용을 상세히 살펴보기 전에 이 책에서 사용된 플랫폼을 간략하게 설명한다. 워크플로 내에서 그래프 알고리즘이 사용되는 방식을 보여주는 두개의 장으로 책을 마무리한다. 하나는 일반 분석용이고 다른 하나는 머신러닝용이다.

각 알고리즘 범주의 시작 부분에는 관련 알고리즘으로 빠르게 이동할 수 있게 도와주는 참조 테이블이 있다. 각 알고리즘에 대해 다음 내용들을 찾을 수 있다.

- 알고리즘의 기능에 대한 설명
- 알고리즘의 사용 사례와 자세한 내용을 확인할 수 있는 참조
- 스파크, Neo4j 또는 두 가지 모두에서 구체적 알고리즘 사용 방법을 제공하는 예제 코드

편집 규약

이 책에서는 아래와 같은 표기 규칙을 사용한다.

고정폭 글자

프로그램 목록뿐만 아니라 프로그램 요소를 설명하는 문단에도 사용된다.

예를 들면 변수, 함수 이름, 데이터베이스, 데이터 유형, 환경 변수, 문장, 키워드 등이 있다.

굵은 글씨의 고정폭 글자

독자가 문자 그대로 입력해야 하는 명령이나 다른 텍스트를 표시한다.

 이 요소는 팁이나 제안을 의미한다.

 이 요소는 일반적인 참고를 의미한다.

 이 요소는 경고나 주의를 나타낸다.

예제 코드 사용

예제 코드와 연습 등의 추가 자료는 https://bit.ly/2FPgGVV에서 다운로드할 수 있다. 동일한 예제 파일은 에이콘출판사 깃허브 저장소(https://github.com/AcornPublishing/graph-algorithms)에서도 다운로드할 수 있다.

이 책은 독자 여러분이 실습 마칠 수 있도록 끝까지 돕는다. 일반적으로 책에서 제공하는 예제 코드는 여러분의 프로그램이나 문서에서 사용할 수 있다. 여러분이 코드의 상당한 분량을 복제하지 않는 한 저자에게 연락해 승인받을 필요가 없다.

예를 들어 이 책에 수록된 여러 부분의 코드를 사용해 프로그램을 작성하는 것은 허가가 필요하지 않다. 하지만 오라일리 출판사의 예제가 담긴 CD-ROM을 판매하거나 재배포하려면 허가가 필요하다. 책의 내용과 예제를 인용해 질문에 답하는 것은 허가가 필요하지 않다. 그러나 책의 예제 코드 중 상당한 분량을 여러분의 제품 설명서에 포함하려면 승인을 받아야 한다.

저작자 표시를 꼭 요청하지 않지만 저작자 표시를 해주는 것에 감사하게 생각한다. 일반적으로 저작자 표시에는 제목, 저자, 출판사 및 ISBN을 포함한다. 예를 들어 "Graph Algorithms by Amy E. Hodler and Mark Needham(O'Reilly). Copyright 2019 Amy E. Hodler and Mark Needham, 978-1-492-05781-9."로 표기한다.

예제 코드의 사용이 불공정하거나 위의 예시에 벗어난다고 생각한다면 언제든 permissions@oreilly.com으로 문의하기 바란다.

문의

이 책에 대한 의견이나 기술적인 질문이 있다면 bookquestions@oreilly.com으로 이메일을 보내주기 바란다. 이 책의 오탈자, 예제와 추가 정보는 원서의 도서정보 페이지 https://oreil.ly/graph-algorithms에서 찾아볼 수 있다.

한국어판의 정오표는 에이콘출판사의 도서정보 페이지 http://www.acornpub.co.kr/book/graph-algorithms에서 찾아볼 수 있다. 한국어판에 관한 질문은 이 책의 옮긴이나 에이콘출판사 편집 팀(editor@acornpub.co.kr)으로 문의해주길 바란다.

표지 그림

이 책의 표지에 있는 동물은 유럽과 북미에 존재하는 일반적인 거미인 유럽 정원 거미^{Araneus diadematus}로, 유럽 정착민의 실수로 들어왔다.

유럽 정원 거미는 길이가 1인치도 안되며, 옅은 무늬가 있는 얼룩덜룩한 갈색을 가진다. 그중 몇 개는 뒷면에 작은 십자가를 형성하는 것처럼 배열돼 거미가 '십자 거미'라는 일반적인 이름을 갖게 됐다. 이 거미는 전역에서 흔하게 볼 수 있으며 가장 큰 크기로 자라 거미줄을 회전하기 시작하며, 늦여름에 가장 자주 볼 수 있다.

유럽 정원 거미는 직조기며, 작은 곤충 먹이를 잡는 원형 거미줄을 회전한다. 거미줄은 종종 그 효과를 유지하고자 밤에 재방사한다. 거미가 보이지 않는 동안에는 다리 중 하나는 거미줄에 연결된 '신호선'에 놓여 있고, 거미줄은 거미에게 고군분투하는 먹이가 있음을 알려준다. 그런 다음 거미는 빠르게 움직여 먹이를 물어 죽이고 소화할 수 있는 특수 효소를 주입한다. 포식자나 우연한 교란에 의해 거미줄이 교란되면 유럽 정원 거미는 다리를 사용해 거미줄을 흔들고 비단 실을 사용해 땅에 떨어진다. 위험이 지나가면 거미는 이 실을 사용해 거미줄로 다시 올라간다.

이 거미는 1년 동안 살 수 있다. 봄에 부화한 후 거미는 여름에 성숙하고 연말에 짝짓기를 한다. 암컷은 때때로 수컷을 죽이고 먹기 때문에 수컷은 조심스럽게 암컷에게 접근해야 한다. 짝짓기 후 암컷 거미는 가을에 죽기 전에 알을 위해 고밀도 실크 누에고치를 만든다. 서식지의 인간 방해에 잘 적응한 이 거미는 매우 흔하고 잘 연구됐다. 1973년에 아라벨라^{Arabella}와 아니타^{Anita}라는 이름의 암컷 정원 거미 두 마리가 NASA의 Skylab 궤도 선을 타고 거미줄 건설에 미치는 무중력의 영향을 테스트하기 위한 실험의 일부로 활동했다. 무중력 환경에 적응하는 초기 기간 이후 아라벨라는 거미줄 일부를 만든 다음에 완전한 원형 거미줄을 만들었다.

오라일리 책 표지의 많은 동물이 멸종 위기에 처해 있다. 이 세상의 모든 동물들은 중요하다는 것을 잊지 말자.

표지 그림은 캐런 몽고메리가 그린 것으로 마이어스 클라인즈 사전^{Meyers Kleines Lexicon}의 흑백 판화에 바탕을 두고 있다.

시작하기

> 그래프는 교통 시스템, 인간 상호작용, 통신 네트워크의 조직을 설명하는 컴퓨터 과학의 추상적 통합 주제 중 하나다. 교육을 받은 프로그래머는 단일 형식주의를 사용해 매우 다양한 구조를 모델링할 수 있기 때문에 매우 큰 도움이 된다.
>
> – 스티븐 스키에나(Steven S. Skiena)의 『알고리즘 디자인 매뉴얼』(스프링거), 뉴욕 주립대학교 스토니브룩(Stony Brook University)의 저명한 컴퓨터 과학과 교수

오늘날 가장 시급한 데이터 문제는 개별 데이터를 표로 만드는 것이 아니라 관계를 중심으로 만드는 것이다. 그래프 기술과 분석은 다음과 같은 연구, 소셜 이니셔티브 및 비즈니스 솔루션에 사용되는 연결 데이터의 강력한 도구를 제공한다.

- 금융 시장에서 IT 서비스에 이르는 동적 환경 모델링

- 전염병 확산과 파급 효과가 있는 서비스 지연/중단 예측

- 금융 범죄 퇴치를 위한 머신러닝용 특징 찾기

- 개인화된 경험과 권장 사항의 패턴 발견

데이터가 점점 상호 연결되고 시스템이 점점 복잡해짐에 따라 데이터 내의 풍부하고 진화하는 관계의 사용이 필수적이다.

1장에서는 그래프 분석과 그래프 알고리즘을 소개한다. 그래프 알고리즘을 소개

하기 전에 그래프의 기원을 간략하게 살펴보고 그래프 데이터베이스와 그래프 프로세싱의 차이점을 설명한다. 최신 데이터 자체의 특성과 연결에 포함된 정보가 기본 통계 방법으로 발견할 수 있는 정보보다 훨씬 더 복잡하며 이와 관련된 방법을 살펴본다. 1장에서는 그래프 알고리즘이 적용될 수 있는 사용 사례를 살펴보면서 마무리한다.

그래프란?

그래프는 레온하르트 오일러가 '쾨니히스베르크의 일곱 개 다리' 문제를 해결했던 1736년으로 거슬러 올라간다. 이 문제에서는 각 다리를 한 번만 건너면서 7개의 다리로 연결된 도시의 4개 지역을 모두 방문 할 수 있는지 여부를 묻는다. 하지만 불가능하다.

연결 자체만으로도 적절한지 볼 수 있다는 생각을 갖고 오일러는 그래프 이론과 수학의 기초를 세웠다. 그림 1-1은 「솔루션 문제와 기하학적 위치 관련 문제 (Solutio problematis ad geometriam situs pertinentis)」(http://bit.ly/2TV6sgx) 논문의 원작 스케치 중 하나로 오일러의 진행 상황을 보여준다.

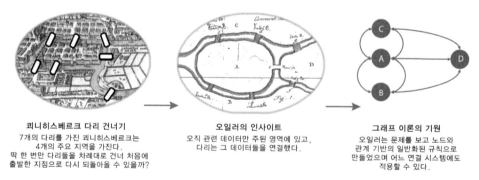

쾨니히스베르크 다리 건너기
7개의 다리를 가진 쾨니히스베르크는
4개의 주요 지역을 가진다.
딱 한 번만 다리들을 차례로 건너 처음에
출발한 지점으로 다시 되돌아올 수 있을까?

오일러의 인사이트
오직 관련 데이터만 주된 영역에 있고,
다리는 그 데이터들을 연결했다.

그래프 이론의 기원
오일러는 문제를 보고 노드와
관계 기반의 일반화된 규칙으로
만들었으며 어느 연결 시스템에도
적용할 수 있다.

그림 1-1. 그래프 이론의 기원. 쾨니히스베르크(https://bit.ly/2JCyLvB) 시에는 서로 연결되는 두 개의 큰 섬과 7개의 다리로 도시의 두 영역이 연결돼 있다. 퍼즐은 각 다리를 단 한 번만 건너 도시를 산책하는 것이다.

그래프는 수학에서 유래됐고 데이터를 모델링하고 분석하는 실용적이고 충실한 방법이다. 그래프를 구성하는 객체를 노드^{node} 또는 정점^{vertex}이라고 하며 이들 사이의 링크를 관계^{relationship}, 링크^{link} 또는 에지^{edge}라고 한다. 이 책에서 노드와 관계라는 용어를 사용한다. 노드는 문장 내에서 명사로, 관계는 노드에 콘텍스트를 제공하는 동사로 생각할 수 있다. 단어 사용의 혼동을 피하려고 이 책에서 그래프는 그림 1-2의 오른쪽에서와 같은 그래프 방정식이나 차트와는 아무런 관련 없다.

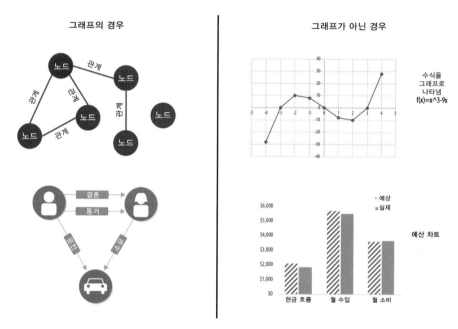

그림 1-2. 그래프는 네트워크를 표현한 것으로, 종종 노드라고 부르는 엔티티를 나타내는 원과 관계를 나타내는 선으로 표시된다.

그림 1-2의 사람 그래프를 보면 설명하는 여러 문장을 쉽게 구성할 수 있다. 예를 들어 사람 A는 자동차를 소유한 사람 B와 살고 있고 사람 A는 사람 B가 소유한 자동차를 운전한다. 이 모델링 접근 방식은 실제 세계에 쉽게 매핑되고 '화이트보드 친화적'이기 때문에 매력적이기도 하다. 이는 데이터 모델링과 분석을 조정하는 데 도움이 된다.

그러나 모델링 그래프는 여기서 다루는 이야기의 절반에 불과하다. 모델링 그래프

는 명확하지 않은 생각을 즉시 나타내려고 사용할 수 있으며 그래프 알고리즘 영역
에서 사용된다.

그래프 분석과 알고리즘은 무엇인가?

그래프 알고리즘은 그래프 분석 도구의 서브집합이다. 그래프 분석은 사용자가 하
는 일로, 그래프 기반의 연결 데이터를 분석한다.

사용자가 분석하려고 다양한 방법을 사용할 수 있다. 그래프 데이터를 질의하거
나, 기본 통계를 사용하거나, 그래프를 시각적으로 탐색하거나, 그래프를 머신러
닝 작업에 통합 할 수 있다. 그래프 패턴 기반 질의는 종종 로컬 데이터 분석에 사용
되는 반면 그래프 계산 알고리즘은 일반적으로 더 글로벌하고 반복적인 분석을 참
조한다. 분석 타입 적용 방법은 중복 사용될 수 있지만 그래프 알고리즘이라는 용
어를 사용해 더 많은 계산 분석과 데이터 과학을 사용할 수 있다.

네트워크 과학

네트워크 과학은 객체 간의 관계에 대한 수학적 모델과 관련된 그래프 이론에
강하게 뿌리를 둔 학문 분야다. 네트워크 과학자들은 데이터의 크기, 연결성,
복잡성으로 인해 그래프 알고리즘과 데이터베이스 관리 시스템에 의존한다.

복잡성과 네트워크 과학에 대한 좋은 리소스는 많다. 다음과 같은 몇 가지 참고
자료가 있다.

- 알버트 라즐로 바라바시^{Albert-Laszlo Barabasi}의 『네트워크 과학』(http://
  networksciencebook.com/)은 입문용 전자책이다.

- 복잡성 탐색기^{Complexity Explorer}(https://www.complexityexplorer.org/)는 온

라인 코스를 제공한다.

- 뉴잉글랜드 복잡계 연구소^{New England Complex System Institute}(http://necsi.edu/)는 다양한 자료와 논문을 제공한다.

그래프 알고리즘은 관계 정보에 수학적 계산을 잘 사용할 수 있도록 특별히 구축됐기 때문에 연결 데이터 분석의 가장 강력한 접근 방식 중 하나로 사용된다. 그래프 알고리즘은 일반적인 품질이나 특정수량을 발견하려고 그래프를 처리하는 데 취해야 할 과정을 나타낸다. 그래프 알고리즘은 그래프 이론의 수학을 기반으로 노드 간의 관계로 복잡한 시스템의 조직과 동적 활동을 추론한다. 네트워크 과학자들은 그래프 알고리즘을 사용해 숨겨진 정보를 발견하고, 가설을 테스트하고, 행동을 예측한다.

그래프 알고리즘은 사기 방지와 전화 라우팅 최적화에서 독감 확산 예측에 이르기까지 광범위한 잠재력을 가진다. 예를 들면 전력 시스템에서 과부하 상태에 대응할 수 있는 특정 노드를 점수화하고자 할 수 있다. 그 외에 운송 시스템의 혼잡 그래프에서 그룹화를 찾고자 할 때 사용할 수 있다.

실제로 2010년 미국 항공 여행 시스템에서 여러 혼잡한 공항 관련 두 가지 심각한 사건을 경험했고 나중에 그래프 분석을 사용해 연구했다. 네트워크 과학자 플뢰르퀸^{P. Fleurquin}, 라마tm코^{J. J. Ramasco}, 에길루즈^{V. M. Eguiluz}는 그래프 알고리즘을 사용해 이벤트를 체계적인 연쇄 지연의 일부로 확인하고 수정 조언을 위해 그래프 정보를 사용했다. 그래프 정보의 설명은 논문 「미국 공항 네트워크의 시스템 지연 전파(Systemic Delay Propagation in the US Airport Network)」에서 볼 수 있다(https://www.nature.com/articles/srep01159/).

항공 운송을 뒷받침하는 네트워크를 시각화하는 그림 1-3은 마틴 그랜진^{Martin Grandjean}의 「연결된 세계 : 항공 교통 네트워크를 풀어보기(Connected World: Untangling the Air Traffic Network)」(http://bit.ly/2CDdDiR) 논문에서 사용됐다. 이 그림은 항공 운송 클러스터의 고도로 연결된 구조를 명확하게 보여준다. 그림 내의 많은 운송 시스템은 지연을 반영하며 명확한 허브 앤 스포크^{hub-and-spoke} 패턴을 가진 링크의 집중 분포를 나타낸다.

✈ 교통 클러스터
3,200개 공항
60,000개의 항로

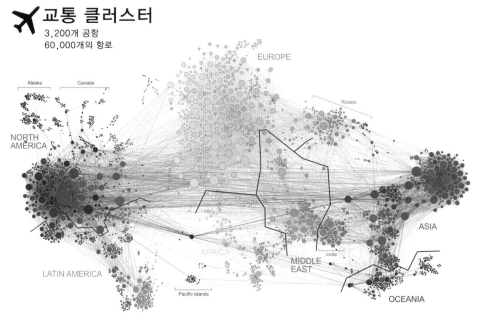

그림 1-3. 다양한 규모로 발전하고 있는 항공 운송 네트워크의 허브 앤 스포크(hub-and-spoke) 구조를 볼 수 있다. 이러한 구조를 통해 여행을 어떻게 해야 할지 결정할 때 기여할 수 있다.

그래프는 매우 작은 상호작용과 동적 동작이 어떻게 글로벌 변형으로 이어지는지 밝혀내는 데 도움이 된다. 글로벌 구조 내에서 상호작용하는 사물을 정확히 표현해 미시적 규모와 거시적 규모를 연결한다. 이러한 연결은 동작을 예측하고 누락된 링크를 결정하는 데 사용된다. 그림 1-4는 클라우셋^{A. Clauset}, 무어^{C. Moore}, 뉴맨^{M. E. J. Newman}의 논문 「네트워크 내 누락된 링크의 예측과 계층적 구조(Hierarchical Structure and the Prediction of Missing Links in Network)」에 자세히 설명된 대로 그래프 분석을 사용해 계층적 조직과 종의 상호작용을 평가하고 누락된 관계를 예측하는 초원의 종^{grassland species}이 가진 상호작용의 먹이 사슬을 나타낸 것이다(https://www.nature.com/articles/nature06830).

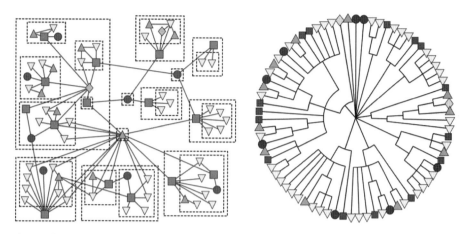

그림 1-4. 초원 종의 먹이 사슬(foodweb of grassland species)은 그래프를 사용해 소규모 상호작용을 더 큰 구조 정보와 연관시킨다.

그래프 프로세싱, 데이터베이스, 질의, 알고리즘

그래프 실행은 그래프 워크로드와 작업이 수행되는 방법을 포함한다. 대부분의 그래프 질의는 그래프의 특정 부분(예, 시작 노드)을 고려하고 질의 작업은 일반적으로 주변 서브그래프에 집중한다. 이러한 타입의 작업 그래프를 로컬이라고 부르며, 랜 로빈슨Ian Robinson, 짐 웨버Jim Webber, 에밀 아이프렘Emil Eifrem의 책『그래프 데이터베이스(Graph Database)』(오라일리)에 설명된 대로 그래프 구조의 질의를 의미한다. 이러한 타입의 그래프 로컬 실행은 종종 실시간 트랜잭션과 패턴 기반 질의에 사용된다.

그래프 알고리즘을 말할 때 일반적으로 글로벌 패턴과 구조를 찾아야 한다. 알고리즘의 입력은 일반적으로 전체 그래프며, 출력은 강화된 그래프나 점수와 같은 부분 집계 값이 된다. 이러한 실행 알고리즘을 그래프 글로벌graph global로 분류하고 연산 알고리즘을 사용하면 그래프의 구조를 알 수 있다(종종 반복적으로). 이 접근 방식은 연결을 통해 네트워크의 전반적인 성격을 알 수 있다. 조직은 그래프 알고리즘을 사용해 시스템을 모델링할 수 있고 사물 전파 방식, 중요한 구성 요소, 그룹 식별, 시스템의 전체적인 견고성을 기반으로 동작을 예측할 수 있다.

이러한 항목별 정의에는 일부 중복이 있을 수 있다. 때때로 알고리즘을 실행해 로컬 질의에 응답하거나 반대로 할 수 있다. 그러나 간단히 말해 전체 그래프 작업은 계산 알고리즘에 의해 처리되고 서브그래프 작업은 데이터베이스를 사용해 질의한다.

전통적으로 트랜잭션 실행과 분석은 분리해서 격리한다. 하지만 기술 한계로 발생한 부자연스러운 분할이다. 그래프 분석을 하면 더 스마트한 거래를 유도하기 때문에 새로운 데이터와 추가 분석 기회를 창출할 수 있다. 최근에는 실시간 의사 결정을 위해 이렇게 격리했던 것을 다시 통합한다.

OLTP와 OLAP

온라인 거래 프로세싱^{OLTP, OnLine Transaction Processing}은 일반적으로 티켓 예약, 계정 입금, 판매 예약 등과 같은 짧은 동작을 의미한다. OLTP는 방대한 저지연 질의 프로세싱과 높은 데이터 무결성을 가짐을 의미한다. OLTP는 트랜잭션당 적은 수의 레코드만 포함할 수 있지만 시스템은 많은 트랜잭션을 동시에 처리한다.

온라인 분석 실행^{OLAP, OnLine Analytical Processing}은 과거 데이터의 더 복잡한 질의와 분석을 쉽게 할 수 있다. 이러한 분석 대상에는 여러 데이터 소스, 형식, 타입이 포함될 수 있다. 트렌드 감지, '가상' 시나리오 수행, 예측, 구조적 패턴 발견은 일반적인 OLAP 사용 사례다. OLTP에 비해 OLAP 시스템은 많은 레코드에 대해 더 적지만 오래 동작하는 트랜잭션을 처리한다. OLAP 시스템은 OLTP에서 발견되는 트랜잭션 업데이트를 고려하지 않고 더 빠른 읽기에 집중하며 배치 지향 작업을 일반적으로 수행한다.

그러나 최근 OLTP와 OLAP 사이의 경계가 모호해지기 시작했다. 최신 데이터 집약적 애플리케이션은 실시간 트랜잭션 작업과 분석을 결합한다. 이러한 애플리케이션의 병합은 확장 가능한 트랜잭션 관리 및 증분 스트림 인스턴스와 같은 소프트웨어의 여러 발전과 저렴한 대용량 메모리 하드웨어에 의해 촉진됐다.

분석과 트랜잭션을 통합하면 일상적인 작업의 일부로 지속적인 분석이 가능하다. POS^{Point-of-Sale} 기계, 제조 시스템, 사물인터넷^{IoT} 장치에서 데이터가 수집되면 이제 분석에서 실시간 권장 사항과 결정을 내릴 수 있다. 이러한 트렌드는 몇 년 전부터 관찰됐으며, 이러한 병합은 트랜스리틱스^{translytics}, 하이브리드 트랜잭션 및 분석 프로세싱^{HTAP, Hybrid Transactional and Analytical Processing}을 포함한다. 그림 1-5는 읽기 전용 복제본을 사용해 다양한 타입의 실행을 결합하는 방법을 보여준다.

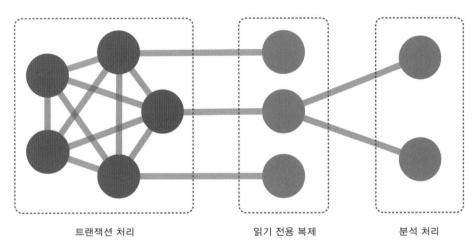

트랜잭션 처리   읽기 전용 복제   분석 처리

그림 1-5. 하이브리드 플랫폼은 대량 데이터에 대한 복잡한 분석을 통합하면서 트랜잭션에 필요한 낮은 대기 시간 질의 실행과 높은 데이터 무결성을 지원한다.

가트너로부터의 의견(https://gtnr.it/2FAKnuX):

> HTAP는 실시간 고급 분석(예, 계획, 예측, what-if 분석)이 이후에 수행되는 별도의 활동이 아닌 프로세스 자체의 필수 부분이 되므로 일부 비즈니스 프로세스 실행 방식을 잠재적으로 재정의할 수 있다. 이러한 방법을 통해 새로운 형태의 실시간 비즈니스 중심 의사 결정 프로세스가 가능하다. 궁극적으로

HTAP는 지능형 비즈니스 운영을 위한 핵심 아키텍처가 된다.

OLTP와 OLAP가 이전에 단 하나씩 독립적으로만 제공됐던 기능을 더욱 통합적으로 지원하기 시작하기 때문에 더 이상 이러한 워크로드에 대해 서로 다른 데이터 제품이나 시스템을 사용할 필요가 없다. 두 가지 모두에 동일한 플랫폼을 사용해 아키텍처를 단순화할 수 있다. 이는 분석 질의가 실시간 데이터를 활용할 수 있고 분석의 반복 프로세스를 간소화할 수 있음을 의미한다.

그래프 알고리즘에 관심을 가져야 하는 이유

그래프 알고리즘은 연결 데이터의 이해를 돕는 데 사용된다. 우리는 단백질 상호 작용에서 소셜 네트워크까지, 통신 시스템에서 전력망에 이르기까지, 소매 경험에서 화성 임무 계획에 이르기까지 실제 시스템의 관계들을 볼 수 있다. 네트워크와 네트워크 내부의 연결을 이해하면 여러 통찰력과 혁신을 위한 놀라운 잠재력을 얻을 수 있다.

그래프 알고리즘은 구조를 이해하고 연결성이 높은 데이터 세트의 패턴을 드러내는 데 매우 적합하다. 빅데이터보다 연결성과 상호작용이 뚜렷한 것은 없다. 빅데이터는 모이고 혼합되고 동적으로 업데이트되는 정보의 양이 아주 많다. 그래프 알고리즘은 관계를 활용하고 인공지능 상황 정보를 향상시킬 수 있는 복잡한 분석을 사용해 데이터 볼륨을 이해하는 데 도움이 된다.

데이터가 더 많이 연결되고 데이터 관계와 상호 종속성의 이해가 점점 더 중요해지고 있다. 네트워크의 성장을 연구하는 과학자들은 시간이 지날수록 연결성이 증가하지만 균일하지는 않다고 밝혀냈다. 선호적 연결preferential attachment은 성장 역학이 구조에 미치는 영향을 나타내는 하나의 이론이다. 그림 1-6에서 설명한 아이디어는 노드가 이미 많은 연결이 있는 다른 노드에 링크하는 추세를 설명한다.

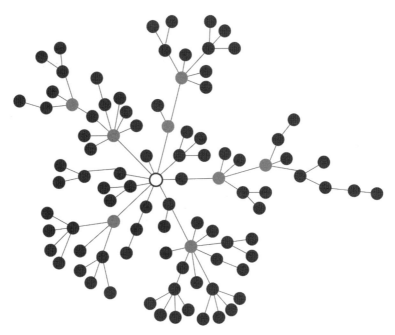

그림 1-6. 선호적 연결은 노드의 연결이 많을수록 새로운 링크를 받을 가능성이 더 높다. 이로 인해 불균일한 집중과 허브가 존재한다.

스티븐 스트로가츠 Steven Strogatz는 저서 『동기화: 우주, 자연 및 일상생활의 혼돈에서 질서가 나타나는 방법(Sync: How Order Emerges from Chaos in the Universe, Nature, and Daily Life)』(Hachette)에서 실생활 시스템이 자체 구성하는 다양한 방법과 예를 제공하고 설명했다. 많은 연구자는 근본적인 원인에 관계없이 네트워크 성장은 결과적인 형태, 계층과 분리될 수 없다고 생각한다. 고밀도 그룹과 불균일한 데이터 네트워크는 데이터 크기와 함께 복잡성이 증가하는 형태의 발전 경향을 가진다. 오늘날 대부분의 실제 네트워크에서 그림 1-7에 표시된 게임 커뮤니티와 같이 인터넷에서 소셜 네트워크에 이르는 관계 결집 형태를 볼 수 있다.

그림 1-7에 표시된 네트워크 분석은 펄서 Pulsar의 프란체스코 도라지오 Francesco D'Orazio가 콘텐츠의 바이러스 모양 예측과 배포 전략을 알리는 데 도움을 주고자 만들었다. 도라지오는 커뮤니티 분포의 집중도와 콘텐츠의 확산 속도 간 상관관계를 발견했다(https://bit.ly/2CCLlVl).

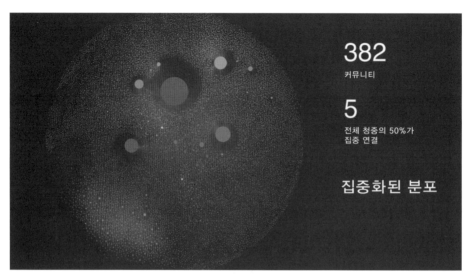

그림 1-7. 이 게임 커뮤니티 분석(https://bit.ly/2CCLIVI)은 382개 커뮤니티 중 5개에 불과한 연결 집중도를 보여준다.

이는 대부분의 노드가 동일한 수의 연결을 갖는 평균 분포 모델로 예측하는 것과 크게 다르다. 예를 들면 월드와이드웹^{World Wide Web}이 평균적인 연결 분포를 가진다면 모든 페이지의 들어오고 나가는 링크의 수가 거의 같을 것이다. 평균 분포 모델은 대부분의 노드가 동일하게 연결돼 있다고 주장하지만 많은 타입의 그래프와 많은 실제 네트워크가 집중돼 있다. 여행 및 소셜 네트워크와 같은 그래프와 마찬가지로 웹은 몇 개의 노드가 고도로 연결되고 대부분의 노드가 적당히 연결되는 멱법칙^{power-law} 분포를 가진다.

멱법칙

멱법칙(축척 법칙^{scaling law}으로도 부른다)은 한 수량이 다른 수량의 거듭제곱으로 변하는 두 수량 간의 관계를 나타낸다. 예를 들면 큐브의 면적은 3의 거듭제곱으로, 변의 길이와 관련이 있다. 잘 알려진 예는 파레토^{Pareto} 분포 또는 '80/20 규칙'이며, 이는 한 인구의 20%가 전체 부의 80%를 가짐을 나타낸다. 자연계와 네트워크에서 다양한 멱법칙을 볼 수 있다.

네트워크를 '평균화'하려는 시도는 일반적으로 관계 조사나 예측에 적합하지 않다. 실제 네트워크에는 노드와 관계 분포가 고르지 않기 때문이다. 그림 1-8에서 고르지 않은 데이터에 대해 평균 특성을 사용하면 어떻게 잘못된 결과가 발생하는지 쉽게 볼 수 있다.

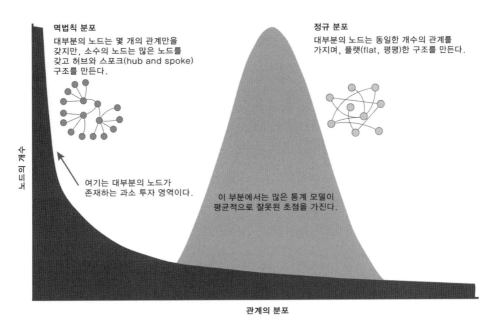

그림 1-8. 실제 네트워크는 노드와 관계의 고르지 않은 분포를 갖고 있으며 멱법칙 분포로 극단적 표현을 할 수 있다. 평균 분포는 대부분의 노드가 동일한 수의 관계를 가지며 랜덤 네트워크가 된다고 가정한다.

연결성이 높은 데이터는 평균 분포를 따르지 않기 때문에 네트워크 과학자들은 그래프 분석을 사용해 실제 데이터에서 구조와 관계 분포를 검색하고 해석한다.

> 랜덤 네트워크 모델에 의해 설명할 수 있는 네트워크는 본질적으론 존재하지 않는다.
> – 얼베르트 라슬로 버러바시(Albert-Laszlo Barabasi), 노스이스턴대학교(Northeastern University)의 복잡계(Complex Network) 연구 센터 디렉터, 수많은 네트워크 과학 책을 저술했다.

대부분의 사용자가 겪는 문제는 이런 데이터가 조밀하고 고르지 않게 연결되기 때문에 기존 분석 도구로 분석하기가 어렵다는 점이다. 따라서 구조가 존재할 수도 있지만 찾기 어렵다. 복잡한 데이터에 대해 평균적인 접근 방식을 취하고 싶지만 그렇게 하면 패턴이 숨겨지고 결과가 실제 그룹을 나타내기 어렵게 된다. 예를 들면 모든 고객의 인구 통계 정보를 평균화하고 평균만을 기반으로 한 경험을 제공하면 대부분의 커뮤니티를 놓칠 수 있다. 커뮤니티는 연령 및 직업 또는 결혼 상태 및 위치와 같은 관련 요소를 중심으로 클러스터화된다.

더욱이 갑작스런 이벤트 및 버스트 주변의 동적 동작은 스냅샷으로 보기 어렵다. 예를 들어 관계가 증가하는 사회 집단을 보면 더 많은 커뮤니케이션이 존재할 수 있음을 기대할 수 있다. 이는 선거를 예로 들 때 조정의 티핑 포인트와 후보 연합을 하거나 대안으로 하위 그룹 형성과 양극화를 초래할 수 있다. 시간이 지남에 따라 네트워크의 진화를 예측하려면 복잡한 방법이 필요하지만 데이터 내의 구조와 상호작용을 이해하면 네트워크가 갖는 행동을 추론할 수 있다. 그래프 분석은 관계에 중점을 두기 때문에 그룹이 갖는 탄력성을 예측하는 데 사용될 수 있다.

그래프 분석 사례

추상적인 수준에서 그래프 분석은 동작을 예측하고 동적 그룹에 대한 조치를 규정하는 데 적용된다. 이를 위해서는 그룹 내의 관계와 구조를 이해해야 한다. 그래프 알고리즘은 연결을 통해 네트워크의 전반적인 특성을 조사하고 수행한다. 이 접근 방식을 사용하면 연결 시스템의 토폴로지를 이해하고 해당 프로세스를 모델링할 수 있다.

그림 1-9와 같이 그래프 분석과 알고리즘이 타당한지 여부를 나타내는 세 가지 일반적인 질문이 있다.

전파 경로 흐름 & 영향  상호작용 & 탄력성

용량, 비용은 얼마나 되고, 어떻게 상호작용이

그림 1-9. 질문 타입 그래프 분석 답변

다음은 그래프 알고리즘이 사용되는 과제의 몇 가지 타입이다. 도전하고자 하는 결과들과 비슷할까?

- 질병의 경로나 계단식 전송 실패를 조사한다.

- 네트워크 공격에서 가장 취약하거나 피해를 가질 구성 요소를 찾아낸다.

- 정보나 리소스를 라우팅하는 비용이 가장 적게 들거나 가장 빠른 방법을 식별한다.

- 데이터에서 누락된 링크를 예측한다.

- 복잡한 시스템에서 직접/간접 영향력을 찾는다.

- 보이지 않는 계층과 종속성을 검색한다.

- 그룹이 병합되거나 분리될지를 예측한다.

- 병목 지점이나 더 많은 리소스를 거부/제공할 권한이 있는 사람을 찾는다.

- 맞춤 추천을 위해 행동을 기반으로 커뮤니티를 공개한다.

- 사기 및 이상 검출에서 오탐을 줄인다.

- 머신러닝을 위해 더 많은 예측 특징을 추출한다.

결론

1장에서는 오늘날의 데이터가 얼마나 밀접하게 연결돼 있는지, 의미를 살펴봤다. 집단 역학 및 관계 분석을 위한 강력한 과학적 관행법들이 존재하지만 이러한 도구가 비즈니스에서 항상 흔하진 않다. 고급 분석 기술을 평가할 때 데이터의 특성과 커뮤니티 속성을 이해해야 하는지 또는 복잡한 행동을 예측해야 하는지 여부를 고려해야 한다. 데이터가 네트워크를 나타내는 경우 요소들을 평균으로 낮추려는 유혹을 피해야 한다. 대신 데이터와 우리가 찾고 있는 통찰력과 일치하는 도구를 사용해야 한다.

2장에서는 그래프의 개념과 용어들을 다룬다.

그래프 이론과 개념

2장에서는 그래프 알고리즘의 틀을 정하고 용어를 다룬다. 실무자에게 가장 적합한 개념에 초점을 맞춰 그래프 이론의 기본 사항을 설명한다.

그래프가 어떻게 표현되는지 설명하고 다양한 타입의 그래프와 그 속성을 설명한다. 그래프의 특성이 알고리즘 선택에 영향을 미치고 결과를 해석하는 데 도움이 되므로 나중에도 중요하다. 이 책에 자세히 설명된 그래프 알고리즘의 타입에 대한 개요로 2장을 마무리한다.

용어

레이블이 있는 그래프는 그래프 데이터를 모델링하는 가장 인기 있는 방법 중 하나다.

'레이블'은 노드를 그룹의 일부로 표시한다. 그림 2-1에는 두 그룹의 노드인 사람과 차가 있다(전통적인 그래프 이론에서는 레이블이 단일 노드에 적용되지만 이제는 일반적으로 노드 그룹을 의미하는 데 사용된다). 관계는 관계 타입에 따라 분류된다. 이 예에는 DRIVES, OWNS, LIVES_WITH, MARRIED_TO의 관계 타입을 포함한다.

'프로퍼티property'는 속성attribute과 동의어며 숫자와 문자열에서 공간 및 시간 데이터에 이르기까지 다양한 데이터 타입을 포함할 수 있다. 그림 2-1에서 '이름-값' 쌍으로 할당했는데, 여기서는 이름이 먼저 나온 다음 값이 나온다. 예를 들어 왼쪽의 Person 노드에는 name: "Dan"이 있고 MARRIED_TO 관계는 on: Jan 1, 2013이 있다.

서브그래프는 큰 그래프 내의 그래프다. 서브그래프는 집중 분석을 위해 특정 특성을 가진 서브집합이 필요한 경우의 필터로 사용되기에 유용하다.

'경로'는 노드 그룹과 연결 관계다. 그림 2-1을 기반으로 하는 간단한 경로의 예에는 노드 Dan, Ann, Car와 관계 DRIVES 및 OWNS가 포함될 수 있다.

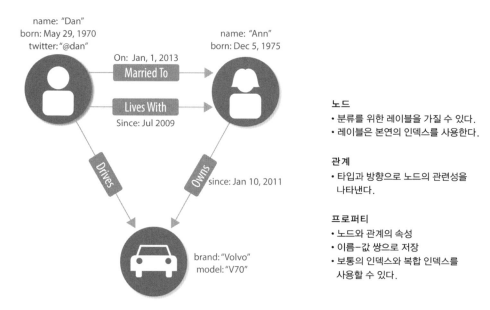

그림 2-1. 레이블이 있는 그래프 모델은 연결 데이터를 표현하는 유연하고 간결한 방법이다.

그래프는 타입, 모양, 크기, 분석에 사용할 수 있는 속성의 종류가 다르다. 다음으로 그래프 알고리즘에 가장 적합한 그래프의 종류를 설명한다.

이러한 설명은 서브그래프뿐만 아니라 그래프에도 적용된다.

46

그래프 타입과 구조

고전적인 그래프 이론에서 그래프라는 용어는 그림 2-2의 왼쪽에 표시된 것처럼 노드 간에 하나의 관계만 있는 단순(또는 엄격한) 그래프와 동일하다. 그러나 대부분의 실제 그래프는 노드 사이에 많은 관계와 심지어 자체 참조 관계를 가진다. 오늘날 이 용어는 그림 2-2에서 3개의 그래프 타입 모두에 일반적으로 사용되므로 포괄적으로 사용할 수 있다.

  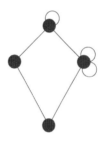

단순 그래프
노드 쌍은 각 노드 간에
하나의 관계를 가진다.

멀티그래프
노드 쌍은 각 노드 간에
여러 개의 관계를 가진다.

그래프(또는 슈도 그래프)
노드 쌍은 각 노드 간에
여러 개의 관계를 가진다.
노드는 자기 자신으로
돌아갈 수 있다.

그림 2-2. 이 책에서는 이러한 고전적인 타입의 그래프를 포함하려고 그래프라는 용어를 사용한다.

랜덤, 작은 세상, 척도 독립 구조

그래프는 다양한 형태를 취한다. 그림 2-3은 세 가지 대표적인 네트워크 타입을 보여준다.

랜덤^{random} 네트워크

연결의 완전한 평균 분포에서 랜덤 네트워크는 계층 구조가 없다. 이러한 타입의 무형 그래프는 식별 가능한 패턴이 없는 '평평'한 모습을 가진다. 모든 노드는 다른 노드에 연결될 확률이 같다.

작은 세상small world 네트워크

작은 세상 네트워크는 소셜 네트워크에서 매우 일반적이다. 현지화된 연결과 일부 허브와 스포크 패턴을 보여준다. '케빈 베이컨의 여섯 다리Six Degrees of Kevin Bacon'(https://bit.ly/2FAbVk8) 게임은 작은 세상 효과의 가장 잘 알려진 예일 수 있다. 소수의 친구와 어울려도 그 친구가 유명 배우이거나 지구 반대편에 있더라도 먼 관계가 아니다.

척도 독립scale free 네트워크[1]

척도 독립 네트워크는 멱법칙 분포가 있고 월드와이드웹과 같이 규모에 관계없이 허브와 스포크 아키텍처를 가질 때 만들 수 있다.

 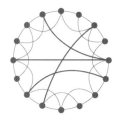 

랜덤 네트워크	작은 세상 네트워크	척도 독립 네트워크
평균적인 분포다, 비구조적이거나 비계층적 패턴을 가진다.	높은 논리적 결집(클러스터링)과 짧은 평균 경로 거리를 가진다. 허브와 스포크 구조다.	허브와 스포크 구조는 여러 척도를 가진다. 높은 멱법칙 분포를 가진다.

그림 2-3. 독특한 그래프와 동작을 가진 세 가지 네트워크 구조

이러한 네트워크 타입은 고유한 구조, 분포, 동작을 갖는 그래프를 만든다. 그래프 알고리즘을 사용하면 결과에서 유사한 패턴을 볼 수 있다.

---

1. scale free는 '척도 없는'이라고 번역되기도 하지만 문맥상 '척도 독립'으로 변경했다(출처: http://blog.daum.net/rhaoslikesan/119) - 옮긴이

그래프가 갖는 여러 특징

그래프 알고리즘을 최대한 활용하려면 접하게 될 가장 특징적인 그래프에 익숙해지는 것이 중요하다. 표 2-1에는 일반적인 그래프 속성이 요약돼 있다. 다음 절에서는 다양한 특징을 더 자세히 살펴본다.

표 2-1. 그래프의 공통 속성

그래프 속성	키 팩터(핵심 내용)	알고리즘 고려 사항
연결과 비연결	거리에 관계없이 그래프에서 두 노드 사이에 경로가 있는지 여부	노드의 섬(Island)은 비연결 구성 요소에 갇히거나 처리 실패와 같은 예기치 않은 동작을 유발할 수 있다.
가중과 비가중	관계 또는 노드에 (도메인 특정) 값이 있는지 여부	많은 알고리즘이 가중치를 예상하며, 무시할 경우엔 성능과 결과에 상당한 차이가 있다.
지시와 비지시	관계가 시작과 끝 노드를 명시적으로 정의하는지 여부	추가적인 의미를 추론하려고 풍부한 콘텍스트를 추가한다. 일부 알고리즘에서는 방향을 하나 또는 둘 다 사용하거나 사용하지 않게 명시적으로 설정할 수 있다.
순환과 비순환	경로가 동일한 노드에서 시작하고 끝나는지 여부	순환 그래프는 일반적이지만 알고리즘의 사용은 일반적이지 않다(일반적으로 순회(traversal) 상태를 저장). 주의 깊게 사용하지 않으면 순환이 종료를 막을 수 있다. 비순환 그래프(또는 신장 트리)는 많은 그래프 알고리즘의 기초다.
희소와 밀집	노드 비율에 대한 관계	매우 밀집하거나 매우 희소한 연결 그래프는 다른 결과를 유발할 수 있다. 도메인이 본질적으로 밀집이나 희소가 아니라고 가정하면 데이터 모델링이 도움이 될 수 있다.
일분, 이분, k분	노드가 하나의 다른 노드 타입에만 연결되는지(예, 영화를 좋아하는 사용자) 또는 많은 다른 노드 타입(예, 영화를 좋아하는 사용자를 좋아하는 사용자)에 연결되는지 여부	좀 더 유용한 그래프를 분석하고 투영할 관계를 생성하는 데 유용하다.

연결 그래프와 비연결 그래프

모든 노드 사이에 경로가 있는 경우 그래프는 연결된다. 그래프에 섬[Island]이 있으면
비연결이다. 섬의 노드가 연결돼 있으면 그림 2-4와 같이 컴포넌트(또는 클러스터)
라고 한다.

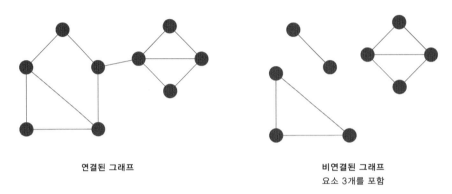

연결된 그래프   비연결된 그래프
                               요소 3개를 포함

그림 2-4. 그래프에 섬이 있으면 비연결 그래프다.

일부 알고리즘은 비연결 그래프를 처리하기 어렵고 잘못된 결과를 생성할 수 있
다. 예상치 못한 결과가 발생하면 그래프의 구조를 먼저 확인해야 한다.

비가중 그래프와 가중 그래프

비가중 그래프에는 노드나 관계에 가중치 값이 할당되지 않는다.

가중 그래프의 경우 이러한 값은 비용, 시간, 거리, 용량, 도메인별 우선순위와 같은
다양한 측정값을 나타낸다. 그림 2-5는 차이를 시각화했다.

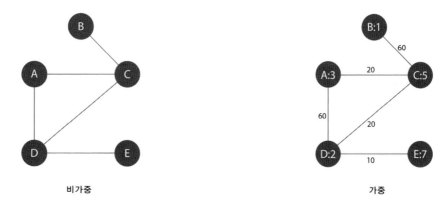

비가중   가중

그림 2-5. 가중 그래프는 관계나 노드에 대한 값을 가질 수 있다.

기본 그래프 알고리즘은 실행에 대한 가중치를 관계의 강도나 가치에 대한 표현으로 사용할 수 있다. 많은 알고리즘이 후속 작업을 위한 가중치로 사용할 수 있는 내림수를 계산한다. 일부 알고리즘은 누적 합계, 최저 값 또는 최적 값을 찾으려고 계속 가중치 값을 업데이트한다.

가중 그래프의 고전적인 사용은 경로 찾기 알고리즘에 있다. 이러한 알고리즘은 휴대폰의 매핑 애플리케이션을 뒷받침하고 위치 간 가장 짧고/가장 저렴한/가장 빠른 전송 경로를 계산한다. 예를 들어 그림 2-6은 최단 경로를 계산하는 두 가지 다른 방법을 사용한다.

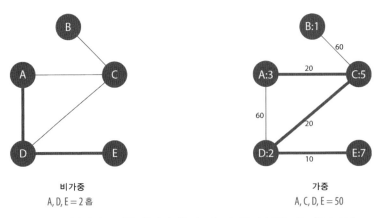

그림 2-6. 최단 경로는 동일한 가중치 및 가중치 그래프가 적용되지 않은 경우 다를 수 있다.

가중치가 없는 경우 가장 짧은 경로는 관계 수(일반적으로 홉이라고 함)로 계산한다. A와 E는 두 개의 홉 최단 경로를 가지며, 둘 사이 하나의 노드(D)만 표시한다. 그러나 A에서 E까지의 가장 짧은 가중치 경로는 A에서 C와 D를 거쳐 E로 이동한다. 가중치가 물리적 거리를 킬로미터 단위로 나타내면 총 거리는 50km가 된다. 이 경우 홉 수 측면에서 보면 최단 경로는 70km의 더 긴 물리적 경로가 된다.

비방향성 그래프와 방향성 그래프

비방향성 그래프에서 관계는 양방향(예, 우정)으로 간주된다. 방향성 그래프에서 관계는 특정한 방향을 가진다. 노드를 가리키는 관계는 인링크in-link라고 하며 당연히 아웃링크out-link는 노드에서 시작된다.

방향은 정보의 또 다른 차원을 추가한다. 동일한 타입이지만 반대 방향의 관계는 서로 다른 의미론적 의미를 전달하고 종속성을 표현하거나 흐름을 나타내며 신뢰성이나 그룹 강도의 지표로 사용될 수 있다. 개인적인 선호도와 사회적 관계는 방향성이 아주 잘 표현된다.

예를 들어 그림 2-7에서 방향성 그래프가 학생의 네트워크이고 관계가 '좋음^{likes}'이 라고 가정하면 A와 C가 더 인기가 있다고 계산한다.

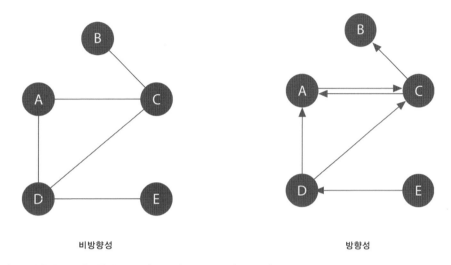

비방향성   방향성

그림 2-7. 많은 알고리즘을 사용해 인바운드(inbound)나 아웃바운드(outbound) 연결 기반으로, 양방향이나 방향없이 계산할 수 있다.

도로망^{Road Network}은 두 가지 타입의 그래프를 모두 사용하려는 이유를 보여준다. 예를 들어 도시 간 고속도로는 종종 양방향으로 이동한다. 그러나 도시 내 일부 도로는 일방통행 도로 형태를 가진다(일부 정보 흐름도 마찬가지다).

방향성과 비교해 비방향성 방식으로 알고리즘을 실행하면 다른 결과를 얻는다. 예를 들어 고속도로나 우정의 경우 비방향성 그래프에서 모든 관계는 항상 양방향으로 진행된다고 가정한다.

그림 2-7을 직접 도로망으로 재해석하면 C와 D에서 A까지 운전할 수 있지만 C를 통해서만 출발할 수 있다. 또한 A에서 C까지의 관계가 없다면 막다른 골목임을 의미한다. 일방통행 네트워크에서는 그럴 가능성이 적지만 프로세스나 웹 페이지에서는 그렇지 않은 경우도 있다.

비순환 그래프와 순환 그래프

그래프 이론에서 순환^{cycle}은 동일한 노드에서 시작하고 끝나는 관계^{relationship}와 노드^{node}를 가진 경로^{path}다. 비순환 그래프에는 그러한 순환이 없다. 그림 2-8과 같이 방향성 그래프와 비방향성 그래프는 모두 순환을 가질 수 있지만, 방향성이 있는 경우 경로는 관계 방향을 따른다. 그래프1에 표시된 방향성 비순환 그래프^{DAG}는 정의에 따라 항상 막다른 끝(리프 노드^{leaf node}라고도 함)을 가진다.

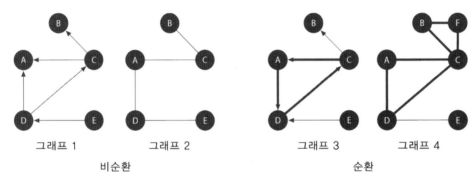

그래프 1   그래프 2   그래프 3   그래프 4

비순환   순환

그림 2-8. 비순환 그래프에서는 단계를 다시 추적하지 않고는 동일한 노드에서 시작하고 끝낼 수 없다.

그래프 1과 2는 관계를 반복하지 않고는 동일한 노드에서 시작하고 끝낼 방법이 없기 때문에 순환이 없다. 1장에서 반복되지 않는 관계는 그래프 이론을 시작한 '쾨니히스베르크 브리지 문제'라는 것을 기억할 수 있다. 그림 2-8의 그래프 3은 반복 노드가 없는 A-D-C-A 이후의 간단한 순환을 보여준다. 그래프 4에서는 노드와 관계를 추가해 비방향성 순환 그래프를 더욱 흥미롭게 만들었다. 이제 B-F-C-D-A-C-B에 이어 반복되는 노드(C)가 있는 폐쇄 순환이 있다. 그래프 4에서는 실제로 여러 순환을 가진다.

사이클의 사용은 일반적이며 때때로 순환 그래프를 비순환 그래프로 변환해야 한다(관계를 절단). 방향성^{Directed} 비순환 그래프는 일정, 계보, 버전 기록에서 자연스럽게 얻을 수 있다.

트리

고전적인 그래프 이론에서 방향성이 없는 비순환 그래프를 '트리'라고 한다. 컴퓨터 과학에서 트리는 방향성을 가질 수 있다. 트리의 더 포괄적인 정의는 두 노드가 하나의 경로로만 연결되는 그래프다. 트리는 그래프 구조와 많은 알고리즘을 이해하는 데 중요하다. 네트워크, 데이터 구조와 검색 최적화를 설계해 분류 또는 조직 계층을 개선하는 데 핵심적인 역할을 한다.

트리에는 많은 변형이 있다. 그림 2-9는 사용자가 볼 수 있는 일반적인 트리들을 보여준다.

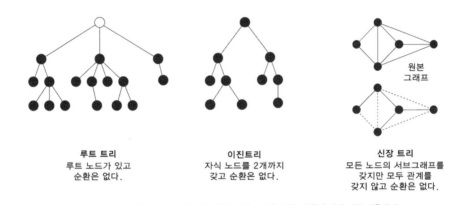

루트 트리
루트 노드가 있고
순환은 없다.

이진트리
자식 노드를 2개까지
갖고 순환은 없다.

신장 트리
모든 노드의 서브그래프를
갖지만 모두 관계를
갖지 않고 순환은 없다.

원본
그래프

그림 2-9. 프로토타입 트리 그래프 중 신장 트리는 그래프 알고리즘에 가장 자주 사용된다.

이러한 변형 중에서 신장 트리가 이 책과 가장 관련이 있다. 신장 트리는 더 큰 비순환 그래프의 모든 노드를 포함하지만 모든 관계는 포함하지 않는 비순환 서브그래프다. 최소 신장 트리는 그래프의 모든 노드를 최소 홉 수나 최소 가중치 경로로 연결한다.

희소 그래프와 밀집 그래프

그래프의 희소성은 모든 노드 쌍 사이에 관계가 있을 경우 발생할 수 있는 최대 가능한 관계 수와 비교한 관계 수를 기반으로 한다. 모든 노드가 다른 모든 노드와 관계가 있는 그래프를 완전 그래프$^{complete\ graph}$ 또는 구성 요소의 클릭^{clique}이라고 한다. 예를 들면 모든 친구가 서로를 안다면 그것은 클릭이 된다.

그래프의 최대 밀도는 완전 그래프에서 가능한 관계의 수로, 공식 $MaxD = \frac{N(N-1)}{2}$ 으로 계산한다. 여기서 N은 노드의 수다. 실제 밀도를 측정하고자 공식 $D = \frac{2(R)}{N(N-1)}$ 을 사용한다. 여기서 R은 관계의 개수다. 그림 2-10에서 비방향성 그래프의 실제 밀도 측정값을 세 가지 볼 수 있다.

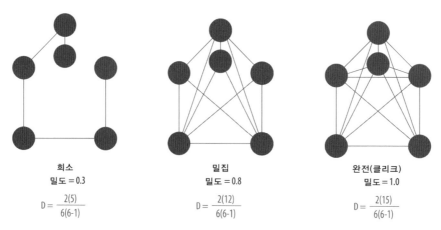

희소
밀도 = 0.3
$$D = \frac{2(5)}{6(6-1)}$$

밀집
밀도 = 0.8
$$D = \frac{2(12)}{6(6-1)}$$

완전(클리크)
밀도 = 1.0
$$D = \frac{2(15)}{6(6-1)}$$

그림 2-10. 그래프의 밀도를 확인하면 예상치 못한 결과를 평가할 수 있다.

엄격한 구분선은 없지만 실제 밀도가 최대 밀도에 가까워지는 그래프는 밀도가 높은 것으로 간주한다. 실제 네트워크를 기반으로 한 대부분의 그래프는 전체 노드와 전체 관계의 희소한^{sparseness} 선형 상관관계를 가진다. 많은 와이어, 파이프, 도로 또는 우정이 한 지점으로 몰릴 때 실질적인 제한과 같은 물리적 요소가 사용되는 경우가 해당한다.

일부 알고리즘은 극도로 희소하거나 밀집 그래프에서 실행될 때 의미 없는 결과를 반환한다. 그래프가 너무 희소하면 알고리즘이 유용한 결과를 계산하기에 충분한 관계가 없을 수 있다. 또는 매우 밀집돼 있는 연결 노드는 연결성이 높기 때문에 추가 정보를 많이 갖지 않는다. 또한 고밀도는 일부 결과를 왜곡하거나 계산 복잡성을 추가할 수 있다. 이러한 상황에서 관련 서브그래프를 필터링하는 것이 실용적인 접근 방법이다.

일분, 이분, k분 그래프

대부분의 네트워크는 여러 노드와 관계형 데이터를 포함한다. 그러나 그래프 알고리즘은 하나의 노드 유형과 하나의 관계 유형만을 고려하는 경우가 많다. 하나의 노드 타입과 관계 타입이 있는 그래프를 일분[monopartite]이라고도 한다.

이분[bipartite] 그래프는 노드를 두 세트로 나눌 수 있는 그래프로, 관계는 한 세트의 노드와 다른 세트의 노드만 연결한다. 그림 2-11은 이 그래프의 예를 보여주는데, 시청자 세트와 TV 쇼 세트라는 두 세트의 노드가 있다. 두 세트 사이에는 관계만 있고 인트라세트[intraset] 연결은 없다. 즉, 그래프 1에서 TV 프로그램은 다른 TV 프로그램이 아닌 시청자와만 관련이 있으며 시청자는 마찬가지로 다른 시청자와 직접 연결되지 않는다.

우리는 시청자와 TV 프로그램의 이분 그래프를 시작으로 두 개의 일분 투영을 만들었다. 공통 프로그램을 기반으로 한 시청자 연결 그래프 2와 공통 시청자를 기반으로 한 TV 프로그램의 그래프 3이다. 시청, 평가나 리뷰와 같은 관계 유형을 기준으로 필터링할 수 있다.

유추된 연결로 일분 그래프를 투영하는 것은 그래프 분석의 중요한 부분이다. 이러한 유형의 예측은 간접적 관계와 특성을 발견하는 데 도움이 된다. 예를 들어 그림 2-11의 그래프 2에서 베브[Bev]와 앤[Ann]은 공통된 TV 프로그램을 하나만 시청한 반면 베브와 에반[Evan]은 공통적인 두 개의 프로그램을 시청했다. 그래프 3에서는 공통 시청자의 집계 조회 수를 기준으로 TV 프로그램 간의 관계에 가중치를 부여했다. 가중치나 유사성 같은 메트릭[metric]을 <배틀스타 갤럭시카[Battlestar Galactica]>와 <파이어플라이[Firefly][2]>를 보는 것과 같은 활동 사이의 의미를 추론하는 데 사용할

---

2. 〈파이어플라이(Firefly)〉는 2002년 FOX에서 방영된 SF 드라마이다. – 옮긴이

수 있다. 이는 그림 2-11에서 파이어플라이의 마지막 에피소드를 방금 본 에반과 비슷한 사람에게 추천할 수 있다.

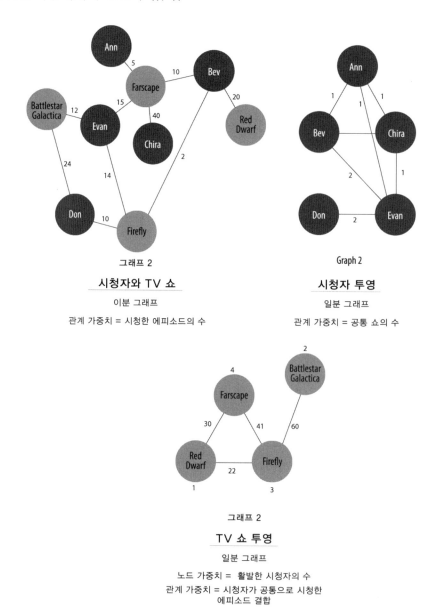

그래프 2

시청자와 TV 쇼

이분 그래프

관계 가중치 = 시청한 에피소드의 수

Graph 2

시청자 투영

일분 그래프

관계 가중치 = 공통 쇼의 수

그래프 2

TV 쇼 투영

일분 그래프

노드 가중치 = 활발한 시청자의 수
관계 가중치 = 시청자가 공통으로 시청한
에피소드 결합

그림 2-11. 이분 그래프는 좀 더 구체적인 분석을 위해 종종 일분 그래프로 투영된다.

k분^{partite} 그래프는 데이터가 있는 노드 타입의 수(k)를 나타낸다. 예를 들어 3개의 노드 타입이 있다면 3자 그래프가 될 것이다. 이것은 더 많은 노드 타입을 설명하려고 이분과 일분 개념을 확장한다. 많은 실제 그래프, 특히 지식 그래프는 정보의 다양한 개념과 유형을 결합하기 때문에 큰 k 값을 가진다. 더 많은 수의 노드 타입을 사용하는 예는 레시피 세트를 화합물 세트의 성분에 매핑한 다음 인기 있는 선호도를 연결하는 새로운 믹스를 추론해 새로운 레시피를 생성하는 것이다. 또한 시금치나 콜라드와 같은 다양한 형태의 노드를 단순히 '녹색 잎'으로 취급하는 것처럼 일반화에 의해 노드 타입의 수를 줄일 수 있다.

이제 우리가 작업할 가능성이 가장 높은 그래프의 유형을 검토했으며, 이제 그래프에서 실행할 그래프 알고리즘의 유형을 알아본다.

그래프 알고리즘의 타입

이 절에서는 그래프 알고리즘의 핵심인 분석의 세 가지 영역을 살펴본다. 이러한 카테고리는 경로 찾기와 검색을 위한 알고리즘, 중심성 계산, 커뮤니티 검출에 관련된 장에 해당한다.

경로 찾기

경로는 그래프 분석과 알고리즘의 기본이므로 여기서 특정 알고리즘 예제로 시작한다. 최단 경로 찾기^{pathfinding}는 그래프 알고리즘으로 수행되는 가장 빈번한 작업이며 여러 유형의 분석에 대한 선구자 역할을 한다. 최단 경로는 홉 수가 가장 적거나 가중치가 가장 낮은 순회^{traversal} 경로로, 그래프가 방향성을 가질 때 관계 방향을 갖는 두 노드 사이의 최단 경로다.

경로 타입(path type)

평균 최단 경로는 지하철역 간의 평균 거리를 파악하는 등 네트워크의 전반적인 효율성과 탄력성을 고려하는 데 사용한다. 때때로 어떤 지하철역이 가장 멀리 떨어져 있는지 결정하거나 가장 좋은 경로를 선택하더라도 그 사이에 가장 많은 경유지가 있는지 결정하는 등의 상황에 최적화된 가장 긴 경로를 알고 싶을 수 있다. 이 경우 그래프의 지름 값을 사용해 모든 노드 쌍 사이에서 가장 긴 최단 경로를 찾을 수 있다.

중심성

중심성^{Centrality}은 네트워크에서 어떤 노드가 더 중요한지 이해하는 것이다. 그런데 중요성이란 무엇을 의미할까? 정보를 신속하게 전파하는 능력과 서로 다른 그룹을 연결하는 능력과 같이 여러 가지를 측정하려고 만든 서로 다른 유형의 중심성 알고리즘이 있다. 이 책에서는 노드와 관계가 어떻게 구조화되는지에 초점을 맞출 것이다.

커뮤니티 검출

연결성은 커뮤니티 찾기와 같은 복잡한 네트워크 분석을 가능하게 하는 그래프 이론의 핵심 개념이다. 대부분의 실제 네트워크는 다소 독립적 서브그래프의 서브구조(준프랙탈$^{quasi-fractal}$)를 나타낸다.

연결성은 커뮤니티를 찾고 그룹의 품질을 정량화하는 데 사용된다. 그래프 내에서 서로 다른 유형의 커뮤니티를 평가하면 허브 및 계층 구조와 같은 구조를 알 수 있고 다른 커뮤니티를 끌어들이거나 내보내려는 그룹의 경향을 알 수 있다. 이러한 기술은 에코 챔버와 필터 버블 효과로 이어지는 것과 같은 새로운 현상을 연구하는 데 사용된다.

요약

그래프는 직관적으로, 우리가 시스템을 생각하고 그리는 방법과 일치한다. 그래프 작업의 기본 원칙에 대해선 용어와 계층 일부를 알면 빠르게 이해할 수 있다. 2장에서는 이 책의 뒷부분에서 사용되는 아이디어와 표현들이 어떤 것인지를 설명했고 사용자가 곧 접하게 될 그래프의 내용들을 설명했다.

그래프 이론 참고 자료

그래프 이론 자체에 대해 더 많이 배우고 싶다면 다음과 같은 몇 가지 자료들을 추천한다.

- 리차드 J. 트뤼도[Richard J. Trudeau]의 『그래프 이론 소개(Introduction to Graph Theory)』(도버[Dover])는 매우 잘 작성된 소개 자료다.

- 로빈 J. 윌슨[Robin J. Wilson]의 『그래프 이론 소개 5판(Introduction to Graph Theory)』(피어슨[Pearson])은 좋은 그림 설명들이 포함된 자세한 소개 자료다.

- 조나단 L. 그로스[Jonathan L. Gross], 제이 엘렌[Jay Yellen], 마크 앤더슨[Mark Anderson]의 『그래프 이론 및 애플리케이션 3판(Graph Theory and Its Applications)』(체프먼 앤 홀[Chapman and Hall])은 독자가 더 많은 수학적 배경 지식을 가졌다고 가정할 때 더 자세한 내용과 연습 내용을 제공한다.

다음으로 아파치 스파크와 Neo4j에서 그래프 알고리즘을 사용하는 방법을 자세히 알아보기 전에 분석의 그래프 프로세싱 및 타입과 관련된 내용을 먼저 살펴본다.

그래프 플랫폼과 프로세싱

3장에서는 그래프 인스턴스의 다양한 방법과 가장 일반적인 플랫폼 접근 방식을 다룬다. 이 책에서 사용된 두 가지 플랫폼인 아파치 스파크와 Neo4j를 자세히 살펴보고 서로 다른 요구 사항에 각 플랫폼이 언제 적합할지 살펴본다. 그리고 다음 몇 장에서 사용할 플랫폼 설치 지침을 알아본다.

그래프 플랫폼과 프로세싱 고려 사항

그래프 분석 프로세싱은 구조 중심이며 파싱하기 어려운 계산 작업의 고유한 특성을 가진다. 이 절에서는 그래프 플랫폼과 프로세싱에 대한 일반적인 사항들을 살펴본다.

플랫폼 고려 사항

그래프 인스턴스를 확장하거나 축소하는 것 중에 어느 것이 더 나은지에 대한 논쟁이 있다. 강력한 멀티코어, 대용량 메모리 머신을 사용하고 효율적인 데이터 구조와 멀티스레드 알고리즘에 집중해야 할까? 아니면 분산 실행 프레임워크와 관련 알고리즘에 투자를 해야 할까?

유용한 평가 접근 방식으로 맥쉐리[F. McSherry], 이사드[M. Isard], 머레이[D. Murray]의 연구 논문「확장성! 그러나 어떤 비용이 드는가?(Scalability! But at What COST?)」(https://bit.ly/2Ypjhyv)에서 나타낸 단일 스레드를 능가하는 구성[COST, Configuration that Outperforms a Single Thread]을 사용할 수 있다. COST는 시스템의 확장성과 시스템의 오버헤드를 비교할 수 있는 방법을 제공한다. 핵심 개념은 최적화된 알고리즘과 데이터 구조를 사용하는 잘 구성된 시스템이 현재의 범용 확장 솔루션을 능가할 수 있다는 것이다. 병렬화를 통해 비효율성을 감추는 시스템의 보상을 하지 않고 성능 향상을 측정한다. 확장성과 리소스의 효율적 사용법을 분리하면 사용자 요구에 맞게 명시적으로 구성된 플랫폼을 구축하는 데 도움이 된다.

그래프 플랫폼에 대한 일부 접근 방식은 알고리즘, 실행, 메모리 검색을 최적화해 좀 더 긴밀하게 조정하는 고도로 통합된 솔루션을 포함한다.

프로세싱 고려 사항

데이터를 표현하는 방법에는 여러 가지가 있다. 예를 들어 스트림이나 배치 실행 또는 레코드 기반 데이터에 대한 맵 축소 패러다임이 있다. 그러나 그래프 데이터의 경우 그래프 구조에 내재된 데이터 종속성을 프로세싱에 통합하는 접근 방식을 사용한다.

노드 중심

이 접근 방식은 노드를 실행 단위로 사용해 상태를 축적 및 계산하고 메시지를 통해 이웃에게 상태 변경을 전달한다. 이 모델은 각 알고리즘의 직접 구현을 위해 제공된 변환 함수를 사용한다.

관계 중심

이 접근법은 노드 중심 모델과 유사하지만 서브그래프 및 순차 분석에서 더 잘 수행된다.

그래프 중심

이 모델은 다른 서브그래프와 독립적으로 서브그래프 내의 노드를 처리하지만 다른 서브그래프와의 (최소한의) 통신은 메시징messaging을 통해 이뤄진다.

순회traversal 중심

이 모델은 그래프를 계산 수단으로 탐색하는 동안 트래버서traverser에 의한 데이터 누적을 사용한다.

알고리즘 중심

이러한 접근 방식은 알고리즘별 구현을 최적화하려고 다양한 방법을 사용한다. 이는 이전 모델의 하이브리드 형태를 가진다.

Pregel(https://bit.ly/2Twj9sY)은 대형 그래프의 성능 분석을 위해 구글에서 만든 노드 중심, 내결함성 병렬 인스턴스 프레임워크다. Pregel은 BSP(대량 동기 병렬) 모델을 기반으로 한다. BSP는 고유 계산, 통신 단계를 통해 병렬 프로그래밍을 단순화한다. Pregel은 BSP 위에 노드 중심 추상화를 추가해 알고리즘이 각 노드의 이웃에서 들어오는 메시지의 값을 계산한다. 이러한 계산은 반복 동작당 한 번 실행되며 노드 값을 업데이트하고 메시지를 다른 노드로 보낼 수 있다. 또한 노드는 통신 단계 동안 전송을 위해 메시지를 결합할 수 있으므로 네트워크 채터(chatter)의 양을 줄이는 데 도움이 된다. 새 메시지가 전송되지 않거나 이미 설정된 제한에 도달하면 알고리즘이 완료된다.

이러한 대부분의 그래프별 접근 방식은 효율적인 교차 토폴로지 작업을 지원하는 전체 그래프가 있어야 한다. 그래프 데이터의 분리, 배포가 작업자 인스턴스 간의 광범위한 데이터 전송 및 재편성으로 이어지기 때문이다. 이는 글로벌 그래프 구조를 반복적으로 처리해야 하는 많은 알고리즘에 있어 어려운 점이다.

대표적인 플랫폼

그래프 프로세싱의 요구 사항을 해결하려고 여러 플랫폼이 등장했다. 전통적으로 그래프 연산 엔진과 그래프 데이터베이스 사이에는 사용자가 프로세스 요구 사항에 따라 분리해 데이터를 이동한다.

그래프 연산 엔진

그래프 연산 엔진은 전체 그래프의 반복적인 그래프 분석 및 질의의 효율적
인 실행에 초점을 맞춘 읽기 전용 비트랜잭션 엔진이다. 그래프 연산 엔진은
노드 중심(예, Pregel, Gather-Apply-Scatter) 또는 맵리듀스^{MapReduce} 기반 접근
방식(예, PACT)과 같이 그래프 알고리즘의 다른 정의와 프로세싱 패러다임을
지원한다. 이러한 엔진의 예로는 Giraph, GraphLab, Graph-Engine, 아파치
스파크가 있다.

그래프 데이터베이스

백그라운드로 트랜잭션 동작을 하기 때문에 일반적으로 그래프 프로세싱은
그래프의 작은 부분을 처리하는 작은 질의를 사용해 빠른 쓰기 및 읽기 동작
에 중점을 둔다. 이 동작의 장점은 많은 사용자를 위한 운영 견고성과 높은
동시 확장성을 지원한다는 점이다.

플랫폼 선택

프로덕션 플랫폼을 선택하려면 실행할 분석 유형, 성능 요구 사항, 기존 환경 및 팀
선호도와 같은 많은 고려 사항이 필요하다. 이 책에서는 아파치 스파크와 Neo4j를
사용해 그래프 알고리즘을 소개한다. 둘 다 고유한 장점을 제공하기 때문이다.

스파크는 스케일아웃과 노드 중심 그래프 컴퓨팅 엔진의 예다. 스파크의 널리 사
용되는 컴퓨팅 프레임워크와 라이브러리는 다양한 데이터 과학 워크플로를 지원
한다.

스파크는 다음과 같은 경우에 사용하기에 적합한 플랫폼이다.

- 알고리즘은 근본적으로 병렬화하거나 분할할 수 있다.

- 알고리즘 워크플로에는 여러 도구와 언어로 된 '다국어' 작업이 필요하다.

- 분석은 일괄 모드에서 오프라인으로 실행할 수 있다.

- 그래프 분석을 그래프 형식으로 변환되지 않은 데이터에 적용한다.

- 팀은 자체 알고리즘을 코딩하고 구현할 수 있는 전문 지식을 필요로 한다.

- 팀은 그래프 알고리즘을 드물게 사용한다.

- 팀은 모든 데이터와 분석을 하둡^{Hadoop} 생태계 내에 유지하는 것을 선호한다.

Neo4j 그래프 플랫폼은 그래프에 최적화되고 긴밀하게 통합된 그래프 데이터베이스와 알고리즘 중심 프로세싱의 예다. 그래프 기반 애플리케이션 구축에 널리 사용되며 네이티브 그래프 데이터베이스에 맞게 조정된 그래프 알고리즘 라이브러리를 포함한다.

Neo4j는 다음과 같은 경우에 사용하기에 적합한 플랫폼이다.

- 알고리즘은 더 반복적이고 좋은 메모리 지역성이 필요하다.

- 알고리즘과 결과는 성능에 민감하다.

- 그래프 분석은 복잡한 그래프 데이터에 대한 것이며 깊은 경로 순회^{traversal}가 필요하다.

- 분석/결과는 트랜잭션 워크로드와 통합된다.

- 결과는 기존 그래프를 보강하는 데 사용된다.

- 팀은 그래프 기반 시각화 도구와 통합해야 한다.

- 팀은 사전 패키징되고 지원되는 알고리즘을 선호한다.

마지막으로 일부 팀에서는 그래프 인스턴스에 Neo4j와 스파크를 모두 사용한다. 대용량 데이터 세트와 데이터 통합의 고수준 필터링 및 사전 프로세싱에는 스파크를 사용하고 그래프 기반 애플리케이션과의 통합과 더 구체적인 인스턴스에는 Neo4j를 사용한다.

아파치 스파크

아파치 스파크(이하 스파크^{Spark})는 대규모 데이터 프로세싱을 위한 분석 엔진이다. DataFrame이라는 테이블 추상화를 사용해 명명된 행$^{row\ of\ named}$과 유형을 가진 열$^{typed\ column}$에서 데이터를 표현하고 처리한다. 플랫폼은 다양한 데이터 소스를 통합하고 스칼라^{Scala}, 파이썬^{Python}, R 등의 언어를 지원한다. 스파크는 그림 3-1과 같이 다양한 분석 라이브러리를 지원한다. 메모리 기반 시스템은 효율적으로 분산된 컴퓨팅 그래프를 사용해 동작한다.

그림 3-1. 스파크는 오픈소스 분산 및 범용 클러스터 컴퓨팅 프레임워크이다. 다양한 워크로드를 위한 여러 모듈이 포함돼 있다.

GraphFrames는 코어 아파치 스파크와는 별개지만 2016년, 그래프X를 이어받은 스파크의 그래프 실행 라이브러리다. GraphFrames는 그래프X를 기반으로 하지만 기본 데이터 구조로 DataFrames를 사용한다. GraphFrames는 자바, 스칼라, 파이썬 프로그래밍 언어를 지원한다. 2019년 봄에는 "스파크 그래프: 다양한 그래프, 사이퍼^{Cypher} 질의, 알고리즘" 제안이 통과됐다(다음 페이지의 '스파크 그래프 진화' 부분 참고). 이런 활동을 통해 코어 스파크 프로젝트에 DataFrame 프레임워크와 사이퍼 질의 언어를 사용하는 여러 그래프 특징이 도입될 수 있다. 그러나 이 책의 예제는 현재 스파크 데이터 과학자들에게 인기가 있기 때문에 파이썬 API(PySpark)를 기반으로 한다.

스파크 그래프 진화

스파크 그래프 프로젝트(https://bit.ly/2JN85Im)는 데이터브릭스^{Databricks}와 Neo4j 의 아파치 프로젝트 기여자들이 DataFrames와 사이퍼를 지원하려고 공동으로 시작했으며, DataFrames 기반 알고리즘을 코어 아파치 스파크 프로젝트의 3.0 릴리스 일부로 지원한다.

사이퍼^{Cypher}는 Neo4j에서 구현된 선언적 그래프 질의 언어로 시작됐지만 openCypher 프로젝트를 통해 여러 데이터베이스 공급업체와 오픈소스 프로 젝트 CAPS(Cypher for Apache)(https://bit.ly/2HS4zKm)에서 사용한다.

근시일 안에 CAPS를 사용해 그래프 데이터를 스파크 플랫폼의 통합 부분으로 가져오고 적용할 수 있기를 많은 사용자가 기대한다. 스파크 그래프 프로젝트 가 구현된 후에 사이퍼 관련 예제가 게시될 것이다.

스파크 그래프 개발은 이 책에서 다루는 알고리즘에 영향을 주지 않지만 프로 시저^{procedure}를 호출하는 방법에 새로운 옵션을 추가할 수 있다. 기본 데이터 모 델, 개념, 그래프 알고리즘의 계산은 동일하게 유지된다.

노드와 관계는 각 노드의 고유 ID와 각 관계에 대한 소스/대상 노드가 있는 DataFrames로 표시된다. 표 3-1에서는 노드 DataFrame의 예를 볼 수 있고 표 3-2 는 관계 DataFrame의 예를 볼 수 있다. 이러한 DataFrames를 기반으로 하는 그래프 프레임은 JFK와 SEA의 두 노드를 갖고 JFK에서 SEA까지의 관계 하나를 가진다.

표 3-1. 노드 DataFrame

id	city	state
JFK	New York	NY
SEA	Seattle	WA

표 3-2. 관계 DataFrame

src	dst	delay	tripid
JFK	SEA	45	1058923

노드 DataFrame에는 id 열이 있어야 한다. 이 열의 값은 각 노드를 고유하게 식별하는 데 사용된다. 그리고 관계 DataFrame에는 src, dst 열이 있어야 한다. 이 열의 값은 연결되는 노드를 설명하고 노드 DataFrame의 id 열에 나타나는 항목을 참조해야 한다.

사용자는 노드 및 관계 DataFrame를 Parquet, JSON, CSV를 포함하는 DataFrame 데이터 소스(http://bit.ly/2CN7LDV)를 사용해 가져올 수 있다. 질의는 PySpark API와 스파크 SQL의 조합을 사용해 설명할 수 있다.

또한 GraphFrames는 사용자에게 기본적으로 제공되지 않는 알고리즘을 구현할 수 있는 확장 기능(http://bit.ly/2Wo6Hxg)을 제공한다.

스파크 설치

스파크는 아파치 스파크 홈페이지(http://bit.ly/1qnQ5zb)에서 다운로드할 수 있다. 다운로드한 후 파이썬에서 스파크 작업을 실행하려면 다음 라이브러리를 먼저 설치해야 한다.

```
pip install pyspark graphframes
```

그런 다음에 다음 명령을 실행해 pyspark REPL을 시작할 수 있다.

```
export SPARK_VERSION="spark-2.4.0-bin-hadoop2.7"
./${SPARK_VERSION}/bin/pyspark \
    --driver-memory 2g \
    --executor-memory 6g \
    --packages graphframes:graphframes:0.7.0-spark2.4-s_2.11
```

작성 당시 스파크의 최신 릴리스 버전은 spark-2.4.0-binhadoop2.7이지만 이 내용을 읽으면서 변경됐을 수 있다. 그렇다면 사용자는 SPARK_VERSION 환경 변수를 적절하게 변경해서 사용하면 된다.

 스파크 작업은 머신 클러스터에서 실행돼야 하지만 지금은 데모를 위해 단일 머신에서만 작업을 실행한다. 빌 챔버스(Bill Chambers)와 마테이 자하리아(Matei Zaharia)의 『스파크: 핵심 가이드(Spark: The Definitive Guide』(오라일리)에서는 프로덕션 환경에서 스파크를 실행하는 방법을 자세히 알아볼 수 있다.

이제 스파크에서 그래프 알고리즘을 실행하는 방법을 배울 준비가 됐다.

Neo4j 그래프 플랫폼

Neo4j는 그래프 데이터의 트랜잭션 실행과 분석 실행을 지원한다. Neo4j는 데이터 관리 및 분석 도구를 사용한 그래프 저장, 컴퓨팅 기능을 지원한다. 그림 3-2에서 통합 도구 세트는 다양한 용도에 효과적인 액세스를 제공하고자 공통 프로토콜, API, 질의 언어(사이퍼)상에 존재한다.

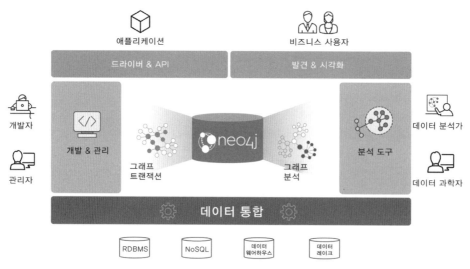

그림 3-2. Neo4j 그래프 플랫폼은 트랜잭션 애플리케이션과 그래프 분석을 지원하는 네이티브 그래프 데이터베이스를 기반으로 구축됐다.

이 책에서는 Neo4j 그래프 알고리즘 라이브러리(https://bit.ly/2uonX9Y)를 사용한다. 라이브러리는 데이터베이스와 함께 플러그인으로 설치되며 사이퍼^{Cypher} 질의 언어를 통해 실행할 수 있는 일련의 사용자 정의 프로시저(https://bit.ly/2OmidGK)를 제공한다.

그래프 알고리즘 라이브러리는 그래프 분석 및 머신러닝 워크플로를 지원하는 알고리즘의 병렬 버전을 포함한다. 이 알고리즘은 작업 기반 병렬 계산 프레임워크 위에서 실행되며 Neo4j 플랫폼에 최적화돼 있다. 다양한 그래프 크기의 내부 구현을 통해 최대 수백억 개의 노드와 관계로 확장될 수 있다.

결과는 튜플 스트림으로 클라이언트에 스트리밍될 수 있으며 테이블 형식의 결과는 추가 작업을 위한 구동 테이블로 사용될 수 있다. 또한 결과는 선택적으로 노드나 관계 타입으로 효율적으로 데이터베이스에 다시 저장될 수 있다.

이 책은 또한 Neo4j APOC(Awesome Procedures On Cypher) 라이브러리(https://bit.ly/ 2JDfSbS)를 사용한다. APOC는 데이터 통합, 데이터 변환, 모델 리팩토링과 같은 일반적인 작업을 지원하는 450개 이상의 프로시저와 기능으로 구성된다.

Neo4j 설치

Neo4j 데스크톱^{Desktop}은 개발자가 로컬 Neo4j 데이터베이스로 작업할 수 있는 편리한 방법이다. Neo4j 웹 사이트(https://neo4j.com/download/)에서 다운로드할 수 있다. Neo4j 데스크톱을 설치하고 실행하면 그래프 알고리즘과 APOC 라이브러리를 플러그인으로 설치할 수 있다. 왼쪽 메뉴에서 프로젝트를 만들고 선택한다. 그런 다음 플러그인을 설치하려는 데이터베이스에서 관리를 클릭한다. 플러그인 탭에 여러 플러그인 옵션 중에 그래프 알고리즘과 APOC 설치 버튼을 클릭한다. 이러한 동작에 대해선 그림 3-3, 3-4를 참고한다.

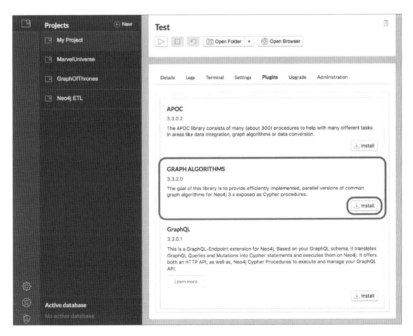

그림 3-3. 그래프 알고리즘 라이브러리 설치

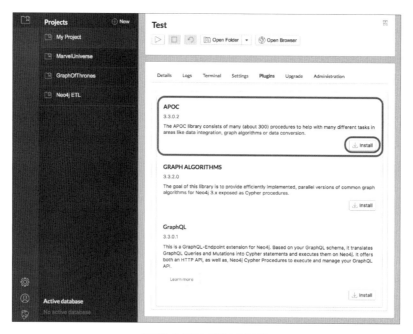

그림 3-4. APOC 라이브러리 설치

제니퍼 레이프^{Jennifer Reif}는 블로그 게시물인 "새로운 세계 탐색 – Neo4j에 플러그인 추가하기(Explore New Worlds – Adding Plugins to Neo4j)"(https://bit.ly/2TU0Lj3)에서 설치 프로세스를 자세히 설명했다. 이제 Neo4j에서 그래프 알고리즘을 실행하는 방법을 배울 준비가 됐다.

요약

2장에서는 실제 네트워크를 공부하는 데 그래프 분석이 중요한 이유를 설명하고 기본적인 그래프 개념, 분석, 프로세싱을 살펴봤다. 이를 통해 그래프 알고리즘을 적용하는 방법을 이해할 수 있었다. 4장에서는 스파크와 Neo4j의 예제를 통해 그래프 알고리즘을 실행하는 방법을 알아본다.

## 4장

경로 찾기와 그래프 탐색 알고리즘

그래프 탐색 알고리즘은 일반적인 발견$^{general\ discovery}$ 또는 명시적 탐색$^{explicit\ search}$을 하려고 그래프를 사용한다. 이러한 알고리즘은 그래프를 통해 경로를 찾지만 이러한 경로가 계산적으로 최적이라고 볼 순 없다. 너비 우선 탐색과 깊이 우선 탐색은 그래프를 탐색하는 데 기본이 되고 많은 다른 유형의 분석에 필요한 첫 번째 단계이므로 4장에서 먼저 살펴본다.

경로 찾기 알고리즘은 그래프 탐색 알고리즘을 기반으로 노드 간 경로를 탐색하고 하나의 노드에서 시작해 목적지에 도달할 때까지 관계를 통과한다. 이러한 알고리즘은 물류 계획, 최소 비용 통화, IP 라우팅, 게임 시뮬레이션 등의 용도로 그래프를 통해 최적의 경로를 식별할 때 사용한다.

경로 찾기 알고리즘의 구체적인 내용은 다음과 같다.

두 가지 유용한 변형이 있는 최단 경로(A*과 옌^{Yen}의 알고리즘)

    최단 경로 또는 두 개의 선택된 노드 간의 경로 찾기

모든 쌍의 최단 경로 및 단일 출발 최단 경로

    모든 노드 쌍 사이 또는 선택한 노드에서 다른 모든 노드로의 최단 경로 찾기

최소 신장 트리

    선택한 노드에서 모든 노드를 방문하는 데 가장 적은 비용으로 연결 트리 구

조를 찾을 경우

랜덤 워크

머신러닝 워크플로와 다른 그래프 알고리즘에 유용한 사전 프로세싱/샘플링 단계다.

이번 장에서는 이러한 알고리즘의 작동 원리를 설명하고 스파크와 Neo4j에서 예제를 보여준다. 하나의 플랫폼에서만 알고리즘을 사용할 수 있는 경우 하나의 예만 제공하거나 구현을 맞춤 설정할 수 있는 방법을 설명한다.

표 4–1. 경로 찾기 및 그래프 탐색 알고리즘 개요

알고리즘 타입	동작	사용 예	스파크 예제	Neo4j 예제
너비 우선 탐색	가장 가까운 이웃과 서브레벨 이웃을 탐색하려고 팬아웃해 트리 구조를 횡단	주변의 관심 장소를 식별하려고 GPS 시스템에서 이웃 노드 찾기	예	아니요
깊이 우선 탐색	역추적 전에 가능한 하나의 각 분기(branch) 아래로 탐색해 트리 구조를 탐색	계층적 선택을 통해 게임 시뮬레이션에서 최적의 솔루션 경로 발견하기	아니요	아니요
최단 경로 변형: A *, 옌(Yen)	노드 쌍 사이의 최단 경로를 계산	두 위치 사이의 운전 경로 찾기	예	예
모든 쌍의 최단 경로	그래프에서 모든 노드 쌍 사이의 최단 경로를 계산	교통 체증 주변의 대체 경로 평가	예	예
단일 출발 최단 경로	단일 루트 노드와 다른 모든 노드 사이의 해안 경로를 계산	전화 통화의 최소 비용 라우팅	예	예
최소 신장 트리	모든 노드를 방문하는 데 가장 적은 비용으로 연결 트리 구조의 경로를 계산	케이블 배치 또는 가비지 수집과 같은 연결 라우팅 최적화	아니요	예
랜덤 워크	순회할 관계를 랜덤하게 선택해 지정된 크기의 경로를 따라 노드 목록을 반환	머신러닝을 위한 증강 훈련 또는 그래프 알고리즘을 위한 데이터 사용	아니요	예

그림 4-1은 이러한 유형의 알고리즘의 주요 차이점을 보여주며, 표 4-1은 예제를 사용해 각 알고리즘의 계산을 신속히 파악할 수 있다.

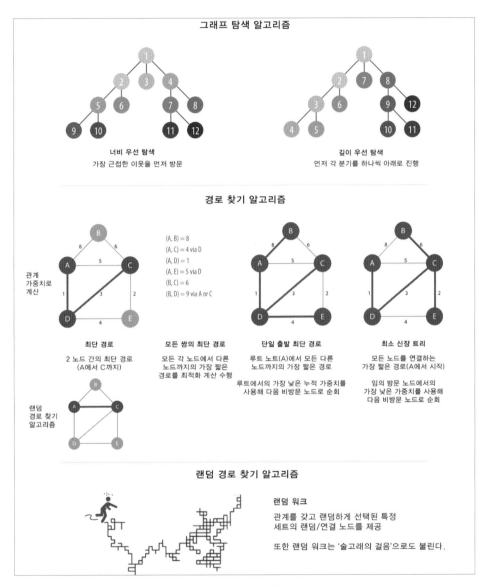

그림 4-1. 경로 찾기와 탐색 알고리즘

첫 번째로 데이터 세트 예제를 살펴보고 데이터를 아파치 스파크와 Neo4j로 가져오는 방법을 살펴본다. 각 알고리즘에서 알고리즘에 대한 간단한 설명과 작동 방식 관련 정보 파악을 시작한다. 대부분의 절에는 관련 알고리즘을 사용하는 경우에 대한 지침도 포함돼 있다. 마지막으로 각 알고리즘 절의 끝에 있는 샘플 데이터 세트를 사용해 작동하는 샘플 코드를 제공한다.

자, 이제 시작해보자.

예제 데이터: 운송 그래프

모든 연결 데이터에는 노드 간의 경로가 포함돼 있으므로 탐색 및 경로 찾기가 그래프 분석의 시작점이다. 운송 데이터 세트는 이러한 관계를 기능적이고 접근 가능한 방식으로 설명한다. 이번 장에서는 유럽 도로망(http://www.elbruz.org/e-roads/)의 서브집합을 포함하는 그래프 예제를 살펴본다. 책의 깃허브 저장소(https://bit.ly/2FPgGVV)에서 노드 및 관계 파일을 다운로드할 수 있다.

표 4-2. transport-node.csv

id	위도	경도	인구
Amsterdam	52.379189	4.899431	821752
Utrecht	52.092876	5.104480	334176
Den Haag	52.078663	4.288788	514861
Immingham	53.61239	−0.22219	9642
Doncaster	53.52285	−1.13116	302400
Hoek van Holland	51.9775	4.13333	9382
Felixstowe	51.96375	1.3511	23689
Ipswich	52.05917	1.15545	133384

(이어짐)

78

id	위도	경도	인구
Colchester	51.88921	0.90421	104390
London	51.509865	−0.118092	8787892
Rotterdam	51.9225	4.47917	623652
Gouda	52.01667	4.70833	70939

표 4-3. transport-relationship.csv

src	dst	관계	비용
Amsterdam	Utrecht	EROAD	46
Amsterdam	Den Haag	EROAD	59
Den Haag	Rotterdam	EROAD	26
Amsterdam	Immingham	EROAD	369
Immingham	Doncaster	EROAD	74
Doncaster	London	EROAD	277
Hoek van Holland	Den Haag	EROAD	27
Felixstowe	Hoek van Holland	EROAD	207
Ipswich	Felixstowe	EROAD	22
Colchester	Ipswich	EROAD	32
London	Colchester	EROAD	106
Gouda	Rotterdam	EROAD	25
Gouda	Utrecht	EROAD	35
Den Haag	Gouda	EROAD	32
Hoek van Holland	Rotterdam	EROAD	33

그림 4-2는 구축하고자 하는 타깃 그래프를 보여준다.

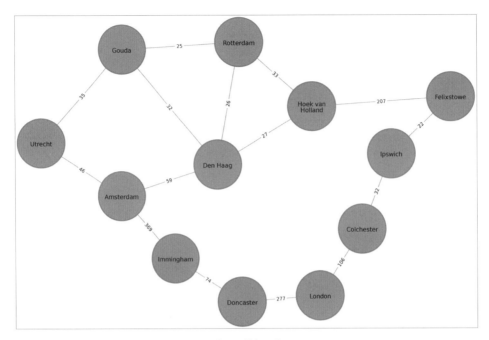

그림 4-2. 운송 그래프

그림 4-2의 그래프는 대부분의 도시 간 도로가 양방향이므로 단순화를 위해 방향성이 없는 것으로 간주한다. 그림에서 단방향 도로 개수가 적기 때문에 방향성 그래프를 평가하면 약간 다른 결과를 얻을 수 있지만 전체적인 접근 방식은 비슷하다. 그러나 스파크와 Neo4j는 모두 방향성 그래프를 갖고 작동하기 때문에 이와 같이 비방향성 그래프(예, 양방향 도로)로 작업하려는 경우 다음과 같이 수행할 수 있다.

- 스파크의 경우 transport-relationship.csv의 각 행에 대해 두 개의 관계를 생성한다. 하나는 dst에서 src로, 다른 하나는 src에서 dst로 이동한다.

- Neo4j의 경우 단일 관계를 만든 다음 알고리즘을 실행할 때 관계 방향을 무시한다.

이러한 모델링의 간단한 우회 방법을 이해했으므로 이제 예제 CSV 파일에서 스파크와 Neo4j로 그래프를 가져올 수 있다.

데이터를 아파치 스파크로 불러오기

스파크를 사용하고자 할 때 먼저 스파크와 GraphFrames 패키지에서 필요한 패키지를 가져온다.

```
from pyspark.sql.types import *
from graphframes import *
```

다음 함수는 예제 CSV 파일에서 GraphFrame을 생성한다.

```
def create_transport_graph():
    node_fields = [
        StructField("id", StringType(), True),
        StructField("latitude", FloatType(), True),
        StructField("longitude", FloatType(), True),
        StructField("population", IntegerType(), True)
    ]
    nodes = spark.read.csv("data/transport-nodes.csv", header=True,
                            schema=StructType(node_fields))

    rels = spark.read.csv("data/transport-relationships.csv", header=True)
    reversed_rels = (rels.withColumn("newSrc", rels.dst)
                .withColumn("newDst", rels.src)
                .drop("dst", "src")
                .withColumnRenamed("newSrc", "src")
                .withColumnRenamed("newDst", "dst")
                .select("src", "dst", "relationship", "cost"))

    relationships = rels.union(reversed_rels)

    return GraphFrame(nodes, relationships)
```

노드를 가져오는 것은 쉽지만 각 관계를 두 번 생성할 수 있게 관계에 약간의 사전 프로세싱을 적용해야 한다.

다음과 같이 함수를 호출한다.

```
g = create_transport_graph()
```

데이터를 Neo4j로 불러오기

이제 Neo4j를 살펴보자. 노드를 가져오는 것으로 시작한다.

```
WITH "https://github.com/neo4j-graph-analytics/book/raw/master/data" AS base
WITH base + "transport-nodes.csv" AS uri
LOAD CSV WITH HEADERS FROM uri AS row
MERGE (place:Place {id:row.id})
SET place.latitude = toFloat(row.latitude),
    place.longitude = toFloat(row.longitude),
    place.population = toInteger(row.population)
```

관계 관련 동작은 다음과 같이 수행한다.

```
WITH "https://github.com/neo4j- graph -analytics/book/raw/master/data/" AS base
WITH base + "transport-relationships.csv" AS uri
LOAD CSV WITH HEADERS FROM uri AS row
MATCH (origin:Place {id: row.src})
MATCH (destination:Place {id: row.dst})
MERGE (origin)-[:EROAD {distance: toInteger(row.cost)}]->(destination)
```

방향 관계를 저장하지만 이 장의 뒷부분에서 알고리즘을 실행할 때 방향은 무시한다.

너비 우선 탐색

너비 우선 탐색^{BFS, Breadth First Search}은 기본 그래프 순회 알고리즘 중 하나다. 선택한 노드에서 시작해 두 홉 떨어진 모든 이웃을 방문하기 전에 한 홉 떨어진 모든 이웃을 탐색한다.

이 알고리즘은 미로에서 최단 경로를 찾는 데 사용했던 에드워드 무어[Edward F. Moore]가 1959년에 첫 번째로 발표했다. 그 후 1961년 "경로 연결 및 애플리케이션을 위한 알고리즘(An Algorithm for Path Connections and Its Applications)"(https://bit.ly/2U1jucF)에 설명된 대로 리[C. Y. Lee]에 의해 유선 라우팅 알고리즘으로 개발됐다.

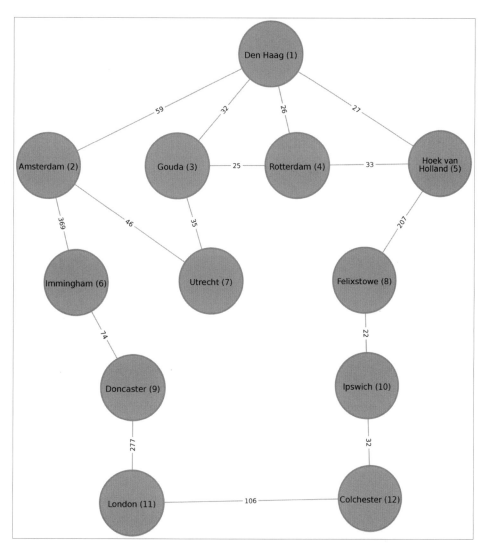

그림 4-3. 너비 우선 탐색(덴 헤이그(Den Haag)에서 시작). 노드 번호는 순회된 순서를 나타낸다.

BFS는 다른 목표 지향 알고리즘의 기초로 가장 일반적으로 사용된다. 예를 들어 최단 경로, 연결 요소, 중심성은 모두 BFS 알고리즘을 사용한다. 또한 노드 사이의 최단 경로를 찾는 데 사용할 수도 있다.

그림 4-3은 네덜란드 도시 덴 헤이그$^{Den Haag}$(영어, 하그$^{The Hague}$)에서 시작된 너비 우선 그래프 탐색을 수행하는 경우 운송 노드를 방문하는 순서를 보여준다. 도시 이름 옆의 숫자는 각 노드가 방문한 순서를 나타낸다.

횡단할 관계가 다 떨어질 때까지, 이웃과 이웃의 이웃을 방문하기 전에 먼저 덴 헤이그의 모든 직계 이웃을 방문한다.

너비 우선 탐색(아파치 스파크 활용)

스파크의 너비 우선 탐색 알고리즘 구현은 두 노드 사이의 관계(즉, 홉) 수로 두 노드 사이의 최단 경로를 찾는다. 대상 노드의 이름을 명시적으로 지정하거나 충족할 기준을 추가할 수 있다.

예를 들어 **bfs** 함수를 사용해 인구가 100,000에서 300,000 사이인 첫 번째 중형(유럽 기준) 도시를 찾을 수 있다.

먼저 해당 기준과 일치하는 인구가 있는 장소를 확인한다.

```
(g.vertices
  .filter("population > 100000 and population < 300000")
  .sort("population")
  .show())
```

결과는 다음과 같다.

id	위도	경도	인구
Colchester	51.88921	0.90421	104390
Ipswich	52.05917	1.15545	133384

기준과 일치하는 장소는 2곳뿐이며 너비 우선 탐색을 기반으로 첫 번째 입스위치Ipswich에 도달할 것으로 예상된다.

다음 코드는 덴 헤이그Den Haag에서 중간 규모 도시로의 최단 경로를 찾는다.

```
from_expr = "id='Den Haag'"
to_expr = "population > 100000 and population < 300000 and id <> 'Den Haag'"
result = g.bfs(from_expr, to_expr)
```

result는 두 도시 간의 노드 및 관계를 설명하는 열을 포함한다. 다음 코드를 실행해 반환된 열 목록을 볼 수 있다.

```
print(result.columns)
```

결과는 다음과 같다.

```
['from', 'e0', 'v1', 'e1', 'v2', 'e2', 'to']
```

e로 시작하는 열은 관계(에지)를 나타내고 v로 시작하는 열은 노드(정점vertex)를 나타낸다. 사용자는 현재 노드에만 관심이 있으므로 결과 DataFrame에서 e로 시작하는 모든 열을 필터링한다.

```
columns = [column for column in result.columns if not column.startswith("e")]
result.select(columns).show()
```

pyspark에서 코드를 실행하면 다음과 같이 출력된다.

from	v1	v2	to
[Den Haag, 52.078…	[Hoek van Holland…	[Felixstowe, 51.9…	[Ipswich, 52.0591…

예상대로 **bfs** 알고리즘은 입스위치^{Ipswich}를 반환한다. 이 함수는 첫 번째 일치 항목을 찾으면 만족되며 그림 4-3에서 볼 수 있듯이 입스위치는 콜체스커^{Colchester}보다 먼저 평가된다.

깊이 우선 탐색

깊이 우선 탐색^{DFS, Depth First Search}은 또 다른 기본 그래프 순회 알고리즘이다. 선택한 노드에서 시작해 인접 노드 중 하나를 선택한 다음 역추적하기 전에 해당 경로를 따라 가능한 한 멀리 이동한다.

DFS는 원래 프랑스 수학자 찰스 삐에르 트레모^{Charles Pierre Tremaux}가 미로를 해결하기 위한 전략으로 발명했다. 시나리오 모델링을 위한 가능한 경로를 시뮬레이션할 수 있는 유용한 도구다.

그림 4-4는 덴 헤이그에서 DFS를 수행하는 경우 운송 그래프의 노드 방문 순서를 보여준다.

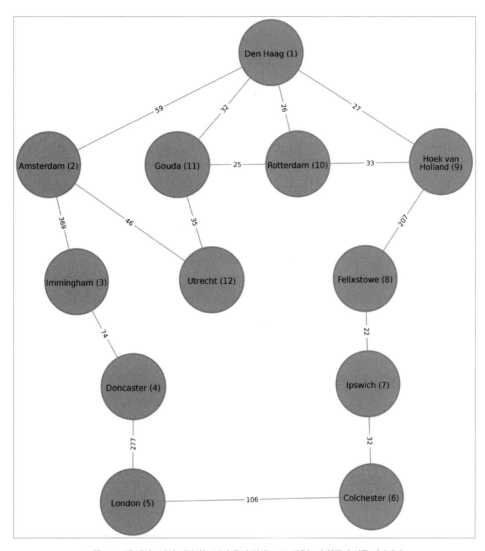

그림 4-4. 덴 헤이그에서 시작하는 깊이 우선 탐색. 노드 번호는 순회된 순서를 나타낸다.

노드 순서가 BFS와 얼마나 다른지 확인한다. 이 DFS의 경우 덴 헤이그에서 암스테르담으로 이동하는 것으로 시작해 전혀 역추적할 필요 없이 그래프의 다른 모든 노드로 이동할 수 있다.

그래프 내에서 이동하려고 탐색 알고리즘이 어떤 준비 작업을 하는지 볼 수 있다.

이제 홉 수 또는 가중치 측면에서 가장 저렴한 경로를 찾는 경로 찾기 알고리즘을 살펴본다. 가중치는 시간, 거리, 용량, 비용과 같이 측정되는 모든 것이 될 수 있다.

두 가지 특정 경로/사이클

사용자는 그래프 분석에 두 가지 특별한 경로를 사용할 수 있다. 첫 번째는 오일러의 경로[1]며 모든 관계가 정확히 한 번 방문하는 경로다. 두 번째인 해밀토니안 Hamiltonian 경로는 모든 노드를 정확히 한 번 방문하는 경로다. 경로로 오일러와 해밀턴을 사용할 수 있으며 동일한 노드에서 시작하고 완료하는 경우를 사이클 또는 둘러보기로 살펴본다. 이 두 가지의 시각적 비교는 그림 4-5에서 볼 수 있다.

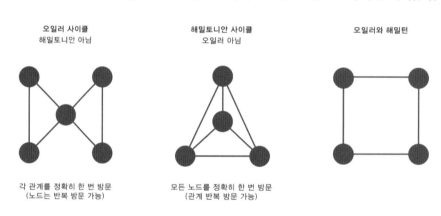

오일러 사이클
해밀토니안 아님

해밀토니안 사이클
오일러 아님

오일러와 해밀턴

각 관계를 정확히 한 번 방문
(노드는 반복 방문 가능)

모든 노드를 정확히 한 번 방문
(관계 반복 방문 가능)

그림 4-5. 오일러 및 해밀턴 사이클은 특별한 중요성을 가진다.

1장의 쾨니히스베르크 브리지 문제는 오일러 사이클을 적용하기 위한 탐색이었다. 이 문제를 통해 제설기 지시 및 메일 배달과 같은 라우팅 시나리오에 어떻게 적용되는지 쉽게 알 수 있다. 그러나 오일러 경로는 트리 구조의 다른 알고리즘에서도 사용되며 다른 사이클보다 수학적으로 연구하기 더 간단하다.

---

1. 오일러 경로는 어떤 도형의 모든 선을 정확하게 한 번씩만 지나가는 경로며 해밀토니안 경로는 도형에 있는 선은 반드시 모두 지나지 않아도 되지만 모든 정점을 한 번씩만 지나가는 경로다(참고 문헌: http://news.khan.co.kr/kh_news/khan_art _view.html?art_id=200703201112242#csidx5dbfc118f82adaf85d0eab6704459ea).

해밀토니안 사이클은 "영업 사원이 할당된 각 도시를 방문하고 원래 도시로 돌아갈 수 있는 가장 짧은 경로는 무엇입니까?"라고 묻는 TSP^Traveling Salesman Problem로 가장 잘 알려져 있다. 오일러 여행과 비슷해 보이지만 TSP는 근사 대안을 사용해 계산적으로 더 집약적이고, 다양한 계획, 물류, 최적화 문제에 사용된다.

최단 경로

최단 경로 알고리즘은 노드 쌍 사이의 최단(가중) 경로를 계산한다. 이 알고리즘은 실시간으로 작동하기 때문에 사용자 상호작용과 동적 워크플로에서 사용하기에 유용하다.

경로 찾기는 19세기로 거슬러 올라가는 역사적이면서 고전적인 그래프 문제로, 1950년대 초에 대체 라우팅으로 유명해졌다. 대체 라우팅은 최단 경로가 차단된 경우 두 번째 최단 경로를 찾는 것이다. 1956년, 에츠허르 데이크스트라^Edsger Dijkstra는 이러한 알고리즘 중 가장 잘 알려진 알고리즘을 만들었다.

데이크스트라의 최단 경로 알고리즘은 첫 번째로 시작 노드에서 직접 연결 노드까지 가장 낮은 가중치 관계를 찾는 방식으로 작동한다. 이러한 가중치를 추적하고 '가장 가까운' 노드로 이동한다. 그런 다음 동일한 계산을 수행하지만 이제는 시작 노드에서 누적 합계로 계산한다. 알고리즘은 계속해서 이를 수행해 누적 가중치의 '파동^wave'을 평가하고 대상 노드에 도달할 때까지 계속 진행할 가장 낮은 가중치 누적 경로를 선택한다.

그래프 분석에서 관계 및 경로를 설명할 때 가중치, 비용, 거리, 홉이라는 용어가 사용됨을 알 수 있다.
'가중치(Weight)'는 특정 관계의 숫자 값이다. '비용'도 비슷하게 사용되지만 경로의 총 가중치를 고려할 때 더 자주 사용된다.

'거리(Distance)'는 한 쌍의 노드 사이를 순회하는 비용을 나타내는 관계의 이름으로 알고리즘 내에서 자주 사용된다. 이것이 실제 거리의 물리적 측정일 필요는 없다. '홉(Hop)'은 일반적으로 두 노드 간 관계의 수를 표현하는 데 사용된다. "런던까지 5홉 거리다." 또는 "거리에 대한 최저 비용이다."와 같이 용어 중 일부가 결합돼 사용된다.

언제 최단 경로를 사용해야 하는가?

최단 경로를 사용해 홉 수 또는 가중치 관계 값을 기반으로 한 쌍의 노드 사이에서 최적의 경로를 찾는다. 예를 들어 이격 정도, 지점 간 최단 거리 또는 가장 저렴한 경로에 대한 실시간 답변을 제공할 수 있다. 이 알고리즘을 사용해 특정 노드 간의 연결을 간단히 탐색할 수도 있다.

사용 사례는 다음과 같다.

- **위치 간 방향 찾기.** 구글 맵과 같은 웹 매핑 도구는 최단 경로 알고리즘이나 유사한 변형을 사용해 운전 경로를 제공한다.

- **소셜 네트워크에서 사람들 간의 분리 정도를 찾기.** 예를 들어 링크드인^{LinkedIn}에서 다른 사람의 프로필을 볼 때 그래프에서 얼마나 많은 사람이 나와 분리돼 있는지 표시하고 상호 연결 정도를 나열한다.

- 출연한 영화(Bacon Number)를 기반으로 배우와 케빈 베이컨^{Kevin Bacon}의 분리 정도를 찾는다. 이에 대한 예는 베이컨의 오라클^{Oracle of Bacon} 웹 사이트(https://oracleofbacon.org)에서 볼 수 있다. 에르되시 수^{Erdös Number} 프로젝트(https://www.oakland.edu/enp)는 20세기의 가장 많은 수학자 중 한 명인 팔 에르되시^{Paul Erdös}와의 협력을 기반으로 유사한 그래프 분석을 제공한다.

데이크스트라(Dijkstra) 알고리즘은 음의 가중치를 지원하지 않는다. 이 알고리즘은 경로에 관계를 추가하면 경로가 더 짧아지지 않는다고 가정한다. 음의 가중치를 사용할 때 위반되는 것은 변경되지 않는다.

최단 경로(Neo4j 사용)

Neo4j 그래프 알고리즘 라이브러리에는 비가중^{unweighted}과 가중^{weighted} 최단 경로를 모두 계산하는 데 사용할 수 있는 기본 제공 프로시저가 있다. 먼저 가중치가 없는 최단 경로를 계산하는 방법을 알아보자.

Neo4j의 모든 최단 경로 알고리즘은 기본 그래프가 방향성이 없다고 가정한다. 매개변수 direction: "OUTGOING"과 direction: "INCOMING"을 전달해 재정의할 수 있다.

Neo4j의 최단 경로 알고리즘이 가중치를 무시하게 하려면 알고리즘을 실행할 때 가중치 프로퍼티를 고려하지 않음을 나타내는 세 번째 매개변수로 null을 프로시저에 전달해야 한다. 그런 다음 알고리즘은 각 관계에 대해 기본 가중치로 1.0을 가짐을 가정한다.

```
MATCH (source:Place {id: "Amsterdam"}),
      (destination:Place {id: "London"})
CALL algo.shortestPath.stream(source, destination, null)
YIELD nodeId, cost
RETURN algo.getNodeById(nodeId).id AS place, cost
```

이 질의는 다음 출력을 반환한다.

place	cost
Amsterdam	0.0
Immingham	1.0
Doncaster	2.0
London	3.0

여기서 비용은 관계(또는 홉)의 누적 합계다. 이는 스파크에서 너비 우선 탐색을 사용하는 것과 동일한 경로를 가진다.

사용자는 약간의 포스트 프로세싱 사이퍼Cypher를 만들어 이 경로를 따르는 총 거리를 계산할 수도 있다. 다음 절차는 가장 짧은 비가중 경로를 계산한 다음 해당 경로의 실제 비용을 계산한다.

```
MATCH (source:Place {id: "Amsterdam"}),
      (destination:Place {id: "London"})
CALL algo.shortestPath.stream(source, destination, null)
YIELD nodeId, cost

WITH collect(algo.getNodeById(nodeId)) AS path
UNWIND range(0, size(path)-1) AS index
WITH path[index] AS current, path[index+1] AS next
WITH current, next, [(current)-[r:EROAD]-(next) | r.distance][0] AS distance

WITH collect({current: current, next:next, distance: distance}) AS stops
UNWIND range(0, size(stops)-1) AS index
WITH stops[index] AS location, stops, index
RETURN location.current.id AS place,
       reduce(acc=0.0,
              distance in [stop in stops[0..index] | stop.distance] |
              acc + distance) AS cost
```

이전 코드가 다소 다루기 어렵다고 느껴지면 까다로운 부분에 전체 여정 비용을 포함하도록 데이터를 수정하는 방법을 알아내야 한다. 이는 누적 경로 비용이 필요할 경우를 고려할 때 도움이 된다.

질의는 다음 결과를 반환한다.

place	cost
Amsterdam	0.0
Immingham	369.0
Doncaster	443.0
London	720.0

그림 4-6은 암스테르담에서 런던까지 가장 적은 수의 도시를 통해 라우팅하는 비가중치 최단 경로를 보여준다. 총비용은 720km가 된다.

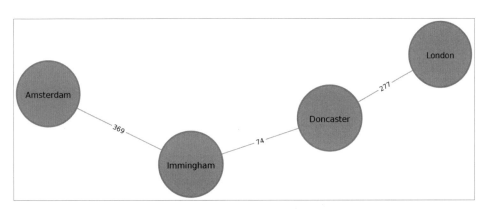

그림 4-6. 암스테르담과 런던 사이의 가중치가 없는 최단 경로

방문한 노드 수가 가장 적은 경로를 선택하는 것은 지하철 시스템과 같은 상황에서도 매우 유용할 수 있다. 그러나 운전 시나리오에서는 가장 짧은 가중 경로를 사용할 때의 총비용에 더 관심이 있다.

최단 경로(Neo4j 사용)

다음과 같이 가중치^{Weighted} 기반 최단 경로 알고리즘을 실행해 암스테르담과 런던 사이의 최단 경로를 찾을 수 있다.

```
MATCH (source:Place {id: "Amsterdam"}),
      (destination:Place {id: "London"})
CALL algo.shortestPath.stream(source, destination, "distance")
YIELD nodeId, cost
RETURN algo.getNodeById(nodeId).id AS place, cost
```

이 알고리즘에 전달되는 매개변수는 다음과 같다.

source

최단 경로 탐색을 시작하는 노드

destination

최단 경로의 끝 노드

distance

노드 쌍 사이의 순회 비용을 나타내는 관계의 이름

비용은 두 위치 사이의 킬로미터 수다. 질의는 다음 결과를 반환한다.

place	cost
Amsterdam	0.0
Den Haag	59.0
Hoek van Holland	86.0
Felixstowe	293.0
Ipswich	315.0

(이어짐)

94

place	cost
Colchester	347.0
London	453.0

가장 빠른 경로는 덴 헤이그^{Den Haag}, 훅 반 홀랜드^{Hoek van Holland}, 펠릭스토^{Felixstowe}, 입스위치^{Ipswich}, 콜체스터^{Colchester}를 경유한다. 표시된 비용은 도시를 진행하면서 누적된 총액이다. 첫 번째로는 59의 비용으로 암스테르담에서 덴 헤이그로 이동한다. 그런 다음 86의 누적 비용으로 덴 헤이그에서 훅 반 홀랜드로 이동한다. 마지막으로 콜체스터에서 총 453km의 비용으로 런던에 도착한다.

비가중치 최단 경로의 총비용은 720km였으므로 최단 경로를 계산할 때 가중치를 고려해 267km를 절약할 수 있다.

최단 경로(가중치 적용, 아파치 스파크 사용)

두 노드 사이에서 최단 경로를 찾는 방법은 아파치 스파크를 사용한 너비 우선 탐색 관련 절에서 이미 배웠다. 최단 경로는 홉을 기반으로 했기 때문에 가장 짧은 가중치 경로와 다르다. 이 경로는 도시 간의 총 최단 거리를 알려준다.

최단 가중 경로(이 경우에는 거리)를 찾으려면 다양한 유형의 가중으로 사용되는 '비용'을 사용한다. 이 옵션은 GraphFrames에서 즉시 사용할 수 없으므로 aggregateMessages 프레임워크(https://bit.ly/2JCFBRJ)를 사용해 자체 버전의 가중치 최단 경로를 만들어야 한다. 대부분의 스파크 알고리즘 예제는 라이브러리에서 알고리즘을 호출하는 더 간단한 프로세스를 사용하지만 자체 함수를 만들 수 있는 옵션도 있다.

aggregateMessages에 대한 좀 더 자세한 정보는 GraphFrames 사용자 가이드의 'AggregateMessages를 통한 메시지 전달'(http://bit.ly/2Wo6Hxg) 절에서 찾을 수 있다.

가능한 경우 기존의 테스트된 라이브러리를 활용하는 것이 좋다. 특히 더 복잡한 알고리즘을 위해 자체 함수를 만들려면 데이터와 계산 방법의 깊은 이해를 가져야 한다. 다음 예제는 참조 구현 방식으로 취급해야 하며, 더 큰 데이터 세트에서 실행하기 전에 최적화를 해야 한다. 사용자 자신의 함수를 만드는 데 관심이 없는 사용자는 이 예제를 건너뛸 수 있다.

함수를 만들기 전에 사용할 몇 가지 라이브러리를 가져온다.

```
from graphframes.lib import AggregateMessages as AM
from pyspark.sql import functions as F
```

Aggregate_Messages 모듈은 GraphFrames 라이브러리의 일부며 몇 가지 유용한 도우미 함수를 포함한다.

이제 함수를 만들어보자. 지금은 다음 용도로 사용할 사용자 정의 함수를 만들 예정인데, 소스와 대상 사이의 경로를 구축한다.

```
add_path_udf = F.udf(lambda path, id: path + [id], ArrayType(StringType()))
```

이제 출발지에서 시작하는 최단 경로를 계산하고 목적지를 방문하면 결과를 반환하는 main 함수를 설명한다.

```
def shortest_path(g, origin, destination, column_name="cost"):
    if g.vertices.filter(g.vertices.id == destination).count() == 0:
        return (spark.createDataFrame(sc.emptyRDD(), g.vertices.schema)
                .withColumn("path", F.array()))

    vertices = (g.vertices.withColumn("visited", F.lit(False))
                .withColumn("distance", F.when(g.vertices["id"] == origin, 0)
                    .otherwise(float("inf")))
                .withColumn("path", F.array()))
    cached_vertices = AM.getCachedDataFrame(vertices)
    g2 = GraphFrame(cached_vertices, g.edges)

    while g2.vertices.filter('visited == False').first():
```

```
current_node_id = g2.vertices.filter('visited == False').sort
                                    ("distance").first().id

msg_distance = AM.edge[column_name] + AM.src['distance']
msg_path = add_path_udf(AM.src["path"], AM.src["id"])
msg_for_dst = F.when(AM.src['id'] == current_node_id,
                    F.struct(msg_distance, msg_path))
new_distances = g2.aggregateMessages(F.min(AM.msg).alias("aggMess"),
                                    sendToDst=msg_for_dst)

new_visited_col = F.when(
                g2.vertices.visited | (g2.vertices.id == current_node_id),
                True).otherwise(False)
new_distance_col = F.when(new_distances["aggMess"].isNotNull() &
                (new_distances.aggMess["col1"]
                < g2.vertices.distance),
                new_distances.aggMess["col1"])
                .otherwise(g2.vertices.distance)
new_path_col = F.when(new_distances["aggMess"].isNotNull() &
                (new_distances.aggMess["col1"]
                < g2.vertices.distance), new_distances.aggMess["col2"]
                .cast("array<string>")).otherwise(g2.vertices.path)

new_vertices = (g2.vertices.join(new_distances, on="id",
                                how="left_outer")
                .drop(new_distances["id"])
                .withColumn("visited", new_visited_col)
                .withColumn("newDistance", new_distance_col)
                .withColumn("newPath", new_path_col)
                .drop("aggMess", "distance", "path")
                .withColumnRenamed('newDistance', 'distance')
                .withColumnRenamed('newPath', 'path'))
cached_new_vertices = AM.getCachedDataFrame(new_vertices)
g2 = GraphFrame(cached_new_vertices, g2.edges)
if g2.vertices.filter(g2.vertices.id == destination).first().visited:
    return (g2.vertices.filter(g2.vertices.id == destination)
            .withColumn("newPath", add_path_udf("path", "id"))
```

```
                    .drop("visited", "path")
                    .withColumnRenamed("newPath", "path"))
    return (spark.createDataFrame(sc.emptyRDD(), g.vertices.schema)
                .withColumn("path", F.array()))
```

 참고 자료를 함수의 DataFrame에 저장하는 경우 AM.getCachedDataFrame 함수를 사용해 캐싱해야 한다. 그렇지 않으면 실행 중에 메모리 누수가 발생한다. shortest_path 함수에서 이 함수를 사용해 정점과 new_vertices 데이터 프레임을 캐싱한다.

암스테르담과 콜체스터 사이의 최단 경로를 찾으려면 해당 함수를 다음과 같이 호출할 수 있다.

```
result = shortest_path(g, "Amsterdam", "Colchester", "cost")
result.select("id", "distance", "path").show(truncate=False)
```

함수를 수행하면 다음 결과가 반환된다.

id	distance	path
Colchester	347.0	[Amsterdam, Den Haag, Hoek van Holland, Felixstowe, Ipswich, Colchester]

암스테르담과 콜체스터 사이의 최단 경로의 총 거리는 347km며 덴 헤이그, 훅 반 홀랜드, 펠릭스토, 입스위치를 경유한다. 반대로 너비 우선 탐색 알고리즘(그림 4-4 참고)으로 작업한 위치 간 관계 수 측면의 최단 경로에선 이밍햄[Immingham], 돈커스터[Doncaster], 런던[London]을 안내한다.

최단 경로의 변형(Variation): A*

A* 최단 경로 알고리즘은 최단 경로를 더 빨리 찾도록 데이크스트라[Dijkstra] 알고리즘을 개선했다. 다음 탐색할 경로를 결정할 때 알고리즘은 휴리스틱 함수의 일부로

사용할 수 있는 추가 정보를 포함해 수행한다.

이 알고리즘은 피터 하트[Peter Hart], 닐스 닐슨[Nils Nilsson], 버트람 라파엘[Bertram Raphael]에 의해 개발됐으며 1968년 논문「최소 비용 경로의 휴리스틱 결정을 위한 정형적 기초 방법(A Formal Basis for the Heuristic Determination of Minimum Cost Paths)」(https://bit.ly/2JAaV3s)에 설명돼 있다.

A* 알고리즘은 메인 루프의 각 반복 동작에서 확장할 부분 경로를 결정해 작동한다. 목표 노드에 도달하려고 남은 비용(휴리스틱)의 추정치를 사용한다.

 경로 비용을 추정하려고 사용하는 휴리스틱에 신중을 기해야 한다. 경로 비용을 과소평가하면 제거될 수 있는 경로가 불필요하게 포함될 수 있지만 결과는 여전히 정확할 수 있다. 그러나 휴리스틱이 경로 비용을 과대평가하는 경우 평가돼야 하는 실제 더 짧은 경로(더 긴 것으로 잘못 추정 됨)를 건너뛰어 부정확한 결과를 초래할 수 있다.

A*를 사용하면 다음 기능을 최소화하는 경로를 선택한다.

`f(n) = g(n) + h(n)`

여기서 각 항은 다음과 같다.

- g(n)은 시작점에서 노드 n까지의 경로 비용이다.

- h(n)은 휴리스틱에 의해 계산된 노드 n에서 대상 노드까지의 경로에 대한 예상 비용이다.

 Neo4j의 구현에서는 지리 공간 거리가 휴리스틱으로 사용된다. 예제 교통 데이터 세트에서는 휴리스틱 함수의 일부에 각 위치의 위도와 경도를 사용한다.

Neo4j를 사용한 A*

다음 질의는 A* 알고리즘을 실행해 덴 헤이그와 런던 사이의 최단 경로를 찾는다.

```
MATCH (source:Place {id: "Den Haag"}),
      (destination:Place {id: "London"})
CALL algo.shortestPath.astar.stream(source,
          destination, "distance", "latitude", "longitude")
YIELD nodeId, cost
RETURN algo.getNodeById(nodeId).id AS place, cost
```

이 알고리즘에 전달되는 매개변수는 다음과 같다.

source

> 최단 경로 탐색이 시작되는 노드다.

destination

> 최단 경로 탐색이 끝나는 노드다.

distance

> 노드 쌍 간의 순회 비용을 나타내는 관계 이름이다. 비용은 두 위치 사이의 킬로미터 수다.

latitude

> 지리 공간 휴리스틱 계산의 일부로 각 노드의 위도를 나타내는 데 사용되는 노드의 이름이다.

longitude

> 지리 공간 휴리스틱 계산의 일부로 각 노드의 경도를 나타내는 데 사용되는 노드의 이름이다.

다음과 같은 실행 결과를 얻을 수 있다.

place	cost
Den Haag	0.0
Hoek van Holland	27.0
Felixstowe	234.0
Ipswich	256.0
Colchester	288.0
London	394.0

최단 경로 알고리즘을 사용하면 동일한 결과를 얻을 수 있지만 더 복잡한 데이터 세트에서는 A* 알고리즘이 더 적은 경로를 평가하므로 더 빠른 성능을 가진다.

최단 경로의 변형: 옌의 k-최단 경로

옌^{Yen}의 k-최단 경로 알고리즘은 최단 경로 알고리즘과 유사하지만 두 쌍의 노드 사이에서 최단 경로만 찾는 것이 아니라 두 번째 최단 경로, 세 번째 최단 경로, 최단 경로의 −1 편차 등을 최대 k까지 계산한다.

진 옌$^{Jin Y. Yen}$은 1971년 발명한 알고리즘을 「네트워크에서 K개의 최단 루프 없는 경로 찾기」 논문(https://bit.ly/2HS0eXB) 논문에서 설명했다. 이 알고리즘은 절대 최단 경로를 찾는 것이 유일한 목표가 아닐 때 대체 경로를 얻는 데 유용하다. 두 개 이상의 백업 계획이 필요할 때 특히 유용할 수 있다.

Neo4j을 사용한 옌 알고리즘

다음 질의는 옌의 알고리즘을 실행해서 고다^{Gouda}와 펠릭스토^{Felixstowe} 사이의 최단 경로를 찾는다.

```
MATCH (start:Place {id:"Gouda"}),
      (end:Place {id:"Felixstowe"})
CALL algo.kShortestPaths.stream(start, end, 5, "distance")
YIELD index, nodeIds, path, costs
RETURN index,
       [node in algo.getNodesById(nodeIds[1..-1]) | node.id] AS via,
       reduce(acc=0.0, cost in costs | acc + cost) AS totalCost
```

이 알고리즘에 전달되는 매개변수는 다음과 같다.

start

최단 경로 탐색이 시작되는 노드다.

end

최단 경로 탐색이 끝나는 노드다.

5

찾을 최단 경로의 최대 수다.

distance

노드 쌍 간의 순회 비용을 나타내는 관계의 이름이다. 비용은 두 위치 사이의 킬로미터 수다.

최단 경로를 찾은 후 각 노드 ID에 대해 연관된 노드를 찾은 다음 컬렉션에서 시작 및 끝 노드를 필터링한다.

이 과정을 실행하면 다음과 같은 결과가 나온다.

index	via	totalCost
0	[Rotterdam, Hoek van Holland]	265.0
1	[Den Haag, Hoek van Holland]	266.0

(이어짐)

102

index	via	totalCost
2	[Rotterdam, Den Haag, Hoek van Holland]	285.0
3	[Den Haag, Rotterdam, Hoek van Holland]	298.0
4	[Utrecht, Amsterdam, Den Haag, Hoek van Holland]	374.0

그림 4-7은 고다와 펠릭스토 간의 최단 경로를 보여준다.

그림 4-7. 고다(Gouda)와 펠릭스토(Felixstowe) 간의 최단 경로

그림 4-7의 최단 경로는 총비용을 기준으로 정렬된 결과를 살펴볼 때 흥미로운 사항을 볼 수 있다. 때로는 여러 최단 경로 또는 다른 매개변수들을 고려해야 한다. 이 예에서 두 번째로 짧은 경로는 가장 짧은 경로보다 1km 정도만 더 길다. 사용자가 경로상에서 풍경을 보길 더 선호한다면 약간 더 긴 경로를 선택할 수 있다.

모든 쌍의 최단 경로

모든 쌍의 최단 경로APSP, All Pairs Shortest Path 알고리즘은 모든 노드 쌍 사이의 최단(가중) 경로를 계산하기 때문에 그래프에서 모든 노드 쌍의 단일 출발 최단 경로 알고리즘을 실행하는 것보다 더 효율적이다.

APSP는 지금까지 계산된 거리를 추적하고 노드에서 병렬로 실행해 운영을 최적화한다. 이러한 알려진 거리는 보이지 않는 노드에 대한 최단 경로를 계산할 때 재사용할 수 있다. 다음 절의 예제를 따라 알고리즘 작동 방식을 더 잘 이해할 수 있다.

일부 노드 쌍은 서로 연결되지 않을 수 있으며 이는 이러한 노드 사이에 최단 경로가 없음을 의미한다. 알고리즘은 이러한 노드 쌍에 대한 거리 값을 반환하지 않는다.

모든 쌍의 최단 경로를 자세히 알아보기

APSP에 대한 계산은 다음의 동작이 어떻게 되는지 살펴볼 때 가장 이해하기 쉽다. 그림 4-8의 다이어그램은 노드 A의 각 단계들을 보여준다.

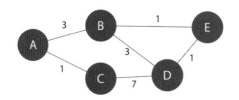

	모든 노드는 처음에는 거리 a∞를 갖지만 그다음부터는 시작 노드는 거리를 0으로 설정한다.		각 단계는 계산된 값 중 가장 낮은 값을 유지하거나 업데이트한다. 다른 모든 노드에 대한 노드 A의 각 단계는 다음과 같이 표시된다.				
			A에서 첫 번째	A에서 두 번째이며, C의 다음 단계까지	A에서 세 번째이며, B의 다음 단계까지	A에서 네 번째이며, E의 다음 단계까지	A에서 다섯 번째이며, D의 다음 단계까지
A	∞	0	0	0	0	0	0
B	∞	∞	3	3	3	3	3
C	∞	∞	1	1	1	1	1
D	∞	∞	∞	8	6	5	5
E	∞	∞	∞	∞	4	4	4

그림 4-8. 노드 A에서 다른 모든 노드로의 최단 경로를 계산하는 단계를 보여주며 업데이트되는 부분은 음영 처리됐다.

처음에 알고리즘은 모든 노드에 무한 거리를 가짐을 가정한다. 시작 노드가 선택되면 해당 노드까지의 거리를 0으로 설정한다. 계산은 다음과 같이 진행된다.

1. 시작 노드 A에서 해당 값에 도달하고 업데이트할 수 있는 노드로 이동하는 비용을 먼저 평가한다. 가장 작은 값을 찾으려면 B(비용 3) 또는 C(비용 1) 중에서 선택할 수 있다. 순회의 다음 단계로 C가 선택됐다.

2. 이제 노드 C로부터 알고리즘은 A에서부터 C에 직접 도달할 수 있는 노드까지의 누적 거리를 업데이트한다. 값은 더 낮은 비용이 발견된 경우에만 업데이트된다.

   A = 0, B = 3, C = 1, D = 8, E = ∞

3. 그런 다음 아직 방문하지 않은 가장 가까운 노드로 B를 선택한다. B는 노드 A, D, E와의 관계를 가진다. 알고리즘은 A에서 B까지의 거리를 B에서 각 노드까지의 거리와 합해 해당 노드까지의 거리를 계산한다. 시작 노드 A에서 현재 노드까지의 최저 비용은 항상 매몰 비용$^{sunk\ cost}$으로 유지된다. 거리(d)의 계산 결과는 다음과 같다.

   d (A, A) = d (A, B) + d (B, A) = 3 + 3 = 6
   d (A, D) = d (A, B) + d (B, D) = 3 + 3 = 6
   d (A, E) = d (A, B) + d (B, E) = 3 + 1 = 4

   - 이 단계에서 노드 A에서 B까지 그리고 다시 A까지의 거리(d(A, A) = 6으로 표시)는 이미 계산된 최단 거리(0)보다 크므로 값이 업데이트되지 않는다.

   - 노드 D(6) 및 E(4)의 거리는 이전에 계산된 거리보다 작으므로 해당 값이 업데이트된다.

4. 다음에는 E를 선택한다. D(5)에 도달하기 위한 누적 합계는 이제 더 낮은 값이므로 유일하게 업데이트된다.

5. D가 최종적으로 평가되고 나면 이제 새로운 최소 경로 가중치 값이 없기

때문에 아무것도 업데이트되지 않고 알고리즘은 종료된다.

 모든 쌍의 최단 경로 알고리즘이 각 노드에 대해 병렬로 계산을 실행하도록 최적화돼 있어 매우 큰 그래프에서도 적용될 수 있다. 노드의 서브카테고리 간 경로들만 평가해야 하는 경우 서브그래프 사용을 고려해야 한다.

모든 쌍의 최단 경로를 사용해야 할 경우

모든 쌍의 최단 경로는 가장 짧은 경로가 차단되거나 차선이 될 때 대체 경로를 이해하는 데 일반적으로 사용된다. 예를 들어 이 알고리즘은 다양성 라우팅을 위한 최적의 다중 경로를 보장하고자 논리적 경로를 계획할 때 사용된다.

전체 노드나 대부분 노드 간의 가능한 모든 경로를 고려해야 할 때 모든 쌍의 최단 경로를 사용한다.

사용 사례는 다음과 같다.

- 도시 시설의 위치와 물품 유통을 최적화할 때 사용한다. 이에 대한 한 가지 예는 운송 그리드의 여러 세그먼트에서 예상되는 트래픽 로드[traffic load]를 결정하는 경우다. 자세한 내용은 라슨[R.C. Larson]과 오도니[A.R. Odoni]의 저서 『도시 운영 연구(Urban Operations Research)』(Prentice-Hall)을 참조한다.

- 데이터 센터 설계 알고리즘의 일부로 최대 대역폭과 최소 대기 시간을 가진 네트워크를 찾을 때 사용한다. 이 접근 방식에 대한 자세한 내용은 커티스[A. R. Curtis]의 "리와이어: 데이터 센터 네트워크 설계를 위한 최적화 기반 프레임워크(REWIRE: An Optimization-Based Framework for Data Center Network Design)"(https://bit.ly/2HTbhzY)에서 볼 수 있다.

모든 쌍의 최단 경로(아파치 스파크 사용)

스파크의 shortestPaths 함수는 모든 노드에서 랜드마크라고 하는 노드 집합까지의 최단 경로를 찾으려고 만들어졌다. 모든 위치에서 콜체스터^{Colchester}, 이밍햄^{Immingham}, 혹 반 홀랜드^{Hoek van Holland}까지의 최단 경로를 찾으려면 다음과 같이 질의한다.

```
result = g.shortestPaths(["Colchester", "Immingham", "Hoek van Holland"])
result.sort(["id"]).select("id", "distances").show(truncate=False)
```

pyspark에서 해당 코드를 실행하면 다음 출력이 표시된다.

id	distances
Amsterdam	[Immingham → 1, Hoek van Holland → 2, Colchester → 4]
Colchester	[Colchester → 0, Hoek van Holland → 3, Immingham → 3]
Den Haag	[Hoek van Holland → 1, Immingham → 2, Colchester → 4]
Doncaster	[Immingham → 1, Colchester → 2, Hoek van Holland → 4]
Felixstowe	[Hoek van Holland → 1, Colchester → 2, Immingham → 4]
Gouda	[Hoek van Holland → 2, Immingham → 3, Colchester → 5]
Hoek van Holland	[Hoek van Holland → 0, Immingham → 3, Colchester → 3]
Immingham	[Immingham → 0, Colchester → 3, Hoek van Holland → 3]
Ipswich	[Colchester → 1, Hoek van Holland → 2, Immingham → 4]
London	[Colchester → 1, Immingham → 2, Hoek van Holland → 4]
Rotterdam	[Hoek van Holland → 1, Immingham → 3, Colchester → 4]
Utrecht	[Immingham → 2, Hoek van Holland → 3, Colchester → 5]

거리^{distance} 열의 각 위치 옆에 있는 숫자는 소스 노드에서 도착하고자 횡단해야 하

는 도시 간의 관계(도로) 수다. 이 예에서 콜체스터는 목적지 도시 중 하나며, 자신에게 도달하려면 횡단할 노드가 0개지만 이밍햄과 훅 반 홀랜드에서 도달하려면 3개의 홉이 있다. 여행을 계획 중이라면 이 정보를 사용해 선택한 목적지로의 시간을 최대한 최적화할 수 있다.

모든 쌍의 최단 경로(Neo4j 사용)

Neo4j는 모든 쌍의 최단 경로 알고리즘을 병렬로 구현해 모든 노드 쌍 사이의 거리를 반환한다.

이 동작에서 사용할 첫 번째 매개변수는 가장 짧은 가중치 경로를 찾는 데 사용하는 프로퍼티다. 이 매개변수를 null로 설정하면 알고리즘은 모든 노드 쌍 사이의 가중치가 없는 최단 경로를 계산한다.

질의는 다음과 같이 사용한다.

```
CALL algo.allShortestPaths.stream(null)
YIELD sourcenodeId, targetnodeId, distance
WHERE sourcenodeId < targetnodeId
RETURN algo.getNodeById(sourcenodeId).id AS source,
       algo.getNodeById(targetnodeId).id AS target,
       distance
ORDER BY distance DESC
LIMIT 10
```

이 알고리즘은 모든 노드 쌍 사이의 최단 경로를 두 번(한 번은 각 노드를 소스 노드로 사용) 반환하며 일방통행의 방향성 그래프를 평가할 때 도움이 된다. 그러나 각 경로를 두 번 살펴볼 필요가 없으므로 sourceNodeId < targetNodeId 조건자를 사용해 그중 하나만 갖도록 결과를 필터링한다.

질의 수행 시 다음 결과를 반환한다.

source	target	distance
Colchester	Utrecht	5.0
London	Rotterdam	5.0
London	Gouda	5.0
Ipswich	Utrecht	5.0
Colchester	Gouda	5.0
Colchester	Den Haag	4.0
London	Utrecht	4.0
London	Den Haag	4.0
Colchester	Amsterdam	4.0
Ipswich	Gouda	4.0

이 출력은 내림차순(DESC)으로 결과를 요청했기 때문에 관계가 가장 많은 10쌍의 위치를 보여준다.

최소 가중치$^{shortest\ weighted}$가 부여된 경로를 계산하고 싶다면 첫 번째 매개변수로 null을 전달하지 않고 최단의 경로 계산에 사용할 비용을 포함하는 이름을 전달할 수 있다. 이 프로퍼티는 각 노드 쌍 사이의 최단 가중치 경로를 계산하려고 사용된다.

질의는 다음과 같이 수행한다.

```
CALL algo.allShortestPaths.stream("distance")
YIELD sourcenodeId, targetnodeId, distance
WHERE sourcenodeId < targetnodeId
RETURN algo.getNodeById(sourcenodeId).id AS source,
       algo.getNodeById(targetnodeId).id AS target,
       distance
ORDER BY distance DESC
LIMIT 10
```

질의 수행은 다음의 결과를 반환한다.

source	target	distance
Doncaster	Hoek van Holland	529.0
Rotterdam	Doncaster	528.0
Gouda	Doncaster	524.0
Felixstowe	Immingham	511.0
Den Haag	Doncaster	502.0
Ipswich	Immingham	489.0
Utrecht	Doncaster	489.0
London	Utrecht	460.0
Colchester	Immingham	457.0
Immingham	Hoek van Holland	455.0

이제 각 도시 사이의 총 거리 측면에서 서로 가장 먼 10쌍의 위치를 볼 수 있다. 돈 커스터^{Doncaster}는 네덜란드의 여러 도시와 함께 자주 나온다. 그 지역 사이의 도로를 여행하고 싶다면 장거리 운전이 될 것 같다.

단일 출발 최단 경로

데이크스트라의 최단 경로 알고리즘과 비슷한 시기에 유명해진 단일 출발 최단 경로^{SSSP, Single Source Shortest Path} 알고리즘은 경로 찾기와 그래프 탐색 문제 모두에 대한 구현을 지원한다.

SSSP 알고리즘은 그림 4-9와 같이 루트 노드에서 그래프의 다른 모든 노드까지의 최단(가중치) 경로를 계산한다.

110

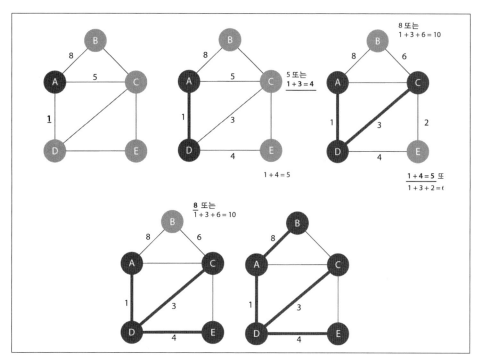

그림 4-9. 단일 출발 최단 경로 알고리즘의 단계

이 알고리즘은 다음과 같이 동작한다.

1. 모든 경로를 측정하는 루트 노드에서 시작한다. 그림 4-9에서는 노드 A를 루트로 선택했다.

2. 루트 노드에서 나오는 가장 작은 가중치를 가진 관계가 선택되고 연결 노드와 함께 트리에 추가된다. 이 경우 d(A, D) = 1이다.

3. 루트 노드에서 방문하지 않은 노드까지 누적 가중치가 가장 작은 다음 관계가 선택되고 동일한 방식으로 트리에 추가한다. 그림 4-9에서 사용자의 선택은 직접적인 d(A, B) = 8, d(A, C) = 5, A-D-C를 통한 4 외에 d(A, E) = 5 중에서 고를 수 있다. 따라서 여기서는 A-D-C를 통한 경로가 선택되고 C가 트리에 추가된다.

4. 추가할 노드가 더 이상 없고 단일 출발 최단 경로가 생성될 때까지 프로세스는 계속된다.

단일 출발 최단 경로를 사용해야 할 경우

고정된 시작점에서 다른 모든 개별 노드로의 최적 경로를 평가해야 할 때 단일 출발 최단 경로를 사용한다. 루트의 전체 경로 가중치를 기반으로 경로가 선택되기 때문에 각 노드에 대한 최적의 경로를 찾는 데 유용하지만 단일 여행에서 모든 노드를 방문해야 하는 경우 반드시 그런 것은 아니다.

예를 들어 SSSP는 각 사고 시에 모든 위치를 방문하지 않는 응급 서비스의 주요 경로를 식별하는 데 유용하지만 한 번에 각 집을 꼭 방문해야 하는 쓰레기 수거를 위한 단일 경로를 찾는 데는 유용하지 않다(후자의 경우에는 나중에 다룰 최소 신장 트리 알고리즘을 사용).

사용 사례는 다음과 같다.

- 링크 실패와 같은 토폴로지의 변경 필요성을 감지하고 몇 초만에 새로운 라우팅 구조 제안(https://bit.ly/2HL7ndd)을 찾아야 할 경우에 필요하다.
- LAN^Local Area Network(https://bit.ly/2HUsAAr)과 같은 자율 시스템에서 사용하기 위한 IP 라우팅 프로토콜로 데이크스트라 알고리즘을 사용한다.

단일 출발 최단 경로(아파치 스파크 사용)

두 위치 간의 최단 경로를 계산하기 위한 shortest_path 함수를 사용해 한 위치에서 다른 모든 위치로의 최단 경로를 반환할 수 있다. 함수를 맞춤 설정하려고 스파크의 aggregateMessages 프레임워크를 다시 사용한다.

먼저 이전과 동일한 라이브러리를 가져온다.

```
from graphframes.lib import AggregateMessages as AM
from pyspark.sql import functions as F
```

그리고 동일한 사용자 정의 함수를 사용해 경로를 구성한다.

```
add_path_udf = F.udf(lambda path, id: path + [id], ArrayType(StringType()))
```

이제 원점에서 시작하는 최단 경로를 계산하는 **main** 함수를 살펴보자.

```
def sssp(g, origin, column_name="cost"):
    vertices = g.vertices \
        .withColumn("visited", F.lit(False)) \
        .withColumn("distance",
            F.when(g.vertices["id"] == origin, 0).otherwise(float("inf"))) \
        .withColumn("path", F.array())
    cached_vertices = AM.getCachedDataFrame(vertices)
    g2 = GraphFrame(cached_vertices, g.edges)

    while g2.vertices.filter('visited == False').first():
        current_node_id = g2.vertices.filter('visited == False')
                            .sort("distance").first().id
        msg_distance = AM.edge[column_name] + AM.src['distance']
        msg_path = add_path_udf(AM.src["path"], AM.src["id"])
        msg_for_dst = F.when(AM.src['id'] == current_node_id,
                        F.struct(msg_distance, msg_path))
        new_distances = g2.aggregateMessages(
            F.min(AM.msg).alias("aggMess"), sendToDst=msg_for_dst)

        new_visited_col = F.when(
            g2.vertices.visited | (g2.vertices.id == current_node_id),
                                True).otherwise(False)
        new_distance_col = F.when(new_distances["aggMess"].isNotNull() &
                        (new_distances.aggMess["col1"] <
                            g2.vertices.distance),
```

```
                        new_distances.aggMess["col1"]) \
                            .otherwise(g2.vertices.distance)
        new_path_col = F.when(new_distances["aggMess"].isNotNull() &
                        (new_distances.aggMess["col1"] <
                            g2.vertices.distance),
                        new_distances.aggMess["col2"]
                            .cast("array<string>")) \
                            .otherwise(g2.vertices.path)

        new_vertices = g2.vertices.join(new_distances, on="id",
                                    how="left_outer") \
            .drop(new_distances["id"]) \
            .withColumn("visited", new_visited_col) \
            .withColumn("newDistance", new_distance_col) \
            .withColumn("newPath", new_path_col) \
            .drop("aggMess", "distance", "path") \
            .withColumnRenamed('newDistance', 'distance') \
            .withColumnRenamed('newPath', 'path')
        cached_new_vertices = AM.getCachedDataFrame(new_vertices)
        g2 = GraphFrame(cached_new_vertices, g2.edges)

    return g2.vertices \
            .withColumn("newPath", add_path_udf("path", "id")) \
            .drop("visited", "path") \
            .withColumnRenamed("newPath", "path")
```

암스테르담에서 다른 모든 위치로의 최단 경로를 찾으려면 다음과 같은 함수를 호출할 수 있다.

```
via_udf = F.udf(lambda path: path[1:-1], ArrayType(StringType()))

result = sssp(g, "Amsterdam", "cost")
(result
 .withColumn("via", via_udf("path"))
 .select("id", "distance", "via")
 .sort("distance")
```

```
    .show(truncate=False))
```

또 다른 사용자 정의 함수를 정의해 결과 경로에서 시작 노드와 끝 노드를 필터링한다. 해당 코드를 실행하면 다음 출력이 표시된다.

id	distance	via
Amsterdam	0.0	[]
Utrecht	46.0	[]
Den Haag	59.0	[]
Gouda	81.0	[Utrecht]
Rotterdam	85.0	[Den Haag]
Hoek van Holland	86.0	[Den Haag]
Felixstowe	293.0	[Den Haag, Hoek van Holland]
Ipswich	315.0	[Den Haag, Hoek van Holland, Felixstowe]
Colchester	347.0	[Den Haag, Hoek van Holland, Felixstowe, Ipswich]
Immingham	369.0	[]
Doncaster	443.0	[Immingham]
London	453.0	[Den Haag, Hoek van Holland, Felixstowe, Ipswich, Colchester]

이 결과에서는 루트 노드 암스테르담에서 가장 짧은 거리 순으로 정렬된 다른 모든 도시까지의 물리적 거리를 킬로미터 단위로 볼 수 있다.

단일 출발 최단 경로(Neo4j 사용)

Neo4j는 데이크스트라 알고리즘을 병렬로 실행할 수 있는 여러 단계로 나누는 델타-스텝핑[Delta-Stepping] 알고리즘(https://bit.ly/2UaCHrw)이라는 SSSP 변형을 지원한다.

다음 질의에서는 델타-스텝핑 알고리즘을 실행한다.

```
MATCH (n:Place {id:"London"})
CALL algo.shortestPath.deltaStepping.stream(n, "distance", 1.0)
YIELD nodeId, distance
WHERE algo.isFinite(distance)
RETURN algo.getNodeById(nodeId).id AS destination, distance
ORDER BY distance
```

질의는 다음 결과를 반환한다.

destination	distance
London	0.0
Colchester	106.0
Ipswich	138.0
Felixstowe	160.0
Doncaster	277.0
Immingham	351.0
Hoek van Holland	367.0
Den Haag	394.0
Rotterdam	400.0
Gouda	425.0
Amsterdam	453.0
Utrecht	460.0

이 결과에서는 루트 노드 런던에서 다른 모든 도시까지의 물리적 거리를 최단 거리 순서로 킬로미터 단위로 볼 수 있다.

최소 신장 트리

최소(가중치^{Weight}) 신장 트리$^{minimum\ spanning\ tree}$ 알고리즘은 주어진 노드에서 시작해 도달 가능한 모든 노드와 가능한 최소 가중치와 함께 노드를 연결하는 관계 집합을 찾는다. 방문한 노드에서 가중치가 가장 낮은 다음 비방문 노드로 이동해 사이클이 만들어지는 것을 피한다.

첫 번째로 알려진 최소 가중치 신장 트리 알고리즘은 1926년 체코 과학자 오타카르 보루카$^{Otakar\ Borůvka}$에 의해 개발됐다. 1957년에 발명된 프림^{Prim} 알고리즘은 가장 간단하고 잘 알려져 있다.

프림 알고리즘은 데이크스트라의 최단 경로 알고리즘과 유사하지만 각 관계에서 끝나는 경로의 전체 길이를 최소화하는 대신 각 관계의 길이를 개별적으로 최소화한다. 데이크스트라 알고리즘과 달리 음의 가중치 관계를 허용한다.

최소 신장 트리 알고리즘은 그림 4-10과 같이 동작한다.

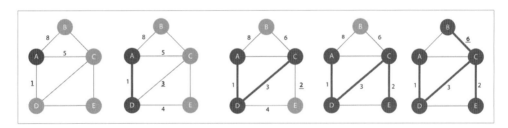

그림 4-10. 최소 신장 트리 알고리즘의 단계

단계는 다음과 같다.

1. 하나의 노드만 포함하는 트리로 시작한다. 그림 4-10에서는 노드 A로 시작한다.

2. 해당 노드에서 오는 가장 작은 가중치를 가진 관계가 선택되고 트리에 추가된다(연결 노드와 함께). 이 경우에는 A-D다.

3. 이 프로세스는 반복되며 항상 트리에 아직 없는 노드를 결합하는 최소 가중치 관계를 선택한다. 이 예제를 그림 4-9의 SSSP 예제와 비교하면 네 번째 그래프에서 경로가 달라지는 것을 알 수 있다. 이는 SSSP가 루트의 누적 합계를 기반으로 최단 경로를 평가하는 반면 최소 신장 트리는 다음 단계의 비용만 고려하기 때문이다.

4. 추가할 노드가 더 이상 없는 경우 이 트리는 최소 신장 트리다. 최대 가중치 신장 트리(최고 비용 트리)와 k-신장 트리(트리 크기 제한)를 찾는 이 알고리즘의 변형도 있다.

최소 신장 트리를 사용해야 할 경우

모든 노드를 방문하기 위한 최적의 경로가 필요한 경우 최소 신장 트리를 사용한다. 경로는 다음 단계의 비용을 기준으로 선택되기 때문에 한 번의 도보로 모든 노드를 방문해야 할 때 유용하다(단일 여행 경로가 필요하지 않은 경우 '단일 출발 최단 경로' 절을 참고한다).

사용자는 이 알고리즘을 사용해 수도관과 회로 설계 같은 연결 시스템의 경로를 최적화할 수 있다. 또한 순회하는 외판원^{Traveling Salesman} 문제 및 특정 유형의 반올림 문제처럼 계산 시간을 알 수 없는 일부 문제 근사화에 사용한다. 항상 절대 최적의 솔루션을 찾지는 않지만 이 알고리즘은 잠재적으로 복잡하고 계산 집약적인 분석을 훨씬 더 접근하기 쉽게 만든다.

사용 사례는 다음과 같다.

- **한 국가 탐험에 드는 여행 비용 최소화하기**. "여행 계획에 최소 신장 트리 적용하기(An Application of Minimum Spanning Trees to Travel Planning)"(https://bit.ly/2CQBs6Q)는 알고리즘이 여행 계획을 만들고자 항공사 및 해상 연결을 분석한 방법을 설명한다.

- **통화 수익률 간의 상관관계 시각화.** 이것은 "통화 시장에서 최소 신창 트리 적용하기(Minimum Spanning Tree Application in the Currency Market)"(https://bit.ly/2HFbGGG)에 설명돼 있다.

- **발병 시 감염 전염 이력 추적.** 자세한 내용은 "C형 간염 바이러스 감염의 원내 발생에 대한 분자 역학 조사를 위한 최소 신장 트리 모델 사용(Use of the Minimum Spanning Tree Model for Molecular Epidemiological Investigation of a Nosocomial Outbreak of Hepatitis C Virus Infection)"(https://bit.ly/2U7SR4Y)을 참고한다.

최소 신장 트리 알고리즘은 관계의 가중치가 다른 그래프에서 실행될 때만 의미 있는 결과를 제공한다. 그래프에 가중치가 없거나 모든 관계의 가중치가 동일한 경우 모든 신장 트리는 최소 신장 트리다.

최소 신장 트리(Neo4j 사용)

사용 중인 최소 신장 트리 알고리즘을 살펴본다. 다음 질의는 암스테르담에서 시작하는 신장 트리를 찾는다.

```
MATCH (n:Place {id:"Amsterdam"})
CALL algo.spanningTree.minimum("Place", "EROAD", "distance", id(n),
    {write:true, writeProperty:"MINST"})
YIELD loadMillis, computeMillis, writeMillis, effectiveNodeCount
RETURN loadMillis, computeMillis, writeMillis, effectiveNodeCount
```

이 알고리즘에 전달되는 매개변수는 다음과 같다.

Place

    신장 트리를 계산할 때 고려할 노드 레이블

EROAD

신장 트리를 계산할 때 고려할 관계 유형

distance

노드 쌍 사이의 순회 비용을 나타내는 관계의 이름

id(n)

신장 트리가 시작돼야 하는 노드의 내부 노드 ID

이 질의는 결과를 그래프에 저장한다. 최소 가중치 신장 트리를 반환하려면 다음 질의를 실행한다.

```
MATCH path = (n:Place {id:"Amsterdam"})-[:MINST*]-()
WITH relationships(path) AS rels
UNWIND rels AS rel
WITH DISTINCT rel AS rel
RETURN startNode(rel).id AS source, endNode(rel).id AS destination,
                        rel.distance AS cost
```

그리고 다음은 질의의 결과다:

source	destination	cost
Amsterdam	Utrecht	46.0
Utrecht	Gouda	35.0
Gouda	Rotterdam	25.0
Rotterdam	Den Haag	26.0
Den Haag	Hoek van Holland	27.0
Hoek van Holland	Felixstowe	207.0
Felixstowe	Ipswich	22.0

(이어짐)

120

source	destination	cost
Ipswich	Colchester	32.0
Colchester	London	106.0
London	Doncaster	277.0
Doncaster	Immingham	74.0

암스테르담에 있었고 같은 여행 중에 데이터 세트의 다른 모든 장소를 방문하고자
한다면 그림 4-11은 가장 짧은 연속 경로를 보여준다.

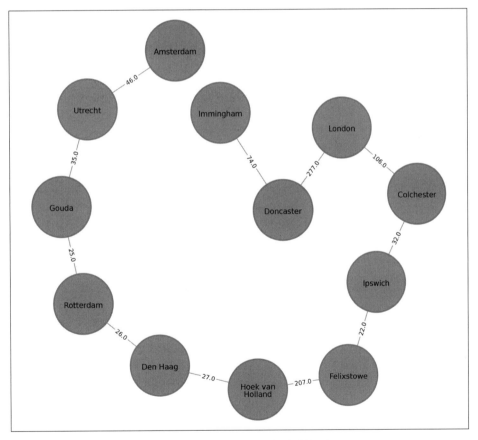

그림 4-11. 암스테르담의 최소 가중치 신장 트리

랜덤 워크

랜덤 워크 알고리즘은 그래프의 랜덤 경로에 노드 집합을 제공한다. 이 용어는 1905년 칼 피어슨Karl Pearson이 <네이처Nature> 지에 보낸 「랜덤 워크의 문제점(The problem of the Random Work)」"(https://go.nature.com/2Fy15em)이라는 제목의 논문에서 첫 번째로 언급됐다. 개념은 훨씬 더 거슬러 올라가지만 랜덤 워크가 네트워크 과학에 적용된 것은 최근에 불과하다.

일반적으로 랜덤 워크는 술에 취한 사람이 도시를 횡단하는 방식과 유사한 것으로 묘사되기도 한다. 그들은 도달하고자 하는 방향이나 종점을 알고 있지만 거기에 도달하는 데 매우 순회적인 경로를 취할 수 있다.

알고리즘은 하나의 노드에서 시작하고 이웃 노드에 대해 전후 관계 중 하나를 다소 랜덤하게 따른다. 그런 다음 설정된 경로 길이에 도달할 때까지 해당 노드에서 동일한 작업을 수행한다(노드가 가진 관계의 수와 이웃이 가진 관계의 수는 노드가 통과할 확률에 영향을 미치기 때문에 다소 랜덤한 특성을 가진다).

랜덤 워크를 사용해야 할 경우

대부분 랜덤 연결 노드 세트를 생성해야 하는 경우 랜덤 워크 알고리즘을 다른 알고리즘이나 데이터 파이프라인의 일부로 사용한다.

사용 사례는 다음과 같다.

- 노드 임베딩을 생성하는 node2vec 및 Graph2vec 알고리즘의 일부로 사용한다. 이러한 노드 임베딩은 신경망에 대한 입력으로 사용될 수 있다.

- Walktrap 및 Infomap 커뮤니티의 일부로 랜덤 워크가 작은 노드 집합을 반복적으로 반환하면 노드 집합이 커뮤니티 구조를 가질 수 있음을 나타낸다.

- 머신러닝 모델의 훈련 과정의 일부로. 자세한 내용은 데이비드 맥(David Mack)의 논문 "Neo4j와 텐서플로^{TensorFlow}를 사용해 리뷰 예측하기(Review Prediction with Neo4j and TensorFlow)"(https://bit.ly/2Cx14ph)에 설명돼 있다.

마수다$^{N. Masuda}$, 포터$^{M. A. Porter}$, 램비오트$^{R. Lambiotte}$의 「네트워크에서 랜덤 워크와 확산(Random Walks and Diffusion on Networks)」(https://bit.ly/2JDvlJ0) 논문에서 더 많은 사용 사례를 읽을 수 있다.

Neo4j를 사용한 랜덤 워크

Neo4j에는 랜덤 워크 알고리즘이 구현돼 있다. 알고리즘의 각 단계에서 따를 다음 관계를 선택하는 두 가지 모드를 지원한다.

random

사용할 관계를 랜덤으로 선택

node2vec

이전 이웃의 확률 분포를 계산해 사용 관계를 선택한다.

질의는 다음과 같이 수행한다.

```
MATCH (source:Place {id: "London"})
CALL algo.randomWalk.stream(id(source), 5, 1)
YIELD nodeIds
UNWIND algo.getNodeById(nodeIds) AS place
RETURN place.id AS place
```

이 알고리즘에 전달되는 매개변수는 다음과 같다.

id(source)

랜덤 워크 시작점의 내부 노드 ID

5

랜덤 워크가 취해야 하는 홉 수

1

계산하려는 랜덤 워크의 수

사용 결과는 다음과 같다.

place
London
Doncaster
Immingham
Amsterdam
Utrecht
Amsterdam

랜덤 워크의 각 단계에서 다음 관계는 랜덤하게 선택된다. 즉, 동일한 규칙을 사용
해도 알고리즘을 재실행하면 동일한 결과를 얻지 못할 가능성이 높다. 그림 4-12
에서 볼 수 있듯이 암스테르담에서 덴 헤이그로 갔다가 돌아오는 것을 볼 수 있듯
이 돌아가는 경로를 얻을 수도 있다.

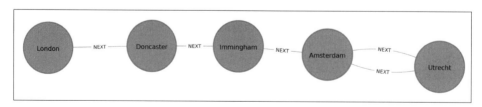

그림 4-12. 런던에서 시작하는 랜덤 워크

요약

경로 찾기 알고리즘은 데이터가 연결되는 방식을 이해하는 데 유용하다. 4장에서는 기본적인 너비와 깊이 우선 탐색 알고리즘부터 시작해 데이크스트라와 다른 최단 경로 알고리즘으로 넘어갔다. 또한 그래프에서 한 노드에서 다른 모든 노드로 또는 모든 노드 쌍 사이의 최단 경로를 찾으려고 최적화된 최단 경로 알고리즘의 변형들을 살펴봤다. 그러고 나서 임의의 경로 집합을 찾는 데 사용할 수 있는 랜덤 워크 알고리즘으로 끝냈다.

5장에서는 그래프에서 영향력 있는 노드를 찾는 데 사용할 수 있는 중심성^{Centrality} 알고리즘을 알아본다.

알고리즘 리소스

알고리즘 책은 많지만 기본 개념과 그래프 알고리즘을 다루는 책으로 스티븐 스키에나$^{Steven\ S.\ Skiena}$의 『알고리즘 디자인 매뉴얼(The Algorithm Design Manual)』(스프링거)이 두드러진다. 클래식 알고리즘 및 디자인 기술에 대한 포괄적인 리소스를 찾고 있거나 단순히 다양한 알고리즘이 작동하는 방식을 더 자세히 알고 싶은 사람들에게 이 책을 적극 권장한다.

중심성 알고리즘

중심성 알고리즘^{Centrality algorithms}은 그래프에서 특정 노드의 역할과 해당 네트워크에 미치는 영향을 이해하는 데 사용된다. 이 알고리즘은 가장 중요한 노드를 식별하고 신뢰성, 접근성, 사물이 퍼지는 속도, 그룹 간 브리지와 같은 집단 역학을 이해하는 데 도움이 되기 때문에 유용하다. 이러한 알고리즘 중 상당수가 소셜 네트워크 분석을 위해 발명됐지만 이후 다양한 산업 및 분야에서 사용됐다.

5장에서는 다음 알고리즘을 다룬다.

- 기본 연결성의 연결 중심성

- 비연결 그룹에 대한 두 가지 변형을 포함해 노드가 그룹의 중심에 있는 정도를 측정하기 위한 중심성

- 근사에 대한 대안을 포함해 제어 포인트를 찾기 위한 매개 중심성

- 개인화를 위한 인기 있는 옵션을 포함해 전반적인 영향력을 이해할 수 있는 PageRank

다른 중심성 알고리즘은 측정 방법에 따라 상당히 다른 결과를 생성할 수 있다. 차선책이 있더라도 사용한 알고리즘이 의도한 목적에 부합하는지 확인하는 것이 가장 좋다.

이러한 알고리즘의 작동 방식을 설명하고 스파크와 Neo4j의 예를 살펴본다. 하나의 플랫폼에서 알고리즘을 사용할 수 없거나 차이점이 중요하지 않은 경우 하나의 플랫폼 예제만 제공할 예정이다.

그림 5-1은 중심성 알고리즘으로 답할 수 있는 질문 유형의 차이를 보여주고, 표 5-1은 각 알고리즘의 예제 사용 내용을 나타내는 참조용 요약 자료다.

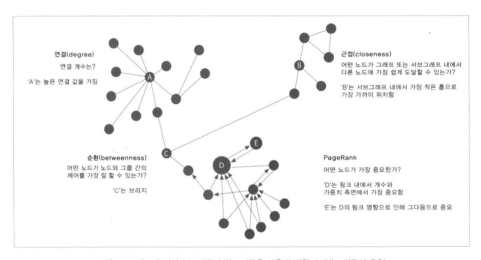

그림 5-1. 대표 중심성 알고리즘과 알고리즘을 사용해 답할 수 있는 질문의 유형

표 5-1. 중심성 알고리즘 개요 알고리즘 타입

알고리즘 타입	동작	사용 예	스파크 예제	Neo4j 예제
연결 중심성 (degree centrality)	노드가 가진 관계 수를 측정한다.	사교성을 추정하고자 자신과 타인의 연결 데이터를 사용해 사람의 인기도를 추정한다.	예	아니요

(이어짐)

알고리즘 타입	동작	사용 예	스파크 예제	Neo4j 예제
근접 중심성 변형 (closeness centrality variation): 와서만 (Wasserman)과 파우스트(Faust), 조화 중심성	다른 모든 노드에 대한 최단 경로가 있는 노드를 계산한다.	접근성 극대화를 위한 새로운 공공 서비스의 최적 위치를 찾는다.	예	예
순환 중심성 변형 (betweenness centrality variation): 랜덤화된 대략적인 브랜드	노드를 통과하는 최단 경로 수를 측정한다.	특정 질환에 대한 제어 유전자 발굴을 통한 약물 표적화를 개선한다.	아니요	예
PageRank 변형: 개인화된 PageRank	연결된 이웃과 이웃으로부터 현재 노드의 중요성을 추정한다(구글에서 인기 있음).	머신러닝에서 추출을 위한 가장 영향력 있는 특징을 찾고 자연어에서 엔티티 관련성에 대한 텍스트 순위를 매긴다.	예	예

 중심성 알고리즘 중 일부는 모든 노드 쌍 사이의 최단 경로를 계산한다. 이는 중소 규모의 그래프에서는 잘 작동하지만 큰 그래프에서는 계산이 어려울 수 있다. 큰 그래프에서 긴 런타임을 피하려고 일부 알고리즘(예, 중심성)에는 근사 버전이 존재한다.

첫 번째로 예제의 데이터 세트를 설명하고 데이터를 아파치 스파크 및 Neo4j로 가져오는 과정을 살펴본다. 각 알고리즘은 표 5-1에 나열된 순서대로 다룬다. 알고리즘에 대한 간단한 설명과 검증된 작동 방식에 대한 정보로 시작한다. 이미 다룬 알고리즘의 변형에는 더 적은 세부 사항만을 포함한다. 대부분의 절에는 관련 알고리즘의 지침도 포함된다.

각 절의 끝에 샘플 데이터 세트를 사용한 예제 코드를 볼 수 있다.

그래프 데이터 예: 소셜 그래프

중심성 알고리즘은 모든 그래프와 관련이 있지만 소셜 네트워크는 동적 영향력이나 정보 흐름과 관련해 생각할 수 있는 적절한 방식을 제공한다. 이번 장에서는 트위터와 같은 작은 그래프에 대해 실행한 예제를 다룬다. 이 책의 깃허브 저장소 (https://bit.ly/2FPgGVV)에서 그래프를 만드는 데 사용할 노드와 관계 파일들을 다운로드할 수 있다.

표 5-2. social-nodes.csv

id
Alice
Bridget
Charles
Doug
Mark
Michael
David
Amy
James

표 5-3. social-relationships.csv

src	dst	relationship
Alice	Bridget	FOLLOWS
Alice	Charles	FOLLOWS
Mark	Doug	FOLLOWS
Bridget	Michael	FOLLOWS

(이어짐)

src	dst	relationship
Doug	Mark	FOLLOWS
Michael	Alice	FOLLOWS
Alice	Michael	FOLLOWS
Bridget	Alice	FOLLOWS
Michael	Bridget	FOLLOWS
Charles	Doug	FOLLOWS
Bridget	Doug	FOLLOWS
Michael	Doug	FOLLOWS
Alice	Doug	FOLLOWS
Mark	Alice	FOLLOWS
David	Amy	FOLLOWS
James	David	FOLLOWS

그림 5-2는 사용자가 만들려는 그래프를 보여준다.

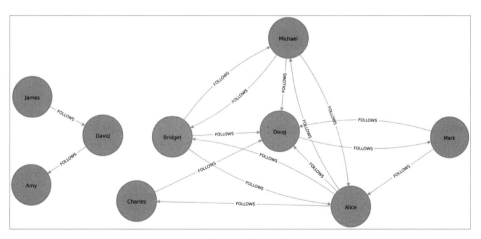

그림 5-2. 그래프 모델

사용자들은 사용자 간 연결이 있는 더 큰 사용자 집합과 그 큰 그룹에 연결되지 않은 작은 집합을 가진다.

CSV 파일의 내용을 바탕으로 스파크와 Neo4j를 사용해 그래프를 만든다.

아파치 스파크로 데이터 가져오기

먼저 스파크와 GraphFrames 패키지에서 필요한 패키지를 가져온다.:

```
from graphframes import *
from pyspark import SparkContext
```

다음 코드를 작성해 CSV 파일의 내용을 기반으로 그래프 프레임을 만들 수 있다.

```
v = spark.read.csv("data/social-nodes.csv", header=True)
e = spark.read.csv("data/social-relationships.csv", header=True)
g = GraphFrame(v, e)
```

Neo4j로 데이터 가져오기

다음으로 Neo4j의 데이터를 불러온다. 다음 질의를 사용해 노드를 가져온다.

```
WITH "https://github.com/neo4j-graph-analytics/book/raw/master/data/" AS base
WITH base + "social-nodes.csv" AS uri
LOAD CSV WITH HEADERS FROM uri AS row
MERGE (:User {id: row.id})
```

그리고 다음 코드는 질의 관계를 가져온다.

```
WITH "https://github.com/neo4j-graph-analytics/book/raw/master/data/" AS base
WITH base + "social-relationships.csv" AS uri
```

```
LOAD CSV WITH HEADERS FROM uri AS row
MATCH (source:User {id: row.src})
MATCH (destination:User {id: row.dst})
MERGE (source)-[:FOLLOWS]->(destination)
```

이제 그래프를 가져왔으므로 알고리즘을 살펴보자.

연결 중심성

연결 중심성은 이 책에서 다룰 알고리즘 중 가장 간단하다. 노드에서 들어오고 나가는 관계의 수를 계산하고 그래프에서 인기 있는 노드를 찾는다. 연결 중심성은 린톤 프리맨Linton C. Freeman이 1979년 논문 「소셜 네트워크 내 중심성의 개념 설명 (Centrality in Social Networks: Conceptual Clarification)」(http://bit.ly/2uAGOih)에서 제안했다.

도달

노드의 도달Reach 범위를 이해하는 것은 중요성을 공정하게 측정할 수 있는 방법이다. 현재 몇 개의 다른 노드들을 만질 수 있을까? 노드의 차수degree는 자신이 가진 직접 관계의 수로, 입력 차수in-degree와 출력 차수out-degree에 대해 계산한다. 이를 노드의 즉각적인 도달 방법이라고 생각할 수 있다. 예를 들어 활성 소셜 네트워크에서 높은 학위를 가진 사람은 즉각적인 접촉이 많고 네트워크상에서 감기에 걸릴 가능성이 더 높다.

네트워크의 평균 차수는 단순히 총 관계 수를 총 노드 수로 나눈 값이며, 높은 수준의 노드에 의해 심하게 왜곡될 수 있다. 차수 분포degree distribution는 랜덤하게 선택된 노드가 특정수의 관계를 가질 확률이다.

그림 5-3은 서브레딧^{subreddit} 토픽 간의 실제 연결 분포 차이를 보여준다. 단순히 평균을 계산했다면 대부분의 주제에 연결이 10개 있겠지만 실제로 대부분 주제는 연결 2개만 존재한다고 가정한다.

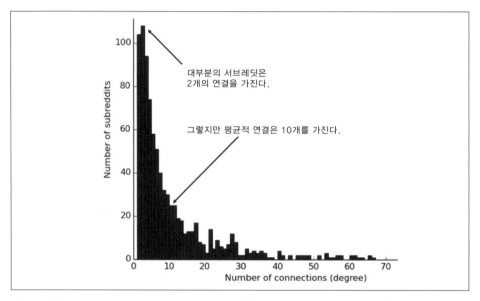

그림 5-3. 제이콥 실테라파(Jacob Silterrapa)(http://bit.ly/2WlNaOc)의 서브레딧 연결 분포 매핑은 평균 연결로는 네트워크의 실제 분포를 자주 반영하지 못하는 예를 제공한다. CC BY-SA 3.0.

이러한 측정은 2장에서 다룬 척도 독립$^{scale\ free}$이나 소규모 네트워크$^{small\ world\ network}$와 같은 네트워크 유형을 분류하는 데 사용된다. 또한 이 측정 방법은 네트워크 전체에 퍼지거나 파급될 가능성을 추정할 수 있는 빠른 방법을 제공한다.

연결 중심성을 사용해야 할 경우

수신 및 발신 관계의 수를 확인해 영향력을 분석하거나 개별 노드의 '인기'를 찾으려면 연결 중심성을 사용한다. 즉각적인 연결성이나 단기적 가능성이 우려되는 경우에 잘 작동한다. 그러나 연결 중심성은 그래프 전체에 걸쳐 최소도, 최대도, 평균, 표준 편차를 평가하고자 할 때 글로벌 분석에도 적용할 수 있다.

연결 중심성의 사용 사례는 다음과 같다.

- 소셜 네트워크에서 사람들의 연결과 같은 관계를 통해 강력한 개인 식별을 해야 할 경우다. 예를 들어 브랜드왓치[BrandWatch]의 "2017년 트위터의 가장 영향력 있는 남성과 여성(Most Influential Men and Women on Twitter 2017)"(https://bit.ly/2WnB2fK) 페이지에서 각 카테고리의 상위 5명은 각각 4천만 명 이상의 팔로워를 보유하고 있다.

- 사기꾼과 온라인 경매 사이트의 합법적인 사용자를 구분하고자 할 경우다. 사기꾼의 가중치 중심성은 인위적으로 가격을 높이기 위한 담합으로 인해 상당히 높을 수 있다. 자세한 내용은 방차로엔샵[P. Bangcharoensap]의 「온라인 경매 사기 대비를 위한 2단계 그래프 기반 준지도 학습(Two Step Graph-Based Semi-Supervised Learning for Online Auction Fraud Detection)」(https://bit.ly/2YlaLAq) 논문을 참조한다.

연결 중심성(아파치 스파크 사용)

이제 다음 코드를 사용해 연결 중심성 알고리즘을 실행한다.

```
total_degree = g.degrees
in_degree = g.inDegrees
out_degree = g.outDegrees

(total_degree.join(in_degree, "id", how="left")
 .join(out_degree, "id", how="left")
 .fillna(0)
 .sort("inDegree", ascending=False)
 .show())
```

사용자는 먼저 총 입력/출력 차수[degree]를 계산한다. 그런 다음 입력/출력 관계가 없는 노드를 유지하는 데 왼쪽 조인을 사용해 DataFrame을 함께 조인한다. 노드에 관계가 없다면 `fillna` 함수를 사용해 해당 값을 0으로 설정한다.

다음은 pyspark에서 코드를 실행한 결과다.

id	degree	inDegree	outDegree
Doug	6	5	1
Alice	7	3	4
Michael	5	2	3
Bridget	5	2	3
Charles	2	1	1
Mark	3	1	2
David	2	1	1
Amy	1	1	0
James	1	0	1

그림 5-4에서 더그[Doug]가 트위터 그래프에서 가장 인기 있는 사용자로 5명의 팔로워(인링크)를 가짐을 볼 수 있다. 그래프의 해당 부분에 있는 다른 모든 사용자가 그를 팔로우하고 더그는 한 사람만 팔로우한다. 실제 트위터 네트워크에서 유명인은 팔로어 수가 많지만 팔로우는 거의 안 한다. 따라서 더그를 유명인이라고 생각할 수 있다.

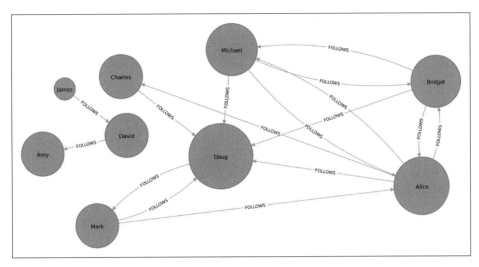

그림 5-4. 연결 중심성의 시각화

가장 많이 팔로우하는 사용자를 표시하는 페이지를 만들거나 팔로우할 사용자를
제안하려는 경우 이 알고리즘을 사용해 해당 사용자를 식별할 수 있다.

 일부 데이터에는 관계가 많은 매우 조밀한 노드가 포함될 수 있다. 이는 많은 추가 정보를
추가하지 않으며 일부 결과를 왜곡하거나 계산 복잡성을 추가할 수 있다. 서브그래프를
사용해 이러한 조밀한 노트를 필터링하거나 투영해 관계를 가중치로 요약할 수 있다.

근접 중심성

근접 중심성^{Closeness Centrality}은 서브그래프를 통해 효율적으로 정보를 전파할 수 있
는 노드를 감지하는 방법이다.

노드의 중심성 척도는 다른 모든 노드에 대한 평균 거리(역거리)다. 근접성 점수가
높은 노드는 다른 모든 노드에서 가장 짧은 거리를 가진다.

각 노드에 대해 중심성 알고리즘은 모든 노드 쌍 사이의 최단 경로 계산을 기반으로 다른 모든 노드까지의 거리 합을 계산한다. 결과 합계는 반전돼[inverted] 해당 노드에 대한 중심성 점수를 결정한다.

노드의 근접 중심성은 다음 공식을 사용해 계산한다.

$$C(u) = \frac{1}{\sum_{v=1}^{n-1} d(u, v)}$$

여기서 각 항은 다음과 같다.

- u는 노드를 의미한다.

- n은 그래프의 노드 수다.

- $d(u, v)$는 또 다른 노드 v와 u 사이의 최단 경로 거리다.

이 점수는 합이 아닌 최단 경로의 평균 길이를 나타내려고 점수를 정규화한다. 이러한 조정 작업을 통해 다른 크기 그래프의 노드 중심성을 비교할 수 있다.

정규화된 중심성의 공식은 다음과 같다.

$$C_{norm}(u) = \frac{n-1}{\sum_{v=1}^{n-1} d(u, v)}$$

근접 중심성을 사용해야 할 경우

어떤 노드가 가장 빠르게 전파하는지 알아야 할 때 중심성을 사용한다. 가중치 관계를 사용하면 커뮤니케이션과 행동 분석에서 상호작용 속도를 평가하는 데 도움이 된다.

사용 사례는 다음과 같다.

- 조직 내에서 중요한 정보와 리소스를 제어하고 획득할 수 있는 매우 유리한 위치에 있는 개인을 발견하고자 할 때 사용한다. 이러한 연구 중 하나가 크레브스[V. E. Krebs]의 「테러리스트 세포의 네트워크 매핑(Mapping Networks of Terrorist Cells)」(http://bit.ly/2WjFdsM)이다.

- 콘텐츠가 최단 경로를 통해 미리 정의된 대상으로 이동하는 통신/패키지 전달 도착 시간의 휴리스틱 추정과 로컬 커뮤니티를 통해 확산되는 감염과 같은 모든 최단 경로를 통한 전파를 동시에 조명할 때 사용한다. 자세한 내용은 보가티[S. P. Borgatti]의 「중심성과 네트워크 흐름(Centrality and Network Flow)」(http://bit.ly/2Op5bbH)에서 확인할 수 있다.

- 그래프 기반 키 프레이즈 추출 프로세스 기반의 문서에서 단어의 중요성을 평가할 때 사용한다. 이 프로세스는 보딘[F. Boudin]의 「그래프 기반 키 프레이즈 추출을 위한 중심성 측정 비교(A Comparison of Centrality Measures for Graph-Based Keyphrase Extraction)」(https://bit.ly/2WkDByX)에서 설명한다.

 근접 중심성은 연결 그래프에서 가장 잘 작동한다. 연결되지 않은 그래프에 원래 공식을 적용하면 경로가 없는 두 노드 사이는 무한 거리가 된다. 즉, 해당 노드로부터의 모든 거리를 합산하면 무한 근접 중심성 점수를 갖게 된다. 이 문제를 방지하려고 원래 공식의 변형이 다음의 예에서 표시된다.

근접 중심성(아파치 스파크 사용)

아파치 스파크는 근접 중심성에 대한 내장 알고리즘을 갖지 않지만, 4장의 '최단 경로(가중치 적용 아파치 스파크 사용)' 절에서 소개한 **aggregateMessages** 프레임워크를 사용해 자체적으로 만들 수 있다.

함수를 만들기 전에 사용할 몇 가지 라이브러리를 가져온다.

```
from graphframes.lib import AggregateMessages as AM
from pyspark.sql import functions as F
from pyspark.sql.types import *
from operator import itemgetter
```

또한 나중에 필요한 몇 가지 사용자 정의 함수를 만든다.

```
def collect_paths(paths):
    return F.collect_set(paths)

collect_paths_udf = F.udf(collect_paths, ArrayType(StringType()))

paths_type = ArrayType(
    StructType([StructField("id", StringType()), StructField("distance",

def flatten(ids):
    flat_list = [item for sublist in ids for item in sublist]
    return list(dict(sorted(flat_list, key=itemgetter(0))).items())

flatten_udf = F.udf(flatten, paths_type)

def new_paths(paths, id):
    paths = [{"id": col1, "distance": col2 + 1} for col1,
                        col2 in paths if col1 != id]
    paths.append({"id": id, "distance": 1})
    return paths

new_paths_udf = F.udf(new_paths, paths_type)

def merge_paths(ids, new_ids, id):
    joined_ids = ids + (new_ids if new_ids else [])
    merged_ids = [(col1, col2) for col1, col2 in joined_ids if col1 != id]
    best_ids = dict(sorted(merged_ids, key=itemgetter(1), reverse=True))
    return [{"id": col1, "distance": col2} for col1, col2 in best_ids.items()]

merge_paths_udf = F.udf(merge_paths, paths_type)

def calculate_closeness(ids):
    nodes = len(ids)
    total_distance = sum([col2 for col1, col2 in ids])
```

```
    return 0 if total_distance == 0 else nodes * 1.0 / total_distance

closeness_udf = F.udf(calculate_closeness, DoubleType())
```

이제 각 노드에 대한 중심성을 계산하는 핵심 내용을 살펴보자.

```
vertices = g.vertices.withColumn("ids", F.array())
cached_vertices = AM.getCachedDataFrame(vertices)
g2 = GraphFrame(cached_vertices, g.edges)

for i in range(0, g2.vertices.count()):
    msg_dst = new_paths_udf(AM.src["ids"], AM.src["id"])
    msg_src = new_paths_udf(AM.dst["ids"], AM.dst["id"])
    agg = g2.aggregateMessages(F.collect_set(AM.msg).alias("agg"),
                               sendToSrc=msg_src, sendToDst=msg_dst)
    res = agg.withColumn("newIds", flatten_udf("agg")).drop("agg")
    new_vertices = (g2.vertices.join(res, on="id", how="left_outer")
                   .withColumn("mergedIds", merge_paths_udf("ids", "newIds",
                   "id")).drop("ids", "newIds")
                   .withColumnRenamed("mergedIds", "ids"))
    cached_new_vertices = AM.getCachedDataFrame(new_vertices)
    g2 = GraphFrame(cached_new_vertices, g2.edges)

(g2.vertices
 .withColumn("closeness", closeness_udf("ids"))
 .sort("closeness", ascending=False)
 .show(truncate=False))
```

이 코드를 실행하면 다음 출력이 표시된다.

id	ids	doseness
Doug	[[Charles, 1], [Mark, 1], [Alice, 1], [Bridget, 1], [Michael, 1]]	1.0
Alice	[[Charles, 1], [Mark, 1], [Bridget, 1], [Doug, 1], [Michael, 1]]	1.0
David	[[James, 1], [Amy, 1]]	1.0

(이어짐))

id	ids	doseness
Bridget	[[Charles, 2], [Mark, 2], [Alice, 1], [Doug, 1], [Michael, 1]]	0.7142857142857143
Michael	[[Charles, 2], [Mark, 2], [Alice, 1], [Doug, 1], [Bridget, 1]]	0.7142857142857143
James	[[Amy, 2], [David, 1]]	0.6666666666666666
Amy	[[James, 2], [David, 1]]	0.6666666666666666
Mark	[[Bridget, 2], [Charles, 2], [Michael, 2], [Doug, 1], [Alice, 1]]	0.625
Charles	[[Bridget, 2], [Mark, 2], [Michael, 2], [Doug, 1], [Alice, 1]]	0.625

앨리스^{Alice}, 더그^{Doug}, 데이빗^{David}은 그래프에서 1.0점으로 가장 밀접하게 연결되는 노드며, 이는 각 그래프에서 모든 노드에 직접 연결됨을 의미한다.

그림 5-5는 데이빗이 친구 그룹 내에서 몇 개의 연결만 갖고 있음에도 중요한 의미를 가짐을 보여준다. 즉, 이 점수는 전체 그래프가 아닌 서브그래프 내에서 각 사용자와 다른 사용자의 친밀감을 나타낸다.

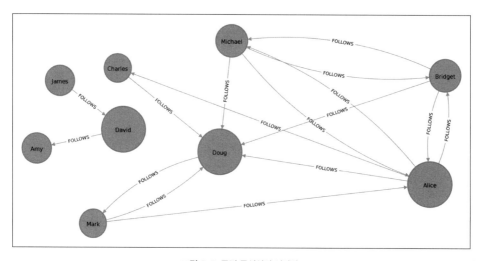

그림 5-5. 근접 중심성의 시각화

근접 중심성(Neo4j 사용)

Neo4j의 근접 중심성 구현은 다음 공식을 사용한다.

$$C(u) = \frac{n-1}{\sum_{v=1}^{n-1} d(u, v)}$$

여기서 각 항목은 다음과 같다.

- u는 노드를 의미한다.

- n은 u와 동일한 구성 요소(서브그래프 또는 그룹)의 노드 수다.

- $d(u, v)$는 또 다른 노드 v와 u 사이의 최단 경로 거리다.

다음 코드로 그래프의 각 노드에 대한 근접 중심성을 계산한다.

```
CALL algo.closeness.stream("User", "FOLLOWS")
YIELD nodeId, centrality
RETURN algo.getNodeById(nodeId).id, centrality
ORDER BY centrality DESC
```

이 코드를 실행하면 다음과 같은 출력 결과를 얻는다.

user	centrality
Alice	1.0
Doug	1.0
David	1.0
Bridget	0.7142857142857143
Michael	0.7142857142857143
Amy	0.6666666666666666

(이어짐)

user	centrality
James	0.6666666666666666
Charles	0.625
Mark	0.625

스파크 알고리즘을 사용할 때와 동일한 결과를 얻었지만 이전과 마찬가지로 점수는 전체 그래프가 아닌 서브그래프 내 다른 사람과의 친밀함을 나타낸다.

 근접 중심성 알고리즘을 엄격히 해석하면 그래프의 모든 노드는 ∞점을 갖게 된다. 모든 노드에는 도달할 수 없는 하나 이상의 다른 노드가 있기 때문이다. 일반적으로 구성 요소당 점수를 구현하는 것이 더 낫다.

사용자는 이상적으로 전체 그래프에 대한 근접성의 표시를 얻고자 하며, 다음 두 절에서는 이를 수행할 몇 가지 변형 근접 중심성 알고리즘을 알아본다.

근접 중심성 변형: 와서만과 파우스트

스탠리 와서만Stanley Wasserman과 캐서린 파우스트Katherine Faust는 그룹 간의 연결 없이 다중 서브그래프를 사용해 그래프의 근접성을 계산하는 개선된 공식을 만들었다. 공식에 대한 자세한 내용은 『소셜 네트워크 분석: 방법과 애플리케이션(Social Network Analysis: Methods and Applications)』을 참고한다. 이 공식으로 도달 가능한 노드로부터의 평균 거리에 도달할 수 있는 그룹 내 노드의 비율을 얻을 수 있다.

공식은 다음과 같다.

$$C_{WF}(u) = \frac{n-1}{N-1}\left(\frac{n-1}{\sum_{v=1}^{n-1} d(u,v)}\right)$$

각 항은 다음과 같다.

- u는 노드를 의미한다.

- N은 총 노드 수다.

- n은 u와 동일한 구성 요소에 있는 노드의 수다.

- $d(u, v)$는 또 다른 노드 v와 u 사이의 최단 경로 거리다.

매개변수로 improved: true를 전달해 위 공식의 근접 중심성 동작을 수행할 수 있다.

근접 중심성을 얻으려면 다음 질의에서 와서만과 파우스트 공식을 사용한다.

```
CALL algo.closeness.stream("User", "FOLLOWS", {improved: true})
YIELD nodeId, centrality
RETURN algo.getNodeById(nodeId).id AS user, centrality
ORDER BY centrality DESC
```

절차의 결과를 다음과 같이 얻는다.

user	centrality
Alice	0.5
Doug	0.5
Bridget	0.35714285714285715
Michael	0.35714285714285715
Charles	0.3125
Mark	0.3125
David	0.125
Amy	0.08333333333333333
James	0.08333333333333333

그림 5-6에서 볼 수 있듯이 이제 결과에서 전체 그래프에 대한 노드의 근접성을 더 잘 나타낸다. 더 작은 서브그래프(David, Amy, James)의 회원들 점수가 약화돼 전체 사용자 중 가장 낮은 점수를 받았다. 이는 가장 격리된 노드이기 때문에 의미가 있다. 이 공식은 자체 서브그래프 내가 아니라 전체 그래프에서 노드의 중요성을 감지하는 데 더 유용하다.

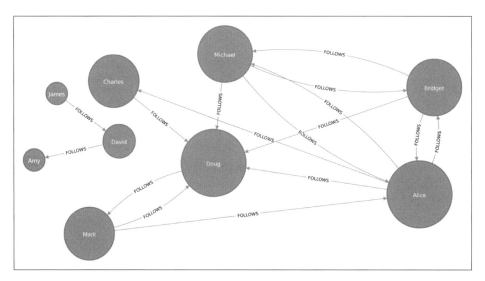

그림 5-6. 근접 중심성의 시각화

다음 절에서는 친밀도를 계산하려고 또 다른 공식을 사용해 유사한 결과를 얻는 조화 중심성 알고리즘을 알아본다.

근접 중심성 변형: 조화 중심성

조화 중심성harmonic centrality(계량(값) 중심성이라고도 함)은 비연결 그래프로 원래 문제를 해결하려고 만든 중심성의 변형이다. 「작은 세상의 조화(Harmony in a Small World)」(https://bit.ly/2HSkTef)에서 마르키오리M. Marchiori와 라토라V. Latora는 이 개념을 평균 최단 경로의 실제적인 표현으로 제안했다.

모든 노드에 대한 노드의 거리를 합산하는 것이 아니라 각 노드에 대한 근접성 점수를 계산할 때 해당 거리의 역을 합산한다. 여기서 무한한 값은 무의미함을 의미한다.

노드에 대한 원시 조화 중심성은 다음 공식을 사용해 계산한다.

$$H(u) = \sum_{v=1}^{n-1} \frac{1}{d(u, v)}$$

각 항목은 다음과 같다.

- u는 노드를 의미한다.

- n은 그래프의 노드 수다.

- $d(u, v)$는 또 다른 노드 v와 u 사이의 최단 경로 거리다.

중심성과 마찬가지로 다음 공식을 사용해 정규화된 조화 중심성을 계산할 수도 있다.

$$H_{norm}(u) = \frac{\sum_{v=1}^{n-1} \frac{1}{d(u, v)}}{n-1}$$

이 공식에서 ∞ 값은 깔끔하게 처리된다.

조화 중심성(Neo4j 사용)

다음 질의는 조화 중심성 알고리즘을 실행한다.

```
CALL algo.closeness.harmonic.stream("User", "FOLLOWS")
YIELD nodeId, centrality
RETURN algo.getNodeById(nodeId).id AS user, centrality
ORDER BY centrality DESC
```

이 코드를 실행하면 다음과 같은 결과를 얻는다.

user	centrality
Alice	0.625
Doug	0.625
Bridget	0.5
Michael	0.5
Charles	0.4375
Mark	0.4375
David	0.25
Amy	0.1875
James	0.1875

이 알고리즘의 결과는 원래 중심성 알고리즘의 결과와 다르지만 와서만과 파우스트 개선의 결과와 유사하다.

둘 이상의 연결 구성 요소가 있는 그래프를 작업할 때 두 알고리즘 중 하나를 사용할 수 있다.

매개 중심성

때때로 시스템에서 가장 중요한 요소는 가장 뚜렷한 힘이나 가장 높은 지위를 가진 것이 아니다. 때로는 리소스나 정보의 흐름을 가장 많이 제어하는 그룹이나 브로커를 연결하는 중개자가 그 요소가 된다. 매개 중심성between centrality은 그래프에서 정보나 리소스의 흐름에 대해 노드가 갖는 영향력의 양을 감지하는 방법이다. 일반적으로 그래프의 한 부분에서 다른 부분으로 다리 역할을 하는 노드를 찾는 데 사용된다.

매개 중심성 알고리즘의 첫 번째 동작은 연결 그래프에서 모든 노드 쌍 사이의 최단(가중치) 경로를 계산한다. 각 노드는 노드를 통과하는 최단 경로의 수에 따라 점수를 계산한다. 노드가 있는 최단 경로가 많을수록 점수가 높다.

매개 중심성은 린톤 프리맨^{Linton C. Freeman}의 1971년 논문 「중간성에 기반을 둔 중심성 측정 세트(A Set of Measures of Centrality Based on Betweenness)」(https://www.jstor.org/stable/3033543)에서 소개한 「세 가지 직관적 중심성 개념(three distinct intuitive conceptions of centrality)」 중 하나다.

브리지와 제어 포인트

네트워크의 브리지는 노드 또는 관계가 될 수 있다. 매우 간단한 그래프에서 노드 또는 관계를 찾으면 브리지를 찾을 수 있지만, 노드 또는 관계가 제거돼 있으면 그래프 섹션의 연결은 끊어진다. 하지만 일반적인 그래프에서는 적용하기에 실용적이지 않으므로 중심성 알고리즘을 우선 사용한다. 그룹을 노드로 취급해 클러스터의 사이를 측정할 수 있다.

노드가 그림 5-7과 같이 노드 사이의 모든 최단 경로에 있으면 그 노드는 다른 두 노드의 피보탈^{pivotal}이 된다.

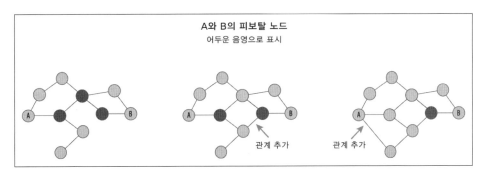

그림 5-7. 피보탈 노드는 두 노드 사이의 모든 최단 경로에 존재한다. 최단 경로를 더 많이 만들면 위험 완화와 같은 용도로 사용되는 핵심 노드 수를 줄일 수 있다.

피보탈 노드는 다른 노드를 연결하는 데 중요한 역할을 한다. 피보탈 노드를 제거하면 원래 노드 쌍에 대한 새로운 최단 경로가 더 길거나 더 비용이 올라간다. 이는 단일 취약점^{vulnerability} 지점을 평가할 때 고려할 수 있다.

중심성 계산

노드의 순환 중심성은 모든 최단 경로에 다음 공식의 결과를 더해 계산한다.

$$B(u) = \sum_{s \neq u \neq t} \frac{p(u)}{p}$$

각 항목은 다음과 같다.

- u는 노드를 의미한다.

- p는 노드 s와 t 사이의 총 최단 경로 수다.

- $p(u)$는 노드 u를 통과하는 노드 s와 t 사이의 최단 경로 수다.

그림 5-8은 단계 중심성 동작의 단계를 보여준다.

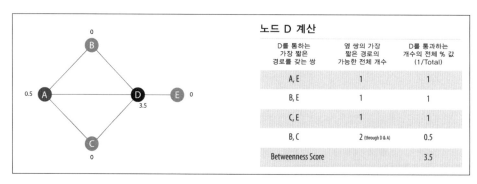

그림 5-8. 매개 중심성 계산의 기본 개념

절차는 다음과 같다.

1. 각 노드를 통과하는 최단 경로를 찾는다.

a. B, C, E에는 최단 경로가 없으며 값 0이 할당된다.

2. 1단계의 각 최단 경로에 대해 해당 쌍에 가능한 총 최단 경로의 백분율을 계산한다.

3. 2단계의 모든 값을 더해 노드의 중심성 점수를 얻는다. 그림 5-8의 표는 노드 D의 2단계와 3단계를 보여준다.

4. 각 노드에 대해 프로세스를 반복한다.

매개 중심성을 사용해야 할 경우

매개 중심성은 실제 네트워크에서 광범위한 문제에 적용된다. 매개 중심성을 사용해 병목현상, 제어 포인트, 취약점을 찾는다.

사용 사례는 다음과 같다.

- 다양한 조직에서 영향력 있는 사람을 식별한다. 파워풀한 개인이 반드시 관리 직위에 있는 것은 아니지만 매개 중심성을 사용하는 '중개 직위brokerage positions'에서 찾을 수 있다. 그러한 영향력 있는 사람(인플루언서)을 제거하면 조직은 심각하게 불안정해질 수 있다. 조직이 범죄 집단인 경우 법 집행 기관에 의해 운영이 중단될 수 있고, 기업이 과소평가된 주요 직원들을 잃은 경우에는 재앙이 될 수 있다. 자세한 내용은 모셀리[C. Morselli]와 로이[J. Roy]의 논문 「링 동작에서 중개자의 자격(Brokerage Qualifications in Ringing Operations)」 (https://bit.ly/2WKKPg0)에서 확인할 수 있다.

- 전력망과 같은 네트워크의 주요 전송 지점을 파악한다. 특정 브리지를 제거하면 실제로 장애를 고립화해 전반적인 견고성을 향상시킬 수 있다. 자세한 연구 내용은 솔[R. Sole] 등의 논문 「고의적 공격을 받는 유럽 전력망의 견고성(Robustness of the European Power Grids Under Intentional Attack)」 (https://

bit.ly/2Wtqyvp)에 포함돼 있다.

- 영향력 있는 사람(인플루언서) 대상의 추천 엔진을 사용해 마이크로블로거가 트위터에서 자신의 도달 범위를 넓힐 수 있도록 지원한다. 이 접근 방식은 우[S. Wu]의 논문 「포컬 사용자의 영향을 개선하기 위해 마이크로블로그에서 추천 항목 만들기(Making Recommendations in a Microblog to Improve the Impact of a Focal User)」(https://bit.ly/2Ft58aN)에서 볼 수 있다.

 매개 중심성은 노드 간의 모든 통신이 최단 경로를 따라 동일한 주파수로 발생한다고 가정하지만 실제 생활에서 항상 그렇게 되진 않는다. 따라서 그래프에서 가장 영향력 있는 노드의 완벽한 사례는 아니지만 좋은 예로 볼 수 있다. 마크 뉴맨(Mark Newman)의 책 『네트워크 소개(Networks: An Introduction)』(Oxford University Press)(http://bit.ly/2UaM9v0)의 186페이지에서 더 상세한 내용을 볼 수 있다.

매개 중심성(Neo4j 사용)

스파크에는 회전 중심성에 대한 내장 알고리즘이 없으므로 Neo4j로 이 알고리즘을 사용한다. 다음 코드를 호출해 그래프의 각 노드에 대한 중심성을 계산한다.

```
CALL algo.betweenness.stream("User", "FOLLOWS")
YIELD nodeId, centrality
RETURN algo.getNodeById(nodeId).id AS user, centrality
ORDER BY centrality DESC
```

이 코드를 실행하면 다음과 같은 결과가 나온다.

user	centrality
Alice	10.0
Doug	7.0

(이어짐)

user	centrality
Mark	7.0
David	1.0
Bridget	0.0
Charles	0.0
Michael	0.0
Amy	0.0
James	0.0

그림 5-9에서 볼 수 있듯이 앨리스^Alice는 이 네트워크의 주요 브로커지만 마크^Mark 와 더그^Doug는 그다지 뒤처지지 않는다. 더 작은 서브그래프에서 모든 최단 경로는 데이빗^David을 통과하므로 해당 노드 간의 정보 흐름에 중요하다.

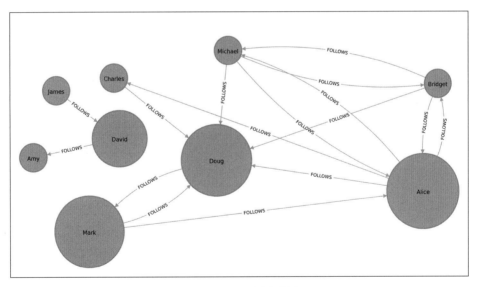

그림 5-9. 매개 중심성의 시각화

큰 그래프의 경우 정확한 중심성을 계산하는 것이 비실용적이다. 모든 노드의 사이를 정확히 계산하는 가장 빠른 알려진 알고리즘은 노드 수와 관계 수의 곱에 비례하는 런타임을 가진다.

서브그래프를 먼저 필터링하거나 노드의 서브집합을 사용(다음 절에서 설명)할 수 있다.

두 사용자 그룹의 사람들이 팔로우하고 그 사람들을 팔로우하는 제이슨[Jason]이라는 새 사용자를 새롭게 도입해 두 비연결 요소를 결합할 수 있다.

```
WITH ["James", "Michael", "Alice", "Doug", "Amy"] AS existingUsers

MATCH (existing:User) WHERE existing.id IN existingUsers
MERGE (newUser:User {id: "Jason"})

MERGE (newUser)<-[:FOLLOWS]-(existing)
MERGE (newUser)-[:FOLLOWS]->(existing)
```

알고리즘을 다시 실행하면 다음 출력이 표시된다.

user	centrality
Jason	44.333333333333333
Doug	18.333333333333332
Alice	16.666666666666664
Amy	8.0
James	8.0
Michael	4.0
Mark	2.1666666666666665
David	0.5
Bridget	0.0
Charles	0.0

154

제이슨^{Jason}은 두 사용자 집합 간의 통신이 그를 통해 전달되기 때문에 가장 높은 점수를 받았다. 제이슨은 그림 5-10과 같이 두 사용자 집합 사이의 로컬 브리지 역할을 한다.

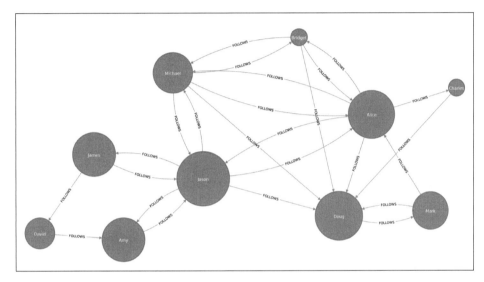

그림 5-10. 제이슨과 함께한 매개 중심성의 시각화

다음 절로 이동하기 전에 제이슨과 그 관계를 삭제해 그래프를 재설정한다.

```
MATCH (user:User {id: "Jason"})
DETACH DELETE user
```

매개 중심성 변형: 랜덤 근사 브랜드

큰 그래프에서 정확한 중심성을 계산하는 것은 비용이 큼을 상기해야 한다. 따라서 훨씬 더 빠르게 실행되지만 여전히 유용한 정보를 제공하는 근사 알고리즘을 사용할 수 있다.

랜덤 근사 브랜드^{Randomized-Approximate Brandes} 알고리즘은 순환 중심성의 대략적인 점

수를 계산하는 가장 잘 알려진 알고리즘이다. RA 브랜드 알고리즘은 모든 노드 쌍 사이의 최단 경로를 계산하는 대신 노드의 서브집합만 고려한다. 노드의 서브집합을 선택하는 두 가지 일반적인 전략은 다음과 같다.

랜덤

사용자는 정의된 선택 확률로 노드를 랜덤하면서 균일하게 선택한다. 기본 확률은 $\frac{\log 10(N)}{e^2}$ 이다. 확률이 1인 경우 알고리즘은 모든 노드를 가져와 사용하는 일반적인 중심성 알고리즘과 동일한 방식으로 작동한다.

차수

노드는 랜덤하게 선택되지만 차수^{degree}가 평균보다 낮은 노드는 자동으로 제외된다(즉, 관계가 많은 노드만 방문할 기회를 가진다).

추가 최적화로 최단 경로 알고리즘에서 사용하는 깊이를 제한할 수 있으며, 그러면 모든 최단 경로의 서브집합이 제공된다.

매개 중심성의 근사화(Neo4j 사용)

다음 질의는 랜덤 선택 방법을 사용해 RA 브랜드 알고리즘을 실행한다.

```
CALL algo.betweenness.sampled.stream("User", "FOLLOWS", {strategy:"degree"})
YIELD nodeId, centrality
RETURN algo.getNodeById(nodeId).id AS user, centrality
ORDER BY centrality DESC
```

이 코드를 실행하면 다음과 같은 결과를 얻는다.

user	centrality
Alice	9.0
Mark	9.0
Doug	4.5
David	2.25
Bridget	0.0
Charles	0.0
Michael	0.0
Amy	0.0
James	0.0

마크Mark가 더그Doug보다 높은 순위를 갖고 있지만 상위의 영향력 있는 사람(인플루언서)의 리스트는 이전과 비슷하다.

이 알고리즘의 랜덤 특성으로 인해 실행할 때마다 다른 결과를 볼 수 있다. 큰 그래프의 랜덤성은 작은 샘플 그래프에 비해 영향이 적다.

PageRank

PageRank는 가장 잘 알려진 중심성 알고리즘이다. 노드의 이행적transitional(또는 방향성directional) 영향력을 측정한다. 사용자들이 논의하는 다른 모든 중심성 알고리즘은 노드의 직접적인 영향력을 측정하는 반면 PageRank는 노드의 이웃과 그 이웃의 영향력을 고려한다. 예를 들어 매우 강력한 친구가 몇 명 있으면 덜 파워풀한 친구를 많이 갖는 것보다 더 영향력을 가질 수 있다. PageRank는 한 노드의 순위를 이웃에 반복적으로 분배하거나 그래프를 랜덤으로 횡단하고 이러한 워크 중에 각 노드가 히트하는 빈도를 계산한다.

PageRank는 구글 탐색 결과에서 웹 사이트 순위를 매기려고 만든 구글 공동 창립자 래리 페이지^{Larry Page}의 이름을 따서 만들었다. 기본 가정은 더 많이 들어오거나 incoming(수신) 더 영향력 있는 링크가 있는 페이지가 신뢰할 수 있는 소스일 가능성이 더 높다는 것이다. PageRank는 노드로 들어오는 관계의 수와 품질을 측정해 해당 노드가 얼마나 중요한지 추정한다. 네트워크에서 더 많은 영향력을 가진 노드는 다른 영향력 있는 노드로부터 더 많은 들어오는 관계를 갖는 것으로 추정된다.

영향력

영향력^{influence} 뒤의 직관^{intuition}은 더 중요한 노드의 관계가 덜 중요한 노드의 동등 연결보다 해당 노드 영향력에 더 많이 기여한다. 영향력을 측정하려면 일반적으로 노드에 점수를 매기고 종종 가중치 관계를 사용한 다음 여러 반복 동작을 통해 점수를 업데이트한다. 때로는 모든 노드에 점수가 매겨지고 랜덤 선택이 대표적 분포로 사용된다.

중심성 측정은 다른 노드와 비교해 노드의 중요성을 나타낸다. 중심성은 실제 영향의 척도가 아니라 노드의 잠재적 영향의 순위다. 예를 들어 네트워크에서 중심성이 가장 높은 두 사람을 식별할 수 있지만 실제로 영향력을 다른 사람에게 옮기는 정책이나 문화적 규범이 작용하고 있을 수 있다. 실제 영향을 정량화하는 것은 추가적인 영향력 있는 메트릭을 개발하기 위한 적극적인 연구 영역이다..

PageRank 공식

PageRank는 원본 구글 논문에서 다음과 같이 정의됐다.

$$PR(u) = (1 - d) + d\left(\frac{PR(T1)}{C(T1)} + \ldots + \frac{PR(Tn)}{C(Tn)}\right)$$

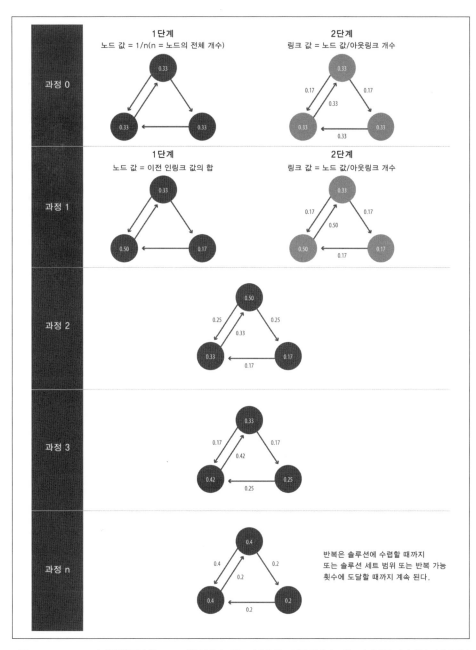

그림 5-11. PageRank의 각 반복 동작에는 노드 값을 업데이트하는 단계와 링크 값을 업데이트하는 단계의 두 가지 계산 단계가 있다.

각 항목은 다음과 같다.

- *u* 페이지는 *T*1에서 *Tn*까지의 인용이 있다고 가정한다.

- *d*는 0과 1 사이로 설정되는 댐핑 팩터로, 일반적으로 0.85로 설정한다. 이를 사용자가 계속 클릭할 확률로 생각할 수 있다. 이 확률은 다음 절에서 설명하는 랭크 싱크를 최소화하는 데 도움이 된다.

- 1-*d*는 관계를 따르지 않고 노드에 직접 도달할 확률이다.

- *C*(*Tn*)은 노드 *T*의 출력 차수[out-degree]로 정의된다.

그림 5-11은 노드가 수렴하거나 설정된 반복 동작 수를 충족할 때까지 PageRank가 노드의 순위를 계속 업데이트하는 방법의 간단한 예를 보여준다.

반복 동작, 랜덤 서퍼, 랭크 싱크

PageRank는 점수가 수렴될 때까지 또는 설정된 수의 반복 동작[iteration]에 도달할 때까지 실행되는 반복 알고리즘이다.

개념적으로 PageRank는 링크를 따르거나 랜덤 URL을 사용해 페이지를 방문하는 웹 서퍼가 있다고 가정한다. 댐핑 팩터[damping factor] _d _는 다음 클릭이 링크를 통과할 확률을 정의한다. 서퍼[surfer]가 지루해지고 랜덤하게 또 다른 페이지로 전환할 확률로 생각할 수 있다. PageRank 점수는 임의의 링크가 아닌 다른 링크를 통해 페이지를 방문할 가능성을 나타낸다.

나가는 관계[outgoing relationship]가 없는 노드 또는 노드 그룹(댕글링[dangling] 노드라고도 함)은 공유를 거부하고 PageRank 점수를 독점할 수 있다. 이를 랭크 싱크[rank sink]라고 한다. 랭크 싱크는 페이지 또는 페이지의 서브집합에 갇혀 빠져 나갈 방법이 없는 서퍼로 볼 수 있다. 또한 그룹에서 서로를 가리키는 노드에 의해 다른 난이도[difficulty]가 생성된다. 원형 레퍼런스[cirtular reference]는 서퍼가 노드 사이에서 앞뒤로 바운스해

순위가 증가한다. 이러한 상황은 그림 5-12에서 볼 수 있다.

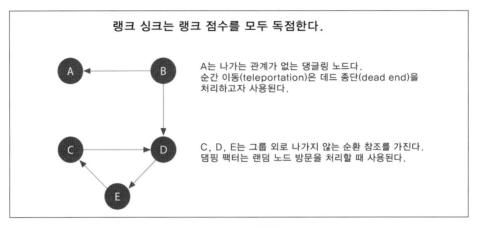

랭크 싱크는 랭크 점수를 모두 독점한다.

A는 나가는 관계가 없는 댕글링 노드다.
순간 이동(teleportation)은 데드 종단(dead end)을
처리하고자 사용된다.

C, D, E는 그룹 외로 나가지 않는 순환 참조를 가진다.
댐핑 팩터는 랜덤 노드 방문을 처리할 때 사용된다.

그림 5-12. 랭크 싱크는 나가는 관계없이 노드 또는 노드 그룹에 의해 발생한다.

랭크 싱크를 피하고자 사용하는 두 가지 전략이 있다. 첫째, 나가는 관계[outgoing relationship]가 없는 노드에 도달하면 PageRank는 모든 노드에 나가는 관계를 가정한다.

이러한 보이지 않는 링크를 통과하는 것을 순간 이동[teleportation]이라고도 한다. 둘째, 댐핑 팩터는 직접 링크 대 랜덤 노드 방문에 대한 확률을 도입해 싱크를 피할 수 있는 또 다른 기회를 제공한다. d를 0.85로 설정하면 15%의 시간 동안 완전히 랜덤 노드를 방문한다.

원래 공식은 댐핑 계수 0.85를 권장하지만 초기 사용은 링크의 멱법칙 분포를 사용하는 월드와이드웹에서다(대부분의 페이지에는 링크가 매우 적고 일부 페이지에만 링크가 많음). 댐핑 팩터를 낮추면 랜덤 점프를 하기 전에 긴 관계 경로를 따를 가능성이 줄어든다. 결과적으로 노드의 직전 선행 노드[immediate predecessors]가 점수[score]와 랭크[rank](순위)에 기여하는 것을 증가한다.

PageRank에서 예상치 못한 결과가 발생하면 그래프를 탐색적 분석해 그 결과가 문제의 원인인지 확인하는 것이 좋다. 자세한 내용은 이안 로저스[Ian Rogers]의 논문 「구글 PageRank의 알고리즘과 작동 방식(The Google PageRank Algorithm and How It

Works)」(https://bit.ly/35XmBG1)[1]을 참고한다.

PageRank를 사용해야 할 경우

PageRank는 이제 웹 인덱싱 외부의 많은 분야에서 사용된다. 네트워크를 통해 광범위한 영향력을 찾을 때마다 이 알고리즘을 사용한다. 예를 들면 생물학적 기능에 전반적으로 가장 큰 영향을 미치는 유전자를 타깃으로 찾고자 할 때 가장 연관이 많은 유전자가 큰 영향을 미치는 유전자가 아닐 수 있다. 실제로는 다른 더 중요한 기능과 가장 많은 관계를 가진 유전자가 큰 영향을 미치는 유전자일 수 있다.

PageRank 사용 사례는 다음과 같다.

- 사용자에게 팔로우할 수 있는 다른 계정의 추천을 제공한다(트위터는 이를 위해 개인화된 PageRank를 사용한다). 알고리즘은 공유 관심사와 공통 연결을 포함하는 그래프에서 실행된다. 이 접근법은 굽타[P. Gupta]의 "WTF: 트위터에서 서비스를 팔로우하는 사람(The Who to Follow Service at Twitter)" (https://stanford.io/2ux00wZ) 백서에 자세히 설명돼 있다.

- 공공장소 또는 거리에서 교통 흐름과 사람의 움직임을 예측한다. 알고리즘은 도로 교차로의 그래프에서 실행되며, PageRank 점수는 각 구간에서 사람들이 주차하거나 여행을 마치는 경향을 반영한다. 이에 대해서는 장[B. Jiang], 자오[S. Zhao], 인[J. Yin]의 논문인 「교통 흐름 예측을 위한 자율 자연 도로: 민감도 연구(Self-Organized Natural Roads for Predicting Traffic Flow: A Sensitivity Study)」(https://bit.ly/2usHENZ)에 자세히 설명돼 있다.

- 의료 및 보험 산업에서 변칙 및 사기 검출 시스템의 일부로 사용된다. PageRank는 비정상적인 방식으로 행동하는 의사나 제공자 파악에 도움을

---

1. https://www.ccs.neu.edu/home/vip/teach/IRcourse/3_crawling_snippets/other_notes/Pagerank%20Explained%20Correctly%20with%20Examples.html – 옮긴이

주며 점수는 머신러닝 알고리즘에 입력된다.

데이빗 글라이치^{David Gleich}의 논문 「웹 너머의 PageRank(PageRank Beyond the Web)」
(https://bit.ly/2JCYi80)에서 알고리즘의 더 많은 용도를 설명한다.

PageRank(아파치 스파크 사용)

이제 PageRank 알고리즘을 실행할 준비가 됐다. GraphFrames는 PageRank의 두
가지 구현을 지원한다.

- 첫 번째 구현은 고정된 수의 반복 동작에 대해 PageRank를 실행한다. 이는
  maxIter 매개변수를 설정해 실행한다.
- 두 번째 구현은 수렴할 때까지 PageRank를 실행한다. 이는 tol 매개변수를
  설정해 실행한다.

고정된 수의 반복 동작을 갖는 PageRank

고정 반복 동작 접근 방식의 예를 살펴보자.

```
results = g.pageRank(resetProbability=0.15, maxIter=20)
results.vertices.sort("pagerank", ascending=False).show()
```

 스파크에서는 댐핑 계수가 역값(inverse value)을 사용해 리셋(reset) 확률이라고 더 많이
불린다. 즉, 이 예제에서 reset Probability = 0.15는 Neo4j의 dampingFactor: 0.85와
동일하다.

pyspark에서 해당 코드를 실행하면 다음 출력을 얻는다.

id	pageRank
Doug	2.2865372087512252
Mark	2.1424484186137263
Alice	1.520330830262095
Michael	0.7274429252585624
Bridget	0.7274429252585624
Charles	0.5213852310709753
Amy	0.5097143486157744
David	0.36655842368870073
James	0.1981396884803788

예상할 수 있듯이 더그^{Doug}는 그의 서브그래프에서 다른 모든 사용자가 팔로우하기 때문에 PageRank가 가장 높다. 마크^{Mark}는 팔로워가 한 명뿐이지만 그 팔로워는 더그이므로 이 그래프에서 마크도 중요하다고 볼 수 있다. 중요한 것은 팔로어의 수뿐만 아니라 그 팔로어의 중요성이다.

 PageRank 알고리즘을 실행한 그래프의 관계에는 가중치가 없으므로 각 관계는 동일한 것으로 간주한다. 관계 데이터 프레임에서 가중치 열을 지정해 관계 가중치를 추가한다.

수렴할 때까지의 PageRank

이제 설정된 허용 오차 내에서 솔루션이 종료할 때까지 PageRank를 실행하는 수렴 동작을 구현해보자.

```
results = g.pageRank(resetProbability=0.15, tol=0.01)
results.vertices.sort("pagerank", ascending=False).show()
```

pyspark에서 해당 코드를 실행하면 다음 출력이 표시된다.

page	score
Doug	2.2233188859989745
Mark	2.090451188336932
Alice	1.5056291439101062
Michael	0.733738785109624
Bridget	0.733738785109624
Amy	0.559446807245026
Charles	0.5338811076334145
David	0.40232326274180685
James	0.21747203391449021

각 사람의 PageRank 점수는 고정된 수의 반복 동작 변형과 약간 다르지만 예상대로 순서는 동일하게 유지된다.

완벽한 솔루션의 수렴은 이상적으로 들릴 수 있지만 일부 시나리오에서는 PageRank가 수학적으로 수렴할 수 없다. 큰 그래프의 경우 PageRank 실행이 엄청나게 길 수 있다. 허용 오차 한계는 수렴된 결과에 대한 허용 가능한 범위를 설정하는 데 도움이 되지만 많은 사람이 대신 최대 반복 동작 옵션을 사용(또는 접근 방식과 결합)하도록 선택한다. 최대 반복 동작 설정은 일반적으로 더 높은 성능 일관성(performance consistency)을 제공한다. 어떤 옵션을 선택하든 상관없이 데이터 세트에 적합한 것을 찾으려고 여러 가지 제한을 테스트해야 할 수 있다. 더 큰 그래프는 일반적으로 더 나은 정확도를 위해 중간 크기 그래프보다 더 많은 반복 동작이나 더 작은 허용 오차를 필요로 한다.

PageRank(Neo4j 사용)

Neo4j에서 PageRank를 실행할 수 있다. 다음 코드를 사용하면 그래프의 각 노드에 대한 PageRank를 계산한다.

```
CALL algo.pageRank.stream('User', 'FOLLOWS', {iterations:20, dampingFactor:0.85})
YIELD nodeId, score
RETURN algo.getNodeById(nodeId).id AS page, score
ORDER BY score DESC
```

이 코드를 실행하면 다음 결과를 얻는다.

page	score
Doug	1.6704119999999998
Mark	1.5610085
Alice	1.1106700000000003
Bridget	0.535373
Michael	0.535373
Amy	0.385875
Charles	0.3844895
David	0.2775
James	0.15000000000000002

스파크의 예와 마찬가지로 더그^{Doug}는 가장 영향력 있는 사용자며 마크^{Mark}는 더그
가 팔로우하는 유일한 사용자로 그 뒤를 바짝 팔로우한다. 그림 5-13에서 각 노드
에 대한 노드의 중요성을 알 수 있다.

PageRank 구현은 다양하므로 순서가 동일하더라도 다른 점수를 만들 수 있다. Neo4j는
1에서 댐핑 팩터를 뺀 값을 사용해 노드를 초기화하는 반면 스파크는 값 1을 사용한다.
이 경우 상대 순위(PageRank의 목표)는 동일하지만 이러한 결과에 도달하는 데 사용되는
기본 점수 값은 다르다.

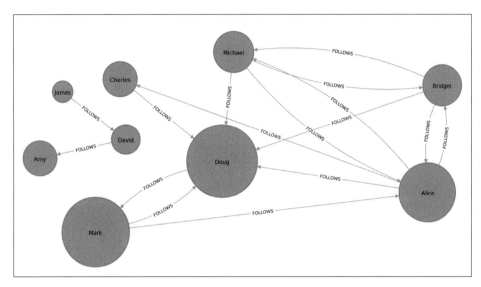

그림 5-13. PageRank 시각화

스파크 예제와 마찬가지로 PageRank 알고리즘을 실행한 그래프의 관계에는 가중치가 없으므로 각 관계는 동일한 것으로 간주한다. PageRank 프로시저에 전달된 구성에 가중치를 포함해 관계 가중치를 고려할 수 있다. 예를 들어 관계에 가중치가 포함된 프로퍼티 weight가 있는 경우 다음의 구성 weightProperty: "weight"를 프로시저에 전달한다.

PageRank 변형: 개인화된 PageRank

개인화된 PageRank[PPR, Personalized PageRank]는 특정 노드의 관점으로 그래프에서 노드의 중요성을 계산하는 PageRank 알고리즘의 변형이다. PPR의 경우 랜덤 점프는 주어진 시작 노드 세트를 다시 참조한다. 이는 시작 노드에 대한 결과를 편향[bias]하거나 개인화[personalize]한다. 이러한 편향과 현지화[localization]로 인해 PPR은 권장 사항으로 사용할 때 매우 유용하다.

아파치 스파크를 사용한 개인화된 PageRank

매개변수 sourceId를 전달해 주어진 노드에 대한 개인화된 PageRank 점수를 계산할 수 있다. 다음 코드는 더그[Doug]의 PPR을 계산한다.

```
me = "Doug"
results = g.pageRank(resetProbability=0.15, maxIter=20, sourceId=me)
people_to_follow = results.vertices.sort("pagerank", ascending=False)

already_follows = list(g.edges.filter(f"src = '{me}'").toPandas()["dst"])
people_to_exclude = already_follows + [me]

people_to_follow[~people_to_follow.id.isin(people_to_exclude)].show()
```

이 질의[query] 결과는 더그가 팔로우해야 할 사람들을 추천하는 데 사용될 수 있다. 또한 더그가 이미 팔로우하고 있는 사람과 자신을 최종 결과에서 제외하고 있음을 결과에서 확인할 수 있다.

pyspark에서 해당 코드를 실행하면 다음 출력을 얻는다.

id	pageRank
Alice	0.1650183746272782
Michael	0.048842467744891996
Bridget	0.048842467744891996
Charles	0.03497796119878669
David	0.0
James	0.0
Amy	0.0

앨리스[Alice]는 더그[Doug]가 따라야 하는 사람으로 최고의 제안이지만 마이클[Michael]과 브리짓[Bridget]도 제안될 수 있다.

요약

중심성 알고리즘은 네트워크에서 영향력 있는 사람을 식별하기 위한 훌륭한 도구다. 5장에서는 프로토타입 중심성 알고리즘(연결 중심성, 근접 중심성, 매개 중심성, PageRank)을 배웠다. 또한 긴 런타임 및 격리된 구성 요소와 같은 문제를 처리하기 위한 몇 가지 변형과 대체 사용 옵션도 다뤘다.

중심성 알고리즘은 광범위하게 사용되며 다양한 분석 방법을 탐색한다. 정보를 배포하기 위한 최적의 접점을 찾고 리소스 흐름을 제어하는 숨겨진 브로커를 찾고, 은밀한 간접 파워 플레이어를 발견하는 데 여기서 배운 것을 적용할 수 있다.

6장에서는 그룹과 파티션을 살펴보는 커뮤니티 검출 알고리즘으로 넘어간다.

커뮤니티 검출 알고리즘

커뮤니티 형성은 모든 유형의 네트워크에서 공통적이며 집단행동과 출현 현상을 평가할 때 필수적이다. 커뮤니티를 찾는 일반적인 원칙은 구성원이 그룹 외부의 노드보다 그룹 내에서 더 많은 관계를 가진다는 것이다. 이러한 관련 집합을 식별하면 노드 클러스터, 격리된 그룹, 네트워크 구조가 나온다. 이 정보는 유사한 동작이나 옆 그룹의 참고 자료를 추론하고, 복원력을 추정하고, 중첩된 관계를 찾고, 다른 분석용 데이터를 준비하는 데 도움이 된다. 커뮤니티 검출 알고리즘은 일반적인 검사용 네트워크 시각화를 생성하는 데에도 일반적으로 사용된다.

가장 대표적인 커뮤니티 검출 알고리즘에 관한 세부 정보는 다음과 같다.

- 전체 관계 밀도relationship density에 대한 트라이앵글 수triangle count와 결집 계수 clustering coefficient

- 연결 클러스터를 찾기 위한 강한 연결 요소와 연결 요소

- 노드 레이블을 기반으로 그룹의 신속 추론을 위한 레이블 전파label propagation

- 그룹화 품질과 계층 구조를 살펴보는 루뱅 모듈성Louvain modularity

알고리즘의 작동 원리를 설명하고 아파치 스파크와 Neo4j를 사용한 예제를 보여준다. 알고리즘이 하나의 플랫폼에서만 사용할 수 있는 경우 하나의 예만 제공한

다. 일반적으로 서로 다른 관계의 중요성을 파악할 때 두 플랫폼이 사용되기 때문에 이러한 알고리즘 대상으로 가중치 관계를 사용한다.

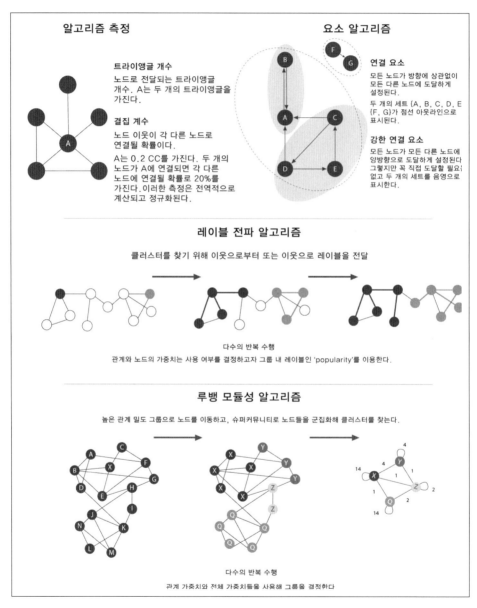

그림 6-1. 대표 커뮤니티 검출 알고리즘

그림 6-1은 여기에서 다루는 커뮤니티 검출 알고리즘의 차이점에 대한 개요를 제공하고 표 6-1은 각 알고리즘이 예제를 통해 계산하는 것에 대한 빠른 참조를 제공한다.

 여기서 사용자는 세트, 파티션, 클러스터, 그룹, 커뮤니티라는 용어를 같은 의미로 사용한다. 이러한 용어들은 유사한 노드가 그룹화될 수 있음을 나타내는 또 다른 방법이다. 커뮤니티 검출 알고리즘은 결집 및 분할 알고리즘이라고 한다. 각 절에서는 특정 알고리즘의 문헌상 가장 잘 사용되는 용어를 사용한다.

표 6-1. 커뮤니티 검출 알고리즘 개요

알고리즘 타입	동작	사용 예	스파크 사용 여부	Neo4j 사용 여부
트라이앵글 수와 결집 계수	트라이앵글을 형성하는 노드 수와 노드가 함께 결집(클러스터링) 정도를 측정한다.	그룹 안정성을 추정할 때 사용한다. 촘촘한 클러스터의 그래프에서 볼 수 있는 '작은 세상(small world)'의 동작을 네트워크가 나타낼 수 있는지 추정할 때 사용한다.	예	예
강력한 연결 구성 요소	관계 방향에 따라 동일한 그룹의 다른 모든 노드에서 각 노드에 도달할 수 있는 그룹을 찾는다.	그룹 제휴 또는 유사 항목을 기반으로 제품을 추천한다.	예	예
연결 요소	관계 방향에 상관없이 동일한 그룹의 각기 다른 모든 노드에서 각 노드에 도달 가능한 그룹을 찾는다.	다른 알고리즘에 대한 빠른 그룹화를 수행한다. 섬(island)을 식별한다.	예	예
레이블 전파	이웃 다수 기반의 레이블 분산을 통해 클러스터를 추론한다.	사회적 커뮤니티의 합의 이해 또는 위험한 공동 처방 약물의 조합 가능을 찾는다.	예	예
루뱅 모듈성	관계 가중치 및 밀도를 정의한 추정치 또는 평균과 비교해 그룹화의 추정 정확도를 최대화한다.	사기 분석에서 그룹에 몇 가지 개별적인 나쁜 행동이 있는지 또는 사기 행위 여부를 평가한다.	아니요	예

우선 예제 데이터를 설명하고 데이터를 스파크와 Neo4j로 가져오는 과정을 살펴본다. 알고리즘은 표 6-1에 나열된 순서대로 다룬다. 각각을 사용할 때 간단한 설명과 조언을 찾을 수 있다. 대부분의 절에는 관련 알고리즘을 사용하는 경우의 지침들도 포함한다. 각 알고리즘 절 끝의 샘플 데이터를 통해 예제 코드의 동작을 확인한다.

커뮤니티 검출 알고리즘을 사용할 때 관계의 밀도를 생각해야 한다. 그래프가 매우 조밀하면 모든 노드가 하나 또는 몇 개의 클러스터 단위로 모인다. 정도, 관계 가중치 또는 유사성에 따라 필터링하고 모을 수 있다.

반면에 그래프가 연결 노드가 적고 너무 드문 경우 자체 클러스터 내의 각 노드에서 끝날 수 있다. 이 경우 좀 더 관련성 높은 정보를 전달하는 추가 관계형(additional relationship type)으로 통합해야 한다.

예제 그래프 데이터: 소프트웨어 종속성 그래프

종속성 그래프^{dependency graph}는 더 연결되고 계층적인 경향이 있기 때문에 커뮤니티 검출 알고리즘 사이에서 때때로 미묘한 차이를 보여줄 때 특히 적합하다. 이번 장에서는 소프트웨어에서 에너지 그리드에 이르기까지 다양한 분야에서 종속성 그래프가 사용되지만 파이썬 라이브러리 간의 종속성을 포함하는 그래프 예제를 살펴본다. 이러한 종류의 소프트웨어 구현 종속성 그래프는 개발자가 소프트웨어 프로젝트의 상호 의존 관계와 충돌을 추적할 때 사용한다. 이 책의 깃허브 저장소(https://bit.ly/2FPgGVV)에서 노드와 관계 파일을 다운로드할 수 있다.

표 6-2. sw-nodes.csv

id
six
pandas

(이어짐)

174

id
numpy
python-dateutil
pytz
pyspark
matplotlib
spacy
py4j
jupyter
jpy-console
nbconvert
ipykernel
jpy-client
jpy-core

표 6-3. sw-relationships.csv

src	dst	relationship
pandas	numpy	DEPENDS_ON
pandas	pytz	DEPENDS_ON
pandas	python-dateutil	DEPENDS_ON
python-dateutil	six	DEPENDS_ON
pyspark	py4j	DEPENDS_ON
matplotlib	numpy	DEPENDS_ON
matplotlib	python-dateutil	DEPENDS_ON

(이어짐)

src	dst	relationship
matplotlib	six	DEPENDS_ON
matplotlib	pytz	DEPENDS_ON
spacy	six	DEPENDS_ON
spacy	numpy	DEPENDS_ON
jupyter	nbconvert	DEPENDS_ON
jupyter	ipykernel	DEPENDS_ON
jupyter	jpy-console	DEPENDS_ON
jpy-console	jpy-client	DEPENDS_ON
jpy-console	ipykernel	DEPENDS_ON
jpy-client	jpy-core	DEPENDS_ON
nbconvert	jpy-core	DEPENDS_ON

그림 6-2는 사용자가 만들고자 하는 그래프를 보여준다. 이 그래프를 보면 세 개의 라이브러리 클러스터가 있음을 알 수 있다. 더 작은 데이터 세트들을 시각화해 커뮤니티 검출 알고리즘에 의해 파생된 클러스터를 검증한다.

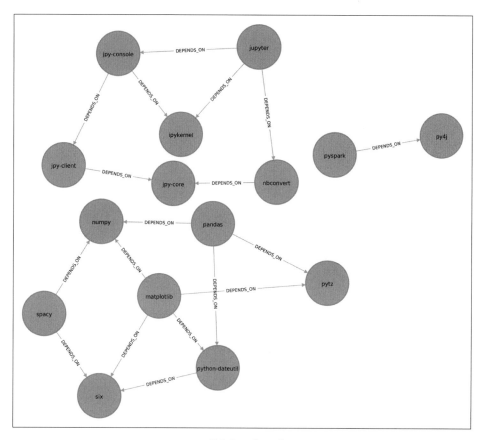

그림 6-2. 그래프 모델

스파크와 Neo4j로 예제 CSV 파일의 그래프를 생성한다.

아파치 스파크로 데이터 가져오기

먼저 아파치 스파크와 그래프 프레임 패키지에서 필요한 패키지를 가져온다.

```
from graphframes import *
```

다음 함수는 예제 CSV 파일을 사용해 그래프 프레임을 만든다.

```
def create_software_graph():
    nodes = spark.read.csv("data/sw-nodes.csv", header=True)
    relationships = spark.read.csv("data/sw- relationships.csv", header=True)
    return GraphFrame(nodes, relationships)
```

다음 함수를 사용해보자.

```
g = create_software_graph()
```

Neo4j로 데이터 가져오기

Neo4j에도 동일하게 적용한다. 다음 질의를 사용해 노드를 가져온다.

```
WITH "https://github.com/neo4j-graph-analytics/book/raw/master/data/" AS base
WITH base + "sw-nodes.csv" AS uri
LOAD CSV WITH HEADERS FROM uri AS row
MERGE (:Library {id: row.id})
```

그리고 다음 코드로는 관계를 가져올 수 있다.

```
WITH "https://github.com/neo4j-graph-analytics/book/raw/master/data/" AS base
WITH base + "sw-relationships.csv" AS uri
LOAD CSV WITH HEADERS FROM uri AS row
MATCH (source:Library {id: row.src})
MATCH (destination:Library {id: row.dst})
MERGE (source)-[:DEPENDS_ON]->(destination)
```

그래프를 가져온 후에 알고리즘에 적용한다.

트라이앵글 수와 결집 계수

트라이앵글 수$^{Triangle\ Count}$와 결집 계수$^{Clustering\ Coefficient}$ 알고리즘은 자주 함께 사용된다. 트라이앵글 수는 그래프에서 각 노드를 통과하는 트라이앵글 수를 결정한다. 트라이앵글은 3개 노드의 집합이고, 각 노드는 다른 모든 노드와 관계를 가진다. 트라이앵글 수는 전체 데이터 세트를 평가하고자 전역적으로 실행한다.

 트라이앵글이 많은 네트워크는 작은 세상의 구조와 행동을 가질 가능성이 더 높다.

결집 계수 알고리즘의 목표는 그룹이 얼마나 밀집될 수 있는지와 비교해 얼마나 밀집돼 있는지 측정하는 것이다. 알고리즘은 기존 트라이앵글과 가능한 관계의 비율을 제공하는 트라이앵글 수를 계산에 사용한다. 최댓값 1은 모든 노드가 다른 모든 노드에 연결되는 클릭을 나타낸다.

결집 계수에는 지역 결집과 전역 결집의 두 가지 유형이 있다.

지역 결집 계수

노드의 지역 결집 계수는 이웃과 연결될 가능성을 의미한다. 이 점수의 계산에는 트라이앵글 수를 포함한다.

노드의 결집 계수는 노드를 통과하는 트라이앵글 수에 2를 곱한 다음에 그룹의 최대 관계 수(항상 해당 노드의 차수에서 1을 뺀 값)로 나눈 값으로 찾을 수 있다. 관계가 5개인 노드에 대한 서로 다른 트라이앵글과 결집 계수의 예는 그림 6-3에 나와 있다.

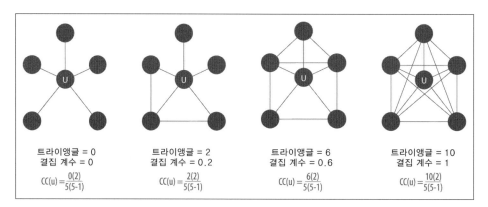

그림 6-3. 노드 u에 대한 트라이앵글 수 s와 결집 계수

그림 6-3에서 사용자는 결집 계수가 항상 전체 트라이앵글 수의 10%에 해당하는 관계 5개를 가진 노드를 사용한다. 사용자가 관계 수를 변경할 수 있지만 이번 노드의 경우에는 변경하지 않는다. 두 번째 예에서 관계를 4개(그리고 동일한 두 개의 트라이앵글) 갖도록 변경한다면 계수 값은 0.33이 된다.

노드의 결집 계수는 다음 공식을 사용한다.

$$CC(u) = \frac{2R_u}{k_u(k_u - 1)}$$

각 항목은 다음과 같다.

- u는 노드를 의미한다.

- $R(u)$는 u의 이웃을 통한 관계 수다(이는 u를 통과하는 트라이앵글의 수를 사용해 얻을 수 있다).

- $k(u)$는 u의 차수다.

전역 결집 계수

전역 결집 계수는 지역 결집 계수의 정규화된 합계다.

결집 계수는 모든 노드가 다른 모든 노드와 관계를 갖는 명백한 그룹을 찾는 효과적인 방법을 제공하지만 임곗값을 지정해 수준을 설정할 수 있다(예, 노드가 40% 연결되는 경우).

트라이앵글 수와 결집 계수를 사용해야 할 경우

그룹의 안정성을 결정하거나 결집 계수와 같은 다른 네트워크 측정값을 계산할 때 트라이앵글 수를 사용한다. 트라이앵글 수를 계산하는 것은 커뮤니티 감지에 사용되는 소셜 네트워크 분석에서 인기가 있다.

결집 계수는 랜덤하게 선택된 노드가 연결될 확률을 제공한다. 또한 특정 그룹이나 전체 네트워크의 응집성cohesiveness을 빠르게 평가할 때 사용할 수도 있다. 이러한 알고리즘은 복원력resiliency을 함께 추정하고 네트워크 구조를 찾을 때도 사용된다.

사용 사례는 다음과 같다.

- 특정 웹 사이트를 스팸 콘텐츠로 분류하기 위한 특징을 식별할 때 사용한다. 이에 대한 내용은 베체티L. Becchetti의 논문 「대규모 그래프에서 로컬 트라이앵글 계산을 위한 효율적인 세미 스트리밍 알고리즘(Efficient Semi-Streaming Algorithms for Local Triangle Counting in Massive Graphs)」(http://bit.ly/2ut0Lao)에서 설명했다.

- 페이스북 소셜 그래프의 커뮤니티 구조를 조사할 때 사용한다. 연구원은 희소한 글로벌 그래프 내 사용자의 밀집된 이웃을 발견할 수 있다. 이 연구는 우간더J. Ugander의 「페이스북 소셜 그래프의 구조(The Anatomy of the Facebook Social Graph)」(https://bit.ly/2TXWsTC) 논문에서 찾을 수 있다.

- 웹의 주제 구조를 탐색하고 페이지 간 상호 링크 기반의 공통 주제가 있는 페이지의 커뮤니티를 감지한다. 자세한 내용은 에크만[J.-P Eckmann]과 모세[E. Moses]의 「코링크 곡률로 월드와이드웹에서 숨겨진 테마 레이어 발견(Curvature of Co-Links Uncovers Hidden Themematic Layers in the World Wide Web)」(http://bit.ly/2YkCrFo)을 참조한다.

트라이앵글 수(아파치 스파크 사용)

이제 트라이앵글 수[triangle count] 알고리즘을 실행할 준비가 됐다. 다음 코드를 사용한다.

```
result = g.triangleCount()
(result.sort("count", ascending=False)
 .filter('count > 0')
 .show())
```

pyspark에서 해당 코드를 실행하면 다음 출력을 볼 수 있다.

count	id
1	jupyter
1	python-dateutil
1	six
1	ipykernel
1	matplotlib
1	jpy-console

이 그래프의 트라이앵글에서 이웃 노드 중 두 개가 이웃임을 알 수 있다. 라이브러리 6개가 이러한 트라이앵글에 포함된다.

트라이앵글 안에 어떤 노드가 있는지 알고 싶다면 어떻게 해야 할까? 트라이앵글 스트림의 통로가 어디인지를 알면 된다. 어디인지를 알려면 Neo4j가 필요하다.

Neo4j 사용한 트라이앵글

스파크를 사용해 트라이앵글의 스트림을 가져오기 어렵지만 Neo4j를 사용하면 가능하다.

```
CALL algo.triangle.stream("Library","DEPENDS_ON")
YIELD nodeA, nodeB, nodeC
RETURN algo.getNodeById(nodeA).id AS nodeA,
       algo.getNodeById(nodeB).id AS nodeB,
       algo.getNodeById(nodeC).id AS nodeC
```

이 코드를 실행하면 다음과 같은 결과가 나온다.

nodeA	nodeB	nodeC
matplotlib	six	python-dateutil
jupyter	jpy-console	ipykernel

이전에 사용했던 똑같은 라이브러리 6개가 표시되고 이제는 어떻게 연결되는지 알 수 있다. matplotlib, six, python-dateutil은 하나의 트라이앵글을 이룬다. jupyter, jpy-console, ipykernel은 다른 트라이앵글을 형성한다. 이 트라이앵글은 그림 6-4 에서 확인할 수 있다.

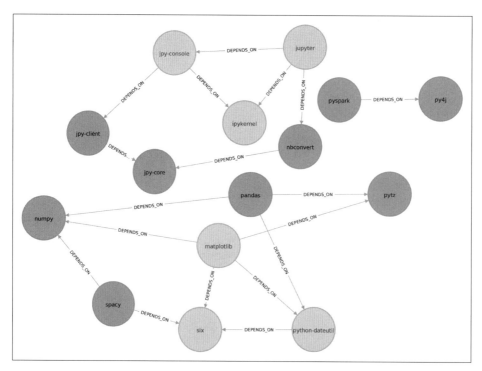

그림 6-4. 소프트웨어 그래프의 트라이앵글

지역 결집 계수(Neo4j 사용)

지역 결집 계수를 계산할 수도 있으며 다음 질의를 사용해 각 노드에 대해 지역 결
집 계수를 계산한다.

```
CALL algo.triangleCount.stream('Library', 'DEPENDS_ON')
YIELD nodeId, triangles, coefficient
WHERE coefficient > 0
RETURN algo.getNodeById(nodeId).id AS library, coefficient
ORDER BY coefficient DESC
```

이 코드를 실행하면 다음과 같은 결과를 얻는다.

library	coefficient
ipykernel	1.0
jupyter	0.3333333333333333
jpy-console	0.3333333333333333
six	0.3333333333333333
python-dateutil	0.3333333333333333
matplotlib	0.16666666666666666

ipykernel의 점수가 1이며, 이는 모든 ipykernel의 이웃이 서로 이웃임을 의미하고 그림 6-4를 통해 확실히 알 수 있다. 이는 ipykernel 주변의 커뮤니티가 매우 응집력이 있음을 알려준다.

이 코드 샘플에서 계수 점수가 0인 노드를 필터링했지만 계수가 낮은 노드도 흥미롭게 볼 수 있다. 낮은 점수는 노드가 '구조적 구멍structural hole'(http://stanford.io/2UTYVex), 즉 서로 연결되지 않는 다른 커뮤니티의 노드에 잘 연결되는 노드임을 볼 수 있다. 이 방법은 5장에서 다룬 잠재적인 브리지를 찾는 방법과 같다.

강한 연결 요소

강한 연결 요소SCC, Strongly Connected Components 알고리즘은 가장 초기의 그래프 알고리즘 중 하나다. SCC는 방향성 그래프에서 연결 노드 세트를 찾는다. 여기서 각 노드는 동일한 세트의 다른 노드에서 양방향으로 도달할 수 있다. 런타임 작업은 노드 수에 비례해 잘 확장된다. 그림 6-5에서 SCC 그룹의 노드가 바로 인접할 필요는 없지만 세트의 모든 노드 간에 방향 경로가 있어야 함을 알 수 있다.

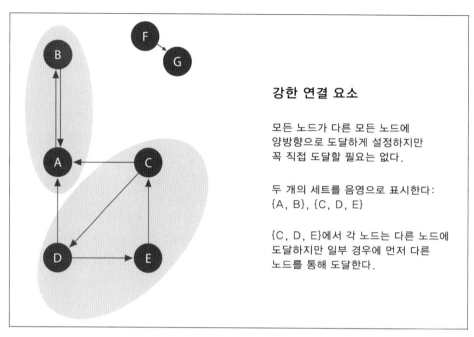

강한 연결 요소

모든 노드가 다른 모든 노드에
양방향으로 도달하게 설정하지만
꼭 직접 도달할 필요는 없다.

두 개의 세트를 음영으로 표시한다:
{A, B}, {C, D, E}

{C, D, E}에서 각 노드는 다른 노드에
도달하지만 일부 경우에 먼저 다른
노드를 통해 도달한다.

그림 6–5. 강한 연결 요소

방향성 그래프를 강한 연결 요소로 분해할 때 DFS(Depth First Search) 알고리즘을 사용하며, 이는 고전적인 애플리케이션으로 사용된다. Neo4j는 SCC 알고리즘 구현의 일부로서 내부적으로 DFS를 사용한다.

강한 연결 요소를 사용해야 할 경우

강한 연결 요소를 그래프 분석의 초기 단계에서 사용해 그래프의 구조를 확인하거나 독립적인 조사가 필요한 밀집 클러스터를 식별한다. 강한 연결 요소는 추천 엔진과 같은 애플리케이션 그룹에서 유사한 동작과 성향을 프로파일링할 때 사용할 수 있다.

SCC와 같은 많은 커뮤니티 검출 알고리즘은 추가 클러스터 간 분석을 위해 클러스터를 찾아 단일 노드로 축소하는 데 사용된다. 또한 SCC를 사용해 각 서브프로세스가 또 다른 구성원이 조치를 취하기를 기다리고 있기 때문에 교착 상태가 될 수 있는 프로세스 찾기와 같은 분석 사이클을 시각화할 수 있다.

사용 사례는 다음과 같다.

- 비탈리[S. Vitali], 글랫펠더[J. B. Glattfelder], 바티스톤[S. Battiston]의 강력한 초국적 기업 분석 자료인 "글로벌 기업 통제 네트워크(The Network of Global Corporate Control)"(http://bit.ly/2UU4EAP)와 같이 모든 구성원이 다른 구성원의 주식을 직간접적으로 소유한 회사 세트들을 찾고자 할 때 사용한다.

- 멀티홉 무선 네트워크에서 라우팅 성능을 측정할 때 서로 다른 네트워크 구성의 연결을 계산할 때 사용한다. 마리나[M. K. Marina]와 다스[S. R. Das]의 "멀티홉 무선 네트워크에서 단방향 링크 존재시의 라우팅 성능(Routing Performance in the Presence of Unidirectional Links in Multihop Wireless Networks)"(https://bit.ly/2uAJs7H)에서 상세히 살펴볼 수 있다.

- 강력한 연결 그래프에서만 작동하는 많은 그래프 알고리즘의 첫 번째 단계 역할을 한다. 소셜 네트워크에는 강력한 연결 그룹이 많다. 사람들은 이 그룹 세트들에서 종종 유사한 참고 사항들을 갖고 있으며, SCC 알고리즘은 그러한 그룹을 찾고 아직 그렇지 않은 그룹의 사람들에게 좋아할 페이지 또는 구매할 제품을 제안하는 데 사용된다.

일부 알고리즘에는 무한 루프(infinite loop)를 벗어나기 위한 전략이 있지만 자체 알고리즘을 작성하거나 종료되지 않는 프로세스를 찾는 경우 SCC를 사용해 사이클을 확인할 수 있다.

강한 연결 요소(아파치 스파크 사용)

아파치 스파크부터 시작해 스파크와 그래프 프레임 패키지에서 필요한 패키지를 먼저 가져온다.

```
from graphframes import *
from pyspark.sql import functions as F
```

이제 강한 연결 요소 알고리즘을 실행할 준비가 됐다. 강한 연결 요소 알고리즘은 그래프에 순환 종속성circular dependency이 있는지 확인하는 데 사용한다.

 두 노드는 양방향으로 노드들이 있는 경우에만 동일/강한 연결 구성 요소에 존재할 수 있다.

사용자는 이를 확인하고자 다음 코드를 사용한다.

```
result = g.stronglyConnectedComponents(maxIter=10)
(result.sort("component")
 .groupby("component")
 .agg(F.collect_list("id").alias("libraries"))
 .show(truncate=False))
```

pyspark에서 해당 코드를 실행하면 다음과 같이 출력된다.

component	libraries
180388626432	[jpy-core]
223338299392	[spacy]
498216206336	[numpy]
523986010112	[six]
549755813888	[pandas]
558345748480	[nbconvert]
661424963584	[ipykernel]

(이어짐)

component	libraries
721554505728	[jupyter]
764504178688	[jpy-client]
833223655424	[pytz]
910533066752	[python-dateutil]
936302870528	[pyspark]
944892805120	[matplotlib]
1099511627776	[jpy-console]
1279900254208	[py4j]

모든 라이브러리 노드가 고유한 구성 요소에 할당돼 있음을 알 수 있다. 구성 요소
는 노드가 속한 파티션이나 서브그룹이며 예상대로 모든 노드는 자체 파티션을 가
진다. 이러한 사실은 사용자의 소프트웨어 프로젝트가 라이브러리 간 순환 종속성
이 없음을 의미한다.

강한 연결 요소(Neo4j 사용)

Neo4j를 사용해 동일한 알고리즘을 실행한다. 다음 질의들로 알고리즘을 실행할
수 있다.

```
CALL algo.scc.stream("Library", "DEPENDS_ON")
YIELD nodeId, partition
RETURN partition, collect(algo.getNodeById(nodeId)) AS libraries
ORDER BY size(libraries) DESC
```

이 알고리즘에 전달되는 매개변수는 다음과 같다.

Library

그래프에서 가져올 노드 레이블이다.

DEPENDS_ON

그래프에서 가져올 관계 유형이다.

다음은 질의를 실행할 때 볼 수 있는 결과다.

partition	libraries
8	[ipykernel]
11	[six]
2	[matplotlib]
3	[jupyter]
14	[python-dateutil]
13	[numpy]
4	[py4j]
7	[nbconvert]
1	[pyspark]
10	[jpy-core]
9	[jpy-client]
3	[spacy]
12	[pandas]
6	[jpy-console]
0	[pytz]

스파크 예제와 마찬가지로 모든 노드는 자체 파티션에 존재한다.

지금까지 알고리즘에서는 파이썬 라이브러리가 매우 잘 작동함을 알 수 있었지만 그래프에 순환 종속성^{circular dependency}을 만들어 더 흥미롭게 만들 수 있다. 이는 같은 파티션의 일부 노드에서 동작이 끝날 것이라는 것을 의미한다.

다음 질의는 py4j와 pyspark 사이에 순환 종속성을 만드는 별도의 라이브러리를 추가한다.

```
MATCH (py4j:Library {id: "py4j"})
MATCH (pyspark:Library {id: "pyspark"})
MERGE (extra:Library {id: "extra"})
MERGE (py4j)-[:DEPENDS_ON]->(extra)
MERGE (extra)-[:DEPENDS_ON]->(pyspark)
```

생성된 순환 의존성은 그림 6-6에서 명확하게 볼 수 있다.

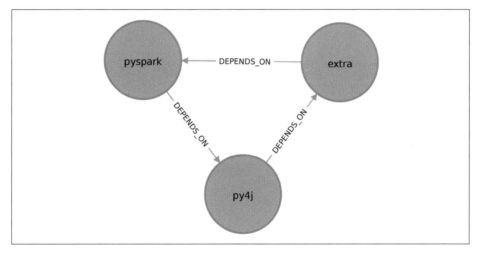

그림 6-6. pyspark, py4j, extra 간의 순환 종속성

이제 SCC 알고리즘을 다시 실행하면 약간 다른 결과를 얻는다.

partition	libraries
1	[pyspark, py4j, extra]
8	[ipykernel]
11	[six]
2	[matplotlib]
5	[jupyter]
14	[numpy]
13	[pandas]
7	[nbconvert]
10	[jpy-core]
9	[jpy-client]
3	[spacy]
15	[python-dateutil]
6	[jpy-console]
0	[pytz]

pyspark, py4j, extra는 모두 동일한 파티션의 일부이고 SCC는 순환 종속성을 찾는 데 도움이 됐다.

다음 알고리즘으로 넘어가기 전에 그래프에서 여분의 라이브러리와 요소들을 삭제한다.

```
MATCH (extra:Library {id: "extra"})
DETACH DELETE extra
```

연결 요소

연결 요소 알고리즘(유니온 파인드^{Union Find} 또는 약한 연결 요소^{Weakly Connected Components}라고도 한다)은 비방향성 그래프에서 각 노드가 동일한 집합 내 다른 노드에 도달할 수 있는 연결 노드 집합을 찾는다. 연결 요소 알고리즘은 한 방향의 노드 쌍 사이에 존재하는 경로만 있으면 되지만 SCC는 양방향으로 존재하는 경로가 필요하다는 점에서 다르다. 버나드 갤러^{Bernard A. Galler}와 마이클 피셔^{Michael J. Fischer}가 첫 번째로 이 알고리즘을 1964년 논문 「개선된 등가 알고리즘(An Improved Equivalence Algorithm)」 (https://bit.ly/2WsPNxT)에서 설명했다.

연결 요소를 사용해야 할 경우

SCC와 마찬가지로 연결 요소는 그래프의 구조를 이해하고자 분석 초기에 자주 사용된다. 효율적으로 확장되기 때문에 빈번한 업데이트가 필요한 그래프의 경우 이 알고리즘의 사용을 고려할 수 있다. 그룹 간 공통의 새로운 노드를 빠르게 보여줘 사기 탐지 분석과 같은 경우에 유용하다.

일반 그래프 분석을 위한 준비 단계로 그래프가 연결돼 있는지 테스트하고자 연결 요소를 사용해야 한다. 연결 요소 사용과 같은 테스트를 빠르게 수행하면 그래프 내 하나의 비연결 구성 요소에서만 알고리즘을 실수로 실행해 잘못된 결과를 얻는 것을 방지할 수 있다.

사용 사례는 다음과 같다.

- 중복 제거^{deduplication} 프로세스의 일부로 데이터베이스 레코드 클러스터를 추적할 때 사용한다. 중복 제거는 마스터 데이터 관리 애플리케이션에서 중요한 작업이다. 이 접근 방식은 몬지^{A. Monge}와 엘칸^{C. Elkan}의 "중복된 데이터베이스 레코드를 탐지하기 위한 효율적인 도메인 독립 알고리즘(An Efficient Domain-Independent Algorithm for Detecting Approximately Duplicate

Database Records)"(http://bit.ly/2CCNpgy)에 자세히 설명돼 있다.

- 인용 네트워크 분석에서 사용한다. 일부 연구에서는 연결 요소를 사용해 네트워크의 연결 상태를 파악한 다음에 그래프에서 '허브' 또는 '권한' 노드가 이동된 경우 연결이 유지되는지 확인한다. 이러한 사용 사례는 안[Y. An], 얀센[J. C. M. Janssen], 밀리오스[E. E. Milios]의 논문인 「컴퓨터 과학 문학의 인용 그래프 마이닝과 특성화(Characterizing and Mining Citation Graph of Computer Science Literature)」(https://bit.ly/2U8cfi9)에서 자세히 설명됐다.

연결 요소(아파치 스파크 사용)

아파치 스파크부터 시작해 스파크와 그래프 프레임 패키지에서 필요한 패키지를 먼저 가져온다.

```
from pyspark.sql import functions as F
```

 두 노드 사이에 양방향 경로가 있는 경우 두 노드는 동일한 연결 구성 요소에 존재한다.

이제 연결 요소 알고리즘을 실행할 준비가 됐다. 이를 위해 다음 코드를 사용한다.

```
result = g.connectedComponents()
(result.sort("component")
 .groupby("component")
 .agg(F.collect_list("id").alias("libraries"))
 .show(truncate=False))
```

pyspark에서 해당 코드를 실행하면 다음 결과를 얻는다.

component	libraries
180388626432	[jpy-core, nbconvert, ipykernel, jupyter, jpy-client, jpy-console]
223338299392	[spacy, numpy, six, pandas, pytz, python-dateutil, matplotlib]
936302870528	[pyspark, py4j]

결과 테이블에서 노드의 세 클러스터를 볼 수 있고, 그림 6-7에서도 가능하다. 이 예에서는 육안 검사만으로도 세 가지 구성 요소가 있음을 쉽게 알 수 있다. 이 알고리즘은 육안 검사가 불가능하거나 시간이 많이 걸리는 큰 그래프에서 가치를 더 많이 보여준다.

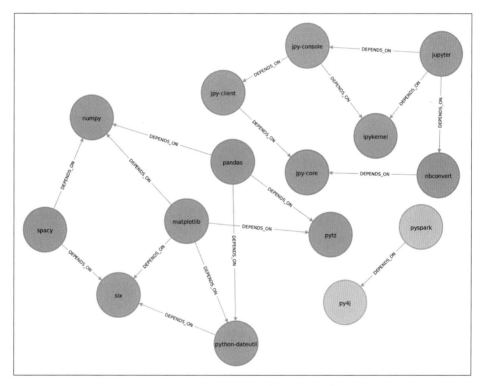

그림 6-7. 연결 요소 알고리즘에서 찾은 클러스터

연결 요소(Neo4j 사용)

다음 질의를 실행해 Neo4j에서 이 알고리즘을 실행할 수 있다.

```
CALL algo.unionFind.stream("Library", "DEPENDS_ON")
YIELD nodeId,setId
RETURN setId, collect(algo.getNodeById(nodeId).id) AS libraries
ORDER BY size(libraries) DESC
```

이 알고리즘에 전달되는 매개변수는 다음과 같다.

Library

그래프에서 불러올 노드 레이블이다.

DEPENDS_ON

그래프에서 불러올 관계 유형이다.

수행 결과는 다음과 같다.

setId	libraries
2	[pytz, matplotlib, spacy, six, pandas, numpy, python-dateutil]
5	[jupyter, jpy-console, nbconvert, ipykernel, jpy-client, jpy-core]
1	[pyspark, py4j]

예상대로 스파크에서 했던 것과 똑같은 결과를 얻었다.

지금까지 살펴본 두 커뮤니티 검출 알고리즘은 모두 결정적인 방법이었다. 실행할 때마다 동일한 결과를 반환한다. 다음의 두 알고리즘은 비결정적 알고리즘의 예이며, 동일한 데이터에서도 여러 번 실행하면 다른 결과를 얻는다.

196

레이블 전파

레이블 전파 알고리즘[LPA, Label Propagation Algorithm]은 그래프에서 커뮤니티를 빨리 찾을 수 있는 알고리즘이다. LPA에서 노드는 직접 이웃을 기반으로 그룹을 선택한다. 이 프로세스는 그룹화가 덜 명확하지만 가중치를 사용해 노드가 자신을 배치할 커뮤니티를 결정하는 데 도움이 될 수 있는 네트워크에 적합하다. 또한 사전 할당된 표시 노드 레이블로 프로세스를 만들 수 있기 때문에 준지도 학습[semisupervised learning]에 적합하다.

이 알고리즘 이면의 직관은 노드의 조밀한 연결 그룹에서 단일 레이블이 빠르게 주도적으로 활용될 수 있지만 드물게 연결 영역을 가로 지르는 문제점을 가진다. 단일 레이블은 노드의 밀집한 연결 그룹 내부에 갇히고 알고리즘의 동작이 완료될 때 동일한 레이블로 끝나는 노드는 동일한 커뮤니티의 일부로 본다. 알고리즘은 결합된 관계와 노드 가중치가 가장 높은 레이블 이웃에 멤버십을 할당해 노드가 잠재적으로 다중 클러스터의 일부가 되는 중첩 문제를 해결한다. LPA는 UN 라그하반[Raghavan], 알버트[R. Albert], 쿠마라[S. Kumara]가 2007년의 「대규모 네트워크에서 커뮤니티 구조를 감지하는 근선형 시간 알고리즘(Near Linear Time Algorithm to Detect Community Structures in Large-Scale Networks)」(https://bit.ly/ 2Frb1Fu)이라는 논문에서 제안한 비교적 새로운 알고리즘이다.

그림 6-8은 레이블 전파의 두 가지 변형인 일반 푸시[typical pull] 방법과 관계 가중치[relationship weight]에 의존하는 좀 더 일반적인 풀[pull] 방법을 보여준다. 풀 방법은 병렬화 작업 시에 적합하다.

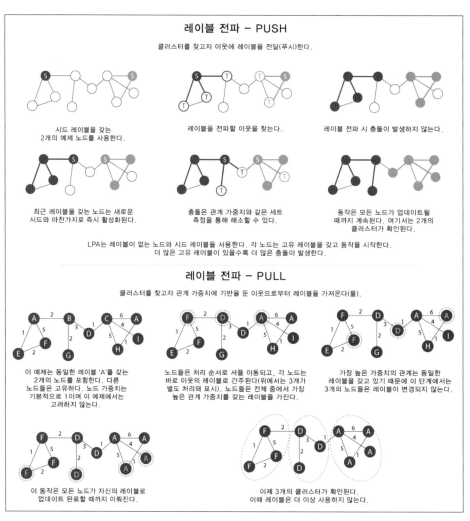

그림 6-8. 레이블 전파의 두 가지 변형

레이블 전파 풀^{pull} 방법에 자주 사용되는 단계는 다음과 같다.

1. 모든 노드는 고유한 레이블(식별자)로 초기화되며, 선택적으로 예비 '시드' 레이블을 사용할 수 있다.

2. 이 레이블은 네트워크를 통해 전파된다.

3. 모든 전파 반복 동작에서 각 노드는 인접 노드의 가중치와 그 관계를 기반으로 계산되는 최대 가중치와 일치하게 레이블을 업데이트한다. 여러 묶음^{tie}은 균일, 랜덤하게 쪼개진다.

4. LPA는 각 노드가 이웃 노드의 주요 레이블을 가질 때 수렴한다.

레이블이 전파^{propagate}됨에 따라 조밀하게 연결된 노드 그룹은 빠르게 동일한 고유 레이블을 가진다. 전파가 끝나면 몇 개 레이블만 남고 동일 레이블을 가진 노드들은 동일한 커뮤니티에 속한다.

준지도 학습과 시드 레이블

다른 알고리즘과 달리 레이블 전파는 동일한 그래프에서 여러 번 실행될 때마다 다른 커뮤니티 구조를 반환한다. LPA가 노드를 평가하는 순서는 반환되는 최종 커뮤니티에 영향을 미친다.

일부 노드는 예비 레이블(예, 시드 레이블)을 갖고 다른 노드에 레이블이 지정되지 않은 경우 솔루션 범위는 좁아진다. 레이블이 없는 노드는 예비 레이블을 가질 가능성이 더 높다.

이러한 레이블 전파의 사용은 커뮤니티를 찾는 준지도 학습$^{semi-supervised\ learning}$ 방법으로 볼 수 있다. 준지도 학습은 레이블을 갖는 소량의 데이터와 레이블이 없는 다량의 데이터를 사용하는 머신러닝 작업/기술 클래스를 의미한다. 알고리즘이 계속 진화하면서 그래프에서 반복적으로 실행한다.

마지막으로 LPA는 때때로 단일 솔루션으로 수렴하지 않는다. 이 상황에서 사용자 커뮤니티의 사용 결과는 몇 개의 현저하게 유사한 커뮤니티 간에 계속해서 반복 수행되고 알고리즘은 완료되지 않는다. 시드 레이블의 사용은 솔루션이 될 수 있다. 스파크와 Neo4j는 최대 반복 동작 수를 설정해 끝없는 실행을 방지한다. 정확도와 실행 시간의 균형을 맞추려면 데이터의 반복 동작 설정을 테스트해야 한다.

레이블 전파를 사용해야 할 경우

특히 가중치 값을 사용할 수 있을 때 대규모 네트워크에서 레이블 전파 방법을 사용해 초기 커뮤니티 검출을 할 수 있다. 이 알고리즘은 병렬화할 수 있으므로 그래프를 분할할 때 매우 빠르게 동작할 수 있다.

사용 사례는 다음과 같다.

- 의미[semantic] 분석의 일부로 트윗이 어떤 방향인지를 할당할 때 사용한다. 이 시나리오에서는 분류기의 포지티브 및 네거티브 시드 레이블이 트위터 팔로워 그래프와 함께 사용된다. 자세한 내용은 스페리오수[M. Speriosu]의 "사전 링크와 팔로워 그래프를 통한 레이블 전파를 사용한 트위터 극성 분류(Twitter Polarity Classification with Label Propagation over Lexical Links and the Follower Graph)"(https://bit.ly/2FBq2pv)를 참고한다.

- 화학적 유사성과 부작용 프로필을 기반으로 잠재적 위험 조합을 갖지만 공동 처방 가능한 약물을 찾을 때 사용한다. 장[P. Zhang]의 논문인 「임상 부작용에 기반을 둔 약물과 약물 상호작용의 레이블 전파 예측(Label Propagation Prediction of Drug?Drug Interactions Based on Clinical Side Effects)」(https://www.nature.com/articles/srep12339)을 참고한다.

- 머신러닝 모델에 대한 대화 특징과 사용자 의도를 추론할 때 사용한다. 자세한 내용은 무라세[Y. Murase]의 논문인 「DST용 Wikidata 그래프의 레이블 전파를 기반으로 한 특징 추론(Feature Inference Based on Label Propagation on Wikidata Graph for DST)」(https://bit.ly/2FtGpTK)을 참고한다.

레이블 전파(아파치 스파크 사용)

아파치 스파크부터 시작해 스파크와 그래프 프레임 패키지에서 필요한 패키지를
먼저 가져온다.

```
from pyspark.sql import functions as F
```

이제 레이블 전파 알고리즘을 실행할 준비가 됐다. 이를 위해 다음 코드를 사용
한다.

```
result = g.labelPropagation(maxIter=10)
(result
 .sort("label")
 .groupby("label")
 .agg(F.collect_list("id"))
 .show(truncate=False))
```

pyspark에서 해당 코드를 실행하면 다음 결과를 얻는다.

label	collect_list(id)
180388626432	[jpy-core, jpy-console, jupyter]
223338299392	[matplotlib, spacy]
498216206336	[python-dateutil, numpy, six, pytz]
549755813888	[pandas]
558345748480	[nbconvert, ipykernel, jpy-client]
936302870528	[pyspark]
1279900254208	[py4j]

연결 요소 경우에 비해 이 예제에는 더 많은 라이브러리 클러스터를 사용한다. LPA
는 클러스터를 결정하는 방법과 관련해 연결 요소보다 덜 엄격하다. 두 개의 인접

노드(직접 연결 노드)는 레이블 전파를 사용해 서로 다른 클러스터에 있음을 확인할 수 있다. 그러나 연결 요소 노드를 사용하면 알고리즘이 엄격하게 관계를 기반으로 그룹화되기 때문에 항상 이웃 노드와 동일한 클러스터에 있다.

이 예에서 가장 분명한 차이점은 Jupyter 라이브러리가 라이브러리의 핵심 부분을 포함하는 커뮤니티와 클라이언트 대면 도구를 포함하는 두 개의 커뮤니티로 분할됐다는 것이다.

레이블 전파(Neo4j 사용)

이제 Neo4j로 동일한 알고리즘의 사용을 시도해본다. 다음 질의로 LPA를 실행할 수 있다.

```
CALL algo.labelPropagation.stream("Library", "DEPENDS_ON",
    { iterations: 10 })
YIELD nodeId, label
RETURN label,
        collect(algo.getNodeById(nodeId).id) AS libraries
ORDER BY size(libraries) DESC
```

이 알고리즘에 전달되는 매개변수는 다음과 같다.

Library

그래프에서 사용할 노드 레이블이다

DEPENDS_ON

그래프에서 불러올 관계 유형이다.

iterations: 10

실행할 최대 반복 동작 수다.

결과는 다음과 같다.

label	libraries
11	[matplotlib, spacy, six, pandas, python-dateutil]
10	[jupyter, jpy-console, nbconvert, jpy-client, jpy-core]
4	[pyspark, py4j]
8	[ipykernel]
13	[numpy]
0	[pytz]

그림 6-9에서 시각적으로 확인할 수 있는 하위 결과는 아파치 스파크에서 얻은 결과와 상당히 유사하다.

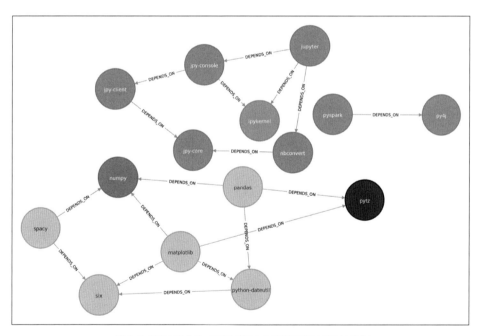

그림 6-9. 레이블 전파 알고리즘이 찾은 1개 이상의 클러스터를 나타낸다.

그래프가 방향이 없다고 가정하고 알고리즘을 실행할 수 있다. 즉, 노드가 의존하는 라이브러리와 의존하는 라이브러리의 레이블을 선택한다.

이를 위해 사용자는 DIRECTION: BOTH 매개변수를 알고리즘에 전달한다.

```
CALL algo.labelPropagation.stream("Library", "DEPENDS_ON",
    { iterations: 10, direction: "BOTH" })
YIELD nodeId, label
RETURN label,
        collect(algo.getNodeById(nodeId).id) AS libraries
ORDER BY size(libraries) DESC
```

이를 실행하면 다음과 같은 결과를 얻는다.

label	libraries
11	[pytz, matplotlib, spacy, six, pandas, numpy, python–dateutil]
10	[nbconvert, jpy–client, jpy–core]
6	[jupyter, jpy–console, ipykernel]
4	[pyspark, py4j]

클러스터의 수는 6개에서 4개로 감소했고 그래프의 matplotlib 부분에 있는 모든 노드는 함께 그룹화된다. 이러한 동작 결과는 그림 6-10에서 더 명확하게 볼 수 있다.

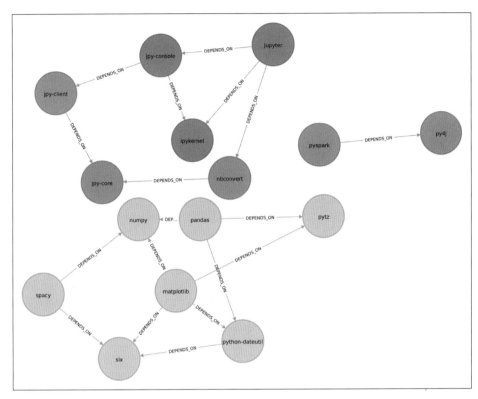

그림 6-10. 관계 방향을 무시할 때 레이블 전파 알고리즘이 발견한 클러스터

이 데이터에 레이블 전파를 적용한 결과는 무방향/방향성 계산에서 비슷한 결과를 갖지만 복잡한 그래프에서는 더 큰 차이를 볼 수 있다. 방향을 무시하면 노드가 관계 소스relationship source에 관계없이 더 많은 레이블을 갖고자 시도하기 때문이다.

루뱅 모듈성

루뱅 모듈성Louvain Modularity 알고리즘은 노드를 다른 그룹에 할당할 때 커뮤니티 밀도를 비교해 클러스터를 찾는다. 글로벌한 최적 값에 도달하고자 다양한 그룹화를 시도하는 '가정(what if)' 분석 방법으로 생각할 수 있다.

2008년에 제안된 루뱅 알고리즘(https://arxiv.org/pdf/0803.0476.pdf)은 가장 빠른 모듈성 기반 알고리즘 중 하나다. 커뮤니티를 감지할 뿐만 아니라 다양한 규모의 커뮤니티 계층 구조도 보여준다. 이는 서로 다른 '세분성granularity 수준의 네트워크 구조를 이해하는 데 유용하다.

루뱅은 평균 또는 랜덤 샘플과 비교해 클러스터 내의 연결 밀도를 살펴봄으로써 노드가 그룹에 얼마나 잘 할당됐는지 정량화한다. 이 커뮤니티 할당 측정을 모듈성이라고 한다.

모듈성을 이용한 품질 기반 그룹핑

모듈성modularity은 그래프를 더 거친 모듈(또는 클러스터)로 분할한 다음 그룹의 강도를 측정해 커뮤니티를 찾는 기술이다. 클러스터 내의 연결 집중만 살펴보는 것과 달리 이 방법은 주어진 클러스터의 관계 밀도를 클러스터 간의 밀도와 비교한다. 이러한 그룹화의 품질 측정을 모듈성이라고 한다.

모듈성 알고리즘은 여러 반복 동작을 사용해 다양한 그룹화를 테스트하고 거칠기coarseness를 증가시켜 커뮤니티를 로컬로 최적화한 다음에 다시 글로벌로 최적화한다. 이 전략은 커뮤니티 계층을 식별하고 전체 구조에 대한 폭 넓은 이해를 제공한다. 그러나 모든 모듈성 알고리즘에는 두 가지 단점이 있다.

- 모듈성 알고리즘은 작은 커뮤니티를 더 큰 커뮤니티로 병합한다.
- 유사한 모듈성과 함께 여러 파티션 옵션을 갖는 경우 정체plateau가 발생해 로컬 최댓값은 얻을 수 있지만 진행은 방해될 수 있다.

자세한 내용은 굿B. H. Good, 드 몽조예Y.-A. de Montjoye, 클라우셋A. Clauset의 「실제 상황에서 모듈화의 최대 성능(The Performance of Modularity Maximization in Practical Contexts)」(https://arxiv.org/abs/0910.0165) 논문을 참고한다.

처음에 루뱅 모듈성 알고리즘은 작은 커뮤니티를 찾는 모든 노드에서 모듈성을 로

컬로 최적화한다. 그런 다음 각각의 작은 커뮤니티는 더 큰 대형 노드로 그룹화되고 첫 번째 단계에서 글로벌 최적에 도달할 때까지 반복된다.

모듈성 계산

모듈성의 간단한 계산은 주어진 그룹 내 관계의 비율에서 관계가 모든 노드 사이에 랜덤으로 분산된 경우 예상 비율을 뺀 값을 기반으로 한다. 값은 항상 1과 −1 사이이며 양수 값은 우연히 예상했던 것보다 더 많은 관계 밀도를 나타내고 음수 값은 밀도가 낮음을 나타낸다. 그림 6-11은 노드 그룹화에 따른 여러 가지 모듈성 점수를 보여준다.

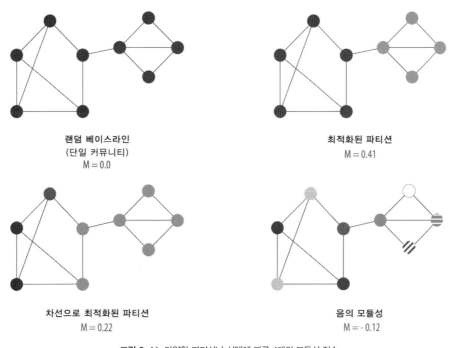

그림 6-11. 다양한 파티셔닝 선택에 따른 4개의 모듈성 점수

그룹의 모듈성 공식은 다음과 같다.

$$M = \sum_{c=1}^{n_c} \left[\frac{L_c}{L} - \left(\frac{k_c}{2L} \right)^2 \right]$$

각 항목은 다음과 같다.

- L은 전체 그룹의 관계 수다.

- L_c는 파티션의 관계 수다.

- k_c는 파티션의 총 노드 수준이다.

그림 6-11 상단의 최적 분할 계산은 다음과 같다.

- 어두운 파티션의 값은 $\left(\frac{7}{13} - \left(\frac{15}{2(13)} \right)^2 \right) = 0.205$다.

- 밝은 파티션의 값은 $\left(\frac{5}{13} - \left(\frac{11}{2(13)} \right)^2 \right) = 0.206$이다.

- 이 값들은 함께 추가되고, 그 결과는 $M = 0.205 + 0.206 = 0.41$이다.

알고리즘은 그림 6-12의 두 단계 반복된 애플리케이션으로 구성된다.

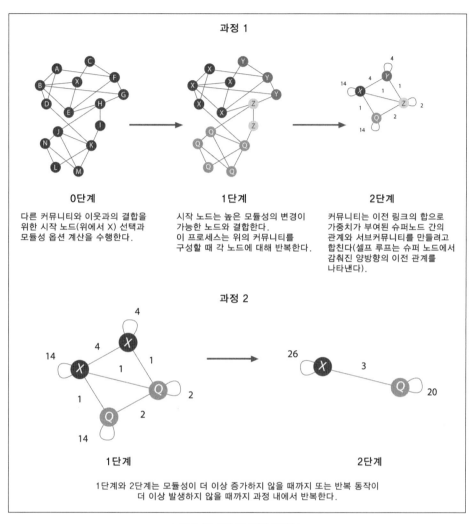

그림 6-12. 루뱅 알고리즘 프로세스

루뱅 알고리즘의 단계는 다음과 같다.

1. 모듈성의 로컬 최적화를 선호하는 커뮤니티에 노드의 '그리디greedy(욕심쟁이/탐욕)' 할당을 수행한다.

2. 첫 번째 단계에서 발견된 커뮤니티를 기반으로 더 거친coarse-grained 네트워

크를 정의한다. 이 거친 네트워크는 알고리즘의 다음 반복 동작에서 사용된다.

이 두 단계는 더 이상 모듈성 증가 커뮤니티의 재할당이 불가능할 때까지 반복된다.

첫 번째 최적화 단계의 일부 과정에서 그룹의 모듈성을 평가한다. 루뱅은 이를 위해 다음 공식을 사용한다.

$$Q = \frac{1}{2m} \sum_{u,v} \left[A_{uv} - \frac{k_u k_v}{2m} \right] \delta(c_u, c_v)$$

각 항목은 다음과 같다.

- u와 v는 노드다.
- m은 전체 그래프에 대한 총 관계 가중치다($2m$는 모듈성 공식의 일반적인 정규화 값이다).
- $A_{uv} - \frac{k_u k_v}{2m}$는 네트워크에서 해당 노드의 랜덤 할당(평균으로 향하는 경향을 가짐) 예상 결과와 비교한 u와 v 사이 관계의 강도다.
  - A_{uv}는 u와 v 사이의 관계 가중치다.
  - k_u는 u에 대한 관계 가중치 합계다.
  - k_v는 v에 대한 관계 가중치 합계다.
- $\delta(c_u, c_v)$는 u와 v가 같은 커뮤니티에 할당되면 1이고 그렇지 않으면 0이다.

첫 번째 단계의 또 다른 일부 과정에서는 노드가 또 다른 그룹으로 이동된 경우에 모듈성 변경을 평가한다. 루뱅은 이 공식의 더 복잡한 변형을 사용한 다음에 최상의 그룹 할당을 결정한다.

210

루뱅을 사용해야 할 때

루뱅 모듈성을 사용해 방대한 네트워크에서 커뮤니티를 찾는다. 이 알고리즘은 계산 비용이 많이 드는 정확한 모듈성 찾기와 달리 휴리스틱한 방법을 사용한다. 따라서 루뱅Louvain은 표준 모듈성 알고리즘이 어려움을 겪을 수 있는 큰 그래프에서 사용할 수 있다.

또한 루뱅은 복잡한 네트워크의 구조를 평가하는 데 매우 유용하며 특히 범죄 조직에서 찾을 수 있는 여러 수준의 계층 구조를 발견한다. 알고리즘은 다양한 단위로 확대할 수 있고 서브커뮤니티 내에서 더 작은 서브커뮤니티를 탐색할 수 있다.

사용 사례는 다음과 같다.

- 사이버 공격 탐지에서 사용한다. 루뱅 알고리즘은 샨바그S. V. Shanbhaq(https://bit.ly/2FAxalS)의 2016년 연구에서 사이버 보안 애플리케이션을 위한 대규모 사이버 네트워크의 신속한 커뮤니티 검출에 사용됐다. 이렇게 감지된 커뮤니티 정보는 사이버 공격을 감지할 때 사용할 수 있다.

- 주제 모델링topic modeling 프로세스의 일부로 문서 내 용어의 동시 발생 정보를 기반으로 트위터와 유튜브 같은 온라인 소셜 플랫폼에서 주제를 추출한다. 이 접근 방식은 키도G. S. Kido, 이가와R. A. Igawa, 바본S. Barbon 쥬니어Jr.의 「온라인 소셜 네트워크에서 루뱅 방법을 기반으로 한 주제 모델링(Topic Modeling Based on Louvain Method in Online Social Networks)」(https://dl.acm.org/doi/abs/10.5555/3021955.3022015) 논문에 설명돼 있다.

- 메오니에D. Meunier의 「인간 두뇌 기능 네트워크의 계층적 모듈성(Hierarchical Modularity in Human Brain Functional Networks)」(https://bit.ly/2HFHXxu)에 설명된 대로 뇌의 기능적 네트워크 내에서 계층적 커뮤니티 구조를 찾을 때 사용한다.

루뱅을 포함한 모듈성 최적화 알고리즘에는 두 가지 문제가 있다. 첫째, 알고리즘은 대규모 네트워크 내에서 소규모 커뮤니티를 간과 할 수 있다. 이 문제를 중간 통합 검토 단계에서 해결할 수 있다. 둘째, 커뮤니티가 겹치는 큰 그래프에서 모듈성 최적화 프로 그램이 전역 최댓값을 올바르게 결정하지 못할 수 있다. 후자의 경우 전체 추정을 위한 가이드로 모듈성 알고리즘을 사용할 수 있지만 완벽한 정확도를 가질 순 없다.

루뱅(Neo4j 사용)

루뱅 알고리즘이 어떻게 작동하는지 살펴본다. 그래프에서 알고리즘을 실행할 때 다음 질의를 실행할 수 있다.

```
CALL algo.louvain.stream("Library", "DEPENDS_ON")
YIELD nodeId, communities
RETURN algo.getNodeById(nodeId).id AS libraries, communities
```

이 알고리즘에 전달되는 매개변수는 다음과 같다.

Library

그래프에서 불러올 노드 레이블이다.

DEPENDS_ON

그래프에서 불러올 관계 유형이다.

결과는 다음과 같다.

libraries	communities
pytz	[0, 0]
pyspark	[1, 1]
matplotlib	[2, 0]
spacy	[2, 0]

(이어짐)

libraries	communities
py4j	[1, 1]
jupyter	[3, 2]
jpy-console	[3, 2]
nbconvert	[4, 2]
ipykernel	[3, 2]
jpy-client	[4, 2]
jpy-core	[4, 2]
six	[2, 0]
pandas	[0, 0]
numpy	[2, 0]
python-dateutil	[2, 0]

열 communities는 노드가 두 레벨에 속한 커뮤니티를 설명한다. 배열의 마지막 값은 최종 커뮤니티고 다른 값은 중간 커뮤니티다.

중간 및 최종 커뮤니티에 할당된 번호는 측정 불가능한 단순한 레이블이다. '레이블이 0인 커뮤니티에 속함', '레이블이 4로 지정된 커뮤니티' 등과 같이 어떤 커뮤니티 노드가 속하는지 나타내는 레이블이다.

예를 들어 matplotlib의 결과는 [2,0]이다. 즉, matplotlib의 최종 커뮤니티는 0으로 표시되고 중간 커뮤니티는 2로 표시된다.

이 커뮤니티를 알고리즘의 쓰기 버전을 사용해 저장한 다음 나중에 질의하면 어떻게 작동하는지 더 쉽게 알 수 있다. 다음 질의는 루뱅 알고리즘을 사용하고 각 노드의 커뮤니티에 결과를 저장한다.

```
CALL algo.louvain("Library", "DEPENDS_ON")
```

또한 알고리즘의 스트리밍 버전을 사용해 결과 커뮤니티를 저장한 다음 SET 섹션을 호출해 결과를 저장할 수 있다. 다음 질의는 사용자가 어떻게 해야 할지를 보여준다.

```
CALL algo.louvain.stream("Library", "DEPENDS_ON")
YIELD nodeId, communities
WITH algo.getNodeById(nodeId) AS node, communities
SET node.communities = communities
```

이러한 질의 중 하나를 실행하고 나서 다음의 질의를 사용해 최종 클러스터를 찾을 수 있다.

```
MATCH (l:Library)
RETURN l.communities[-1] AS community, collect(l.id) AS libraries
ORDER BY size(libraries) DESC
```

`l.communities[-1]`은 프로퍼티가 저장된 기본 배열에서 마지막 항목을 반환한다.

질의를 실행하면 다음과 같은 결과를 얻는다.

community	libraries
0	[pytz, matplotlib, spacy, six, pandas, numpy, python−dateutil]
2	[jupyter, jpy−console, nbconvert, ipykernel, jpy−client, jpy−core]
1	[pyspark, py4j]

이 결집clustering[1]은 연결 요소 알고리즘에서 본 것과 동일하다.

matplotlib은 pytz, spacy, six, pandas, numpy, pythondateutil의 커뮤니티에 있다.

---

1. clustering coefficient는 결집 계수라는 용어로 주로 사용되기 때문에 해당 단어로 번역했지만, cluster를 결집으로만 번역해 제공하기에는 독자의 이해에 영향을 미칠 수 있을 것으로 예상됐다. 따라서 clustering은 '결집'으로 cluster는 '클러스터'로 번역했다. - 옮긴이

그림 6-13에서 더 명확하게 볼 수 있다.

루뱅 알고리즘의 또 다른 특징은 중간 클러스터도 볼 수 있다는 점이다. 이는 최종 레이어보다 더 세분화된 클러스터를 보여준다.

```
MATCH (l:Library)
RETURN l.communities[0] AS community, collect(l.id) AS libraries
ORDER BY size(libraries) DESC
```

질의를 실행하면 다음과 같은 결과를 얻는다.

community	libraries
2	[matplotlib, spacy, six, python-dateutil]
4	[nbconvert, jpy-client, jpy-core]
3	[jupyter, jpy-console, ipykernel]
1	[pyspark, py4j]
0	[pytz, pandas]
5	[numpy]

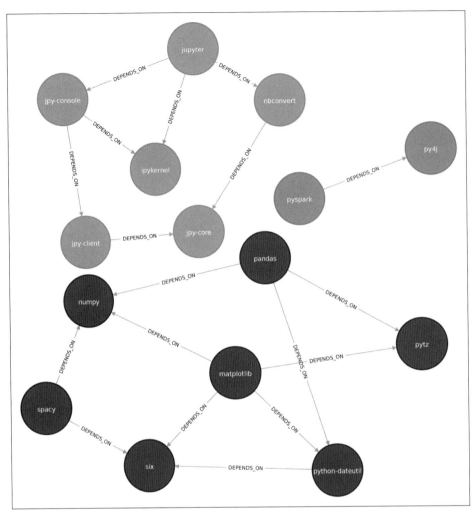

그림 6-13. 루뱅 알고리즘이 찾은 클러스터

matplotlib 커뮤니티의 라이브러리는 이제 세 개의 작은 커뮤니티로 나뉜다.

- matplotlib, spacy, six, python-dateutil

- pytz, pandas

- numpy

이 분석은 그림 6-14에서 시각적으로 볼 수 있다.

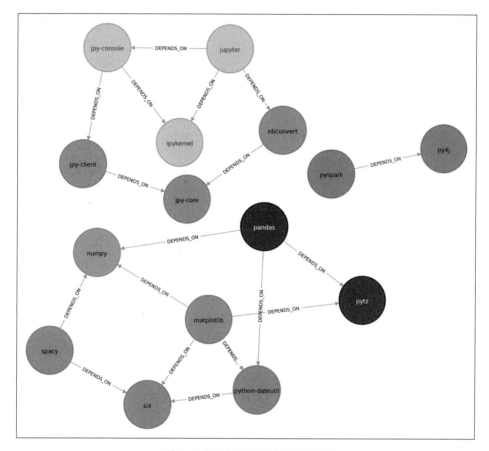

그림 6-14. 루뱅 알고리즘이 찾은 중간 클러스터

이 그래프는 계층에서 두 레이어만 보여줬지만 더 큰 그래프에서 이 알고리즘을
실행하면 더 복잡한 계층 구조를 볼 수 있다. 루뱅이 나타낸 중간 클러스터는 다른
커뮤니티 검출 알고리즘으로 감지할 수 없는 세분화된 커뮤니티를 감지할 때 매우
유용하다.

커뮤니티 검증

일반적으로 커뮤니티 검출 알고리즘은 그룹 식별이라는 동일한 목표를 가진다. 그러나 다른 알고리즘은 다른 가정으로 시작하기 때문에 또 다른 커뮤니티를 발견할 수 있다. 따라서 특정 문제에 적합한 알고리즘을 선택하는 것이 더 어렵고 약간의 탐색 과정이 필요하다.

대부분의 커뮤니티 검출 알고리즘은 주변에 비해 그룹 내 관계 밀도가 높을 때 합리적으로 잘 수행되지만 실제 네트워크에서는 종종 구별이 덜 된다. 알려진 커뮤니티의 데이터를 기반으로 한 벤치마크와 결과를 비교해 찾은 커뮤니티의 정확도를 검증할 수 있다.

가장 잘 알려진 벤치마크 중 두 가지는 GN[Girvan-Newman]과 LFR[Lancichinetti-Fortunato-Radicchi] 알고리즘이다. 이러한 알고리즘이 생성하는 참조 네트워크는 매우 다르다. GN은 더 동질적인 랜덤 네트워크를 생성하는 반면 LFR은 멱법칙에 따라 노드 차수와 커뮤니티 크기가 적용된 이종 그래프를 생성한다.

테스트의 정확도는 사용된 벤치마크에 따라 달라지므로 벤치마크를 데이터 세트와 일치시키는 것이 중요하다. 가능한 유사한 밀도, 관계 분포, 커뮤니티 정의 및 관련 도메인을 찾아야 한다.

요약

커뮤니티 검출 알고리즘은 노드가 그래프로 그룹화되는 방식을 이해하는 데 유용하다.

6장에서는 먼저 트라이앵글 수와 결집 계수 알고리즘을 배웠다. 그런 다음 두 개의 결정적 커뮤니티 검출 알고리즘의 강한 연결 요소와 연결 요소를 살펴봤다. 이 알고리즘들은 커뮤니티를 구성하는 데 대한 엄격한 정의를 갖고 있으며 그래프 분석 파이프라인의 초기에 그래프 구조에 대한 정보를 얻을 때 매우 유용하다.

그리고 세분화된 커뮤니티를 더 잘 감지할 수 있는 비결정적 알고리즘인 레이블 전파와 루뱅 두 가지로 마무리했다. 또한 루뱅은 다양한 규모의 커뮤니티 계층 구조를 보여준다.

7장에서는 훨씬 더 큰 데이터 세트를 가져와 연결 데이터에 대한 더 많은 사용 방법을 얻으려는 알고리즘 결합 방법을 배운다.

실전 그래프 알고리즘

그래프 분석 접근 방식은 특정 데이터 세트에 대한 다양한 알고리즘의 동작에 맞춰 진화했다. 7장에서는 옐프^{Yelp}와 미국 교통부^{US Department of Transportation}의 데이터 세트를 사용해 대규모 그래프 데이터 분석 수행 방법의 몇 가지 예를 살펴본다. 그리고 데이터에 대한 일반 개요, 여행 추천을 위한 알고리즘 결합, 컨설팅을 위한 사용자 및 비즈니스 데이터 마이닝을 포함하는 Neo4j의 옐프 데이터 분석을 살펴본다. 스파크를 사용해 미국 항공사 데이터를 조사해 교통 패턴과 지연은 물론 여러 항공사가 공항을 연결하고 활용하는 방식을 이해한다.

경로 찾기 알고리즘은 간단하므로 다음의 예제들에서는 중심성과 커뮤니티 검출 알고리즘을 사용한다.

- PageRank를 사용해 영향력 있는 옐프 리뷰어를 찾은 다음 특정 호텔에 대한 등급을 연결^{correlate}하는 경우

- 여러 그룹에 대한 리뷰어들의 연결을 발견하고 리뷰어들의 참고 자료를 확인하고자 매개 중심성을 사용하는 경우

- 유사 옐프 비즈니스의 슈퍼 카테고리를 만들고자 레이블 전파를 투영하는 경우

- 미국 교통 데이터 세트에서 공항 허브를 빠르게 식별하려고 연결 중심성을 사용하는 경우

- 미국의 공항 노선 클러스터를 살펴보려고 강한 연결 요소를 사용하는 경우

Neo4j를 사용한 옐프 데이터 분석

옐프 앱은 사람들이 리뷰, 참고 자료, 추천을 기반으로 지역 비즈니스를 찾을 수 있게 도와준다. 2018년 말 기준으로 1억 8천만 건 이상의 리뷰가 플랫폼에 작성됐다. 2013년부터 옐프는 사람들이 옐프의 오픈 데이터 세트를 탐색하고 연구하도록 장려하는 대회인 옐프 데이터 세트 챌린지(https://bit.ly/2Txz0rg)를 운영하고 있다.

챌린지 12 라운드(2018년에 실시)부터 공개 데이터 세트에 다음 내용들이 포함됐다.

- 7백만 개 이상의 리뷰와 팁

- 150만 명 이상의 사용자와 28만 장의 사진

- 140만 개의 속성을 가진 188,000개 이상의 기업

- 10개 대도시

출시 이후 데이터 세트는 이 자료를 사용해 작성한 수백 개의 학술 논문(https://bit.ly/2upiaRz)과 함께 인기를 얻었다. 옐프 데이터 세트는 매우 잘 구조화돼 있고 상호 연결성이 높은 실제 데이터를 나타낸다. 그래프 알고리즘을 다운로드하고 탐색 가능한 사례들을 볼 수 있다.

옐프 소셜 네트워크

옐프 사용자는 비즈니스에 대한 리뷰를 작성하고 읽을 뿐만 아니라 소셜 네트워크를 구성한다. 사용자는 Yelp.com을 검색하는 동안에 만난 다른 사용자에게 친구 요청을 보내거나 자신의 주소 책이나 페이스북Facebook 그래프를 연결할 수 있다.

엘프 데이터 세트에는 소셜 네트워크도 포함된다. 그림 7-1은 마크^{Mark}의 엘프 프로필에서 Friends 섹션을 캡처한 화면이다.

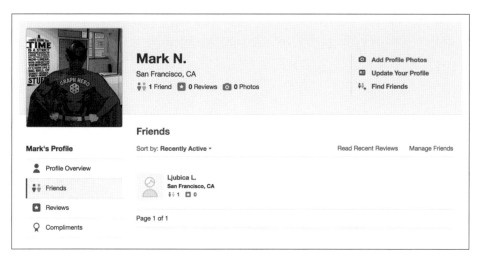

그림 7-1. 마크의 엘프 프로필

마크가 몇 명의 친구를 더 필요로 하는 것과 상관없이 사용자는 작업을 시작할 준비가 됐다. Neo4j에서 엘프 데이터를 분석하는 방법을 설명하고자 여행 정보 비즈니스의 시나리오를 사용한다. 먼저 엘프 데이터를 살펴보고 그다음에 앱으로 사람들이 여행을 계획하는 데 도움이 될 수 있는 방법을 살펴본다. 사용자는 라스베이거스와 같은 주요 도시에서 머물 장소와 할 일에 대한 좋은 추천 내용들을 안내받을 수 있다.

비즈니스 시나리오의 또 다른 부분에는 여행 목적지 비즈니스에 대한 컨설팅을 포함한다. 예를 들어 호텔이 영향력 있는 방문자를 식별한 다음번에 교차 프로모션 프로그램을 하려고 비즈니스 타깃을 식별할 때 도움이 된다.

데이터 불러오기

이전 장들에서 살펴본 LOAD CSV 명령(https://bit.ly/2CCfcgR)과 가져오기 도구(https://

bit.ly/2UTx26g)를 포함해 Neo4j와 Neo4j 드라이버(https://bit.ly/2JDAr7U)로 데이터를 가져오는 방법에는 여러 가지가 있다.

엘프 데이터 세트의 경우 대량의 데이터를 한 번만 가져와야 하므로 가져오기 도구가 최선의 선택이다. 자세한 내용은 'Neo4j 대량 데이터 가져오기 및 엘프' 절을 참고한다.

그래프 모델

엘프 데이터는 그림 7-2와 같이 그래프 모델로 표현된다.

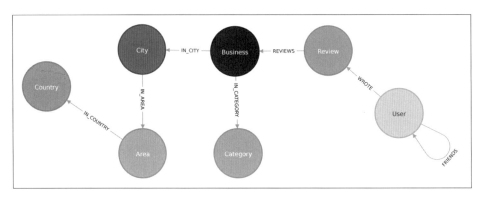

그림 7-2. 엘프 그래프 모델

그래프는 다른 사용자와 FRIENDS 관계가 있는 사용자 레이블 노드를 포함한다. 또한 사용자는 비즈니스의 리뷰와 팁을 작성한다. 별도의 Category 노드로 표시되는 비즈니스 카테고리를 제외하고 모든 메타데이터로 노드의 프로퍼티를 저장한다. 위치 데이터로 City, Area, Country 속성을 추출해 서브그래프에서 사용한다. 다른 사용 예제에서는 동일 날짜 노드에 다른 속성을 추출하거나 리뷰와 동일한 관계로 노드를 축소하는 것이 합리적이다.

엘프 데이터 세트에서 사용자 팁과 사진을 포함하지만 이 예제에서는 사용하지 않았다.

옐프 데이터 개요

Neo4j에 데이터를 가져오고 나면 탐색적 질의를 수행한다. 옐프 데이터를 파악하려고 각 카테고리에 몇 개의 노드가 있는지 또는 어떤 유형의 관계가 있는지 살펴본다. 이전에 Neo4j 예제에서 Cypher 질의를 사용했지만 다른 프로그래밍 언어를 사용할 수도 있다. 파이썬은 데이터 과학자가 자주 사용하는 언어이므로, 파이썬 생태계의 다른 라이브러리를 사용해 결과를 얻고자 하는 경우 이 절의 Neo4j 파이썬 드라이버를 사용한다. 질의 결과만 표시하려면 Cypher를 직접 사용한다.

또한 Neo4j를 인기 있는 pandas 라이브러리와 결합하는 방법을 살펴보자. 이 라이브러리는 데이터베이스 외부에서 데이터를 사용할 때 효과적이다. pandas에서 얻은 결과를 예쁘게 만들려고 테이블 라이브러리를 사용하는 방법과 matplotlib를 사용해 데이터의 시각적 표현을 만드는 방법을 살펴본다.

또한 Neo4j의 APOC 프로시저 라이브러리를 사용해 더욱 강력한 Cypher 질의를 작성할 수 있다. 'APOC와 다른 Neo4j 도구' 절에서 APOC에 대한 자세한 정보를 볼 수 있다.

먼저 파이썬 라이브러리를 설치한다.

```
pip install neo4j-driver tabulate pandas matplotlib
```

완료되면 해당 라이브러리를 가져온다.

```
from neo4j.v1 import GraphDatabase
import pandas as pd
from tabulate import tabulate
```

맥OS에서는 matplotlib 가져오기가 까다로울 수 있지만 트릭으로 다음 코드를 사용하면 된다.

```
import matplotlib
matplotlib.use('TkAgg')
import matplotlib.pyplot as plt
```

또 다른 운영체제에서 실행 중인 경우에는 중간 코드가 필요하지 않을 수 있다. 이제 로컬 Neo4j 데이터베이스를 가리키는 Neo4j 드라이버의 인스턴스를 생성한다.

```
driver = GraphDatabase.driver("bolt://localhost", auth=("neo4j", "neo"))
```

 자체 호스트 및 자격 증명을 사용하려면 드라이버 초기화를 업데이트할 필요가 있다.

시작하면서 노드와 관계에 대한 몇 가지 일반적인 수치 값들을 살펴본다. 다음 코드는 데이터베이스에서 노드 레이블의 카디널리티^{cardinality}를 계산한다(즉, 각 레이블의 노드 수를 계산한다).

```
result = {"label": [], "count": []}
with driver.session() as session:
    labels = [row["label"] for row in session.run("CALL db.labels()")]
    for label in labels:
        query = f"MATCH (:`{label}`) RETURN count(*) as count"
        count = session.run(query).single()["count"]
        result["label"].append(label)
        result["count"].append(count)

df = pd.DataFrame(data=result)
print(tabulate(df.sort_values("count"), headers='keys',
               tablefmt='psql', showindex=False))
```

해당 코드를 실행해 각 레이블에 대해 얼마나 많은 노드가 있는지 확인할 수 있다.

226

label	count
Country	17
Area	54
City	1093
Category	1293
Business	174567
User	1326101
Review	5261669

다음 코드로 카디널리티의 시각적 표현을 만들 수 있다.

```
plt.style.use('fivethirtyeight')
ax = df.plot(kind='bar', x='label', y='count', legend=None)

ax.xaxis.set_label_text("")
plt.yscale("log")
plt.xticks(rotation=45)
plt.tight_layout()
plt.show()
```

이 코드로 만든 차트는 그림 7-3에서 볼 수 있다. 이 차트는 로그 스케일을 사용한다.

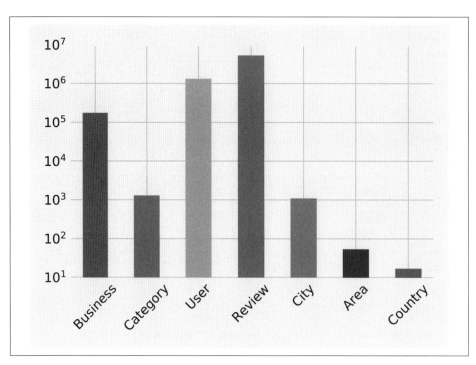

그림 7-3. 각 레이블 카테고리의 노드 수

마찬가지로 관계의 카디널리티를 계산할 수 있다.

```python
result = {"relType": [], "count": []}
with driver.session() as session:
    rel_types = [row["relationshipType"] for row in session.run
                                ("CALL db.relationshipTypes()")]
    for rel_type in rel_types:
        query = f"MATCH ()-[:`{rel_type}`]->() RETURN count(*) as count"
        count = session.run(query).single()["count"]
        result["relType"].append(rel_type)
        result["count"].append(count)

df = pd.DataFrame(data=result)
print(tabulate(df.sort_values("count"), headers='keys',
                            tablefmt='psql', showindex=False))
```

해당 코드를 실행하면 각 관계 유형의 수가 표시된다.

relType	count
IN_COUNTRY	54
IN_AREA	1154
IN_CITY	174566
IN_CATEGORY	667527
WROTE	5261669
REVIEWS	5261669
FRIENDS	10645356

그림 7-4에서 카디널리티 차트를 볼 수 있다. 노드 카디널리티 차트와 마찬가지로 이 차트는 로그 스케일을 사용한다.

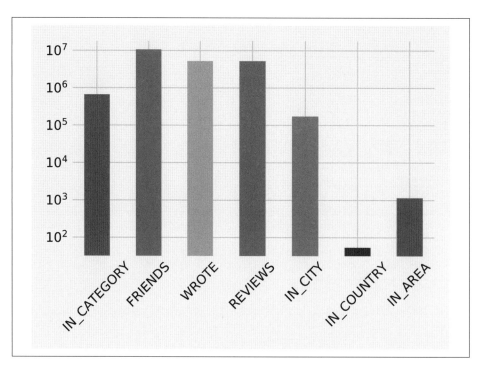

그림 7-4. 관계 타입별 관계 수

이 질의로 놀라운 결과를 얻진 않지만 데이터에 있는 내용을 파악하는 데 유용하다. 질의를 사용해 데이터를 올바르게 가져왔는지 빠르게 확인하는 역할도 한다.

옐프에 호텔 리뷰가 많다고 가정할 수 있지만 해당 사항에 집중하기 전에 미리 확인해보는 것이 좋다. 다음 질의를 사용해 해당 데이터에서 호텔 비즈니스 개수와 리뷰 개수를 확인할 수 있다.

```
MATCH (category:Category {name: "Hotels"})
RETURN size((category)<-[:IN_CATEGORY]-()) AS businesses,
       size((:Review)-[:REVIEWS]->(:Business)-[:IN_CATEGORY]->
                                    (category)) AS reviews
```

결과는 다음과 같다.

businesses	reviews
2683	183759

사용자가 사용할 만한 비즈니스들이 많고 리뷰도 많다. 다음 절에서는 비즈니스 시나리오를 사용해 데이터를 더 자세히 살펴본다.

여행 계획 애플리케이션

앱에 호감을 가짐을 나타내는 추천을 얻으려고 인기 있는 예약 선택에서 가장 등급이 높은 호텔을 휴리스틱하게 찾는 것부터 시작한다. 실제 경험치를 이해하려고 얼마나 잘 평가됐는지 추가할 수 있다. 가장 많이 리뷰된 10개의 호텔로 등급 분포를 나타내는 데 다음 코드를 사용한다.

```
# 리뷰가 가장 많은 호텔 10개 찾기
query = """
MATCH (review:Review)-[:REVIEWS]->(business:Business),
        (business)-[:IN_CATEGORY]->(category:Category {name: $category}),
        (business)-[:IN_CITY]->(:City {name: $city})
RETURN business.name AS business, collect(review.stars) AS allReviews
ORDER BY size(allReviews) DESC
LIMIT 10
"""

fig = plt.figure()
fig.set_size_inches(10.5, 14.5)
fig.subplots_adjust(hspace=0.4, wspace=0.4)

with driver.session() as session:
    params = { "city": "Las Vegas", "category": "Hotels"}
    result = session.run(query, params)
    for index, row in enumerate(result):
        business = row["business"]
```

```
        stars = pd.Series(row["allReviews"])

        total = stars.count()
        average_stars = stars.mean().round(2)

        # 별 분포 계산
        stars_histogram = stars.value_counts().sort_index()
        stars_histogram /= float(stars_histogram.sum())

        # 별 등급 분포를 보여주는 막대 차트를 플로팅한다.
        ax = fig.add_subplot(5, 2, index+1)
        stars_histogram.plot(kind="bar", legend=None, color="darkblue",
                             title=f"{business}\nAve:
                                   {average_stars}, Total: {total}")

plt.tight_layout()
plt.show()
```

라스베이거스 호텔에 초점을 맞추려고 도시와 카테고리에 제한을 뒀다. 이 코드를 실행하면 그림 7-5의 차트가 표시된다. x축은 호텔의 별표 평점을 나타내고 y축은 각 평점의 전체 비율을 나타낸다.

이 호텔은 사람들이 이미 읽은 것보다 더 많은 리뷰를 갖고 있다. 사용자에게 관련 리뷰를 표시하고 앱에서 더 눈에 띄게 만드는 것이 좋다. 이번 분석의 주제는 기본 그래프 탐색에서 그래프 알고리즘 사용으로 이동한다.

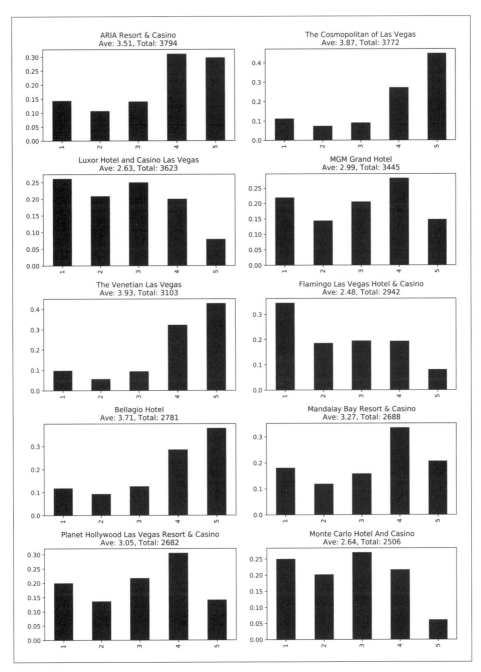

그림 7-5. x축의 별 개수와 y축의 전체 평점 비율로 가장 많이 리뷰된 10개의 호텔을 표시

영향력 있는 호텔 리뷰어 찾기

리뷰가 게시할 수 있는지를 결정할 수 있는 한 가지 방법은 옐프에서 리뷰어의 영향력에 맞춰 리뷰를 사용하는 것이다. 3개 이상의 호텔을 검토한 모든 사용자의 예상 그래프에 PageRank 알고리즘을 실행한다. 이전 장에서 투영은 관계 데이터를 추가할 뿐만 아니라 (때로는 추론되는) 중요한 정보를 필터링하는 데 도움이 될 수 있음을 기억해야 한다. 옐프의 친구 그래프('옐프 소셜 네트워크' 절에서 소개했다)를 사용자 간 관계로 사용한다. PageRank 알고리즘을 사용해 직접 친구가 아니더라도 더 많은 사용자를 더 많이 지배하는 리뷰어를 찾아낼 수 있다.

두 사람이 옐프 친구라면 두 사람 간에는 두 개의 FRIENDS 관계가 있다. 예를 들어 A와 B가 친구인 경우 A에서 B로, B에서 A로 또 다른 친구 관계를 가진다.

3개 이상의 리뷰가 있는 사용자의 서브그래프를 투영한 다음 투영된 서브그래프에 대해 PageRank 알고리즘을 실행하는 질의를 만들어야 한다.

작은 예제를 통해 서브그래프 투영이 어떻게 작동하는지 쉽게 이해할 수 있다. 그림 7-6은 마크Mark, 아리아Arya, 프라빈나Praveena라는 세 친구의 그래프를 보여준다. 마크와 프라빈나는 모두 3개의 호텔을 검토했고 예상 그래프의 일부로 사용된다. 반면 아리아는 호텔 하나만 검토했기 때문에 예상 그래프에서 제외한다.

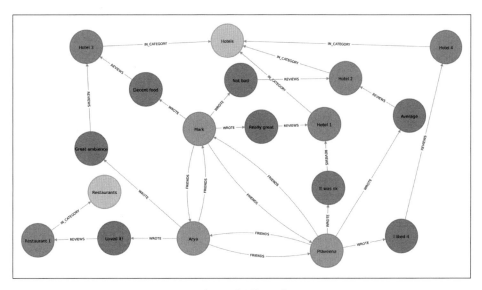

그림 7-6. 샘플 옐프 그래프

사용자의 예상 그래프에는 그림 7-7과 같이 마크와 프라빈나만 포함된다.

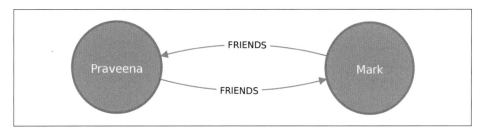

그림 7-7. 샘플 투영 그래프

이제 그래프 투영이 어떻게 작동하는지 살펴봤으니 다음 내용을 살펴보자. 다음 질의를 사용해 예상 그래프에 대해 PageRank 알고리즘을 실행하고 그 결과를 각 노드의 hotelPageRank에 저장한다.

```
CALL algo.pageRank(
    'MATCH (u:User)-[:WROTE]->()-[:REVIEWS]->()-[:IN_CATEGORY]->
                    (:Category {name: $category})
```

```
    WITH u, count(*) AS reviews
    WHERE reviews >= $cutOff
    RETURN id(u) AS id',
    'MATCH (u1:User)-[:WROTE]->()-[:REVIEWS]->()-[:IN_CATEGORY]->
                                    (:Category {name: $category})
    MATCH (u1)-[:FRIENDS]->(u2)
    RETURN id(u1) AS source, id(u2) AS target',
    {graph: "cypher", write: true, writeProperty: "hotelPageRank",
    params: {category: "Hotels", cutOff: 3}}
 )
```

5장에서 다룬 댐핑 팩터 또는 최대 반복 동작 제한을 설정하지 않았음을 눈치챌 수 있다. 명시적으로 설정하지 않은 경우 Neo4j는 기본적으로 최대 반복 동작 20의 0.85 댐핑 팩터를 사용해 설정한다.

이제 데이터를 필터링하는 방법을 알고자 PageRank 값의 분포를 살펴본다.

```
MATCH (u:User)
WHERE exists(u.hotelPageRank)
RETURN count(u.hotelPageRank) AS count,
       avg(u.hotelPageRank) AS ave,
       percentileDisc(u.hotelPageRank, 0.5) AS `50%`,
       percentileDisc(u.hotelPageRank, 0.75) AS `75%`,
       percentileDisc(u.hotelPageRank, 0.90) AS `90%`,
       percentileDisc(u.hotelPageRank, 0.95) AS `95%`,
       percentileDisc(u.hotelPageRank, 0.99) AS `99%`,
       percentileDisc(u.hotelPageRank, 0.999) AS `99.9%`,
       percentileDisc(u.hotelPageRank, 0.9999) AS `99.99%`,
       percentileDisc(u.hotelPageRank, 0.99999) AS `99.999%`,
       percentileDisc(u.hotelPageRank, 1) AS `100%`
```

위의 질의를 수행했을 때 다음과 같은 결과를 얻을 수 있다.

236

count	ave	50%	75%	90%	95% ·	99%	99.9%	99.99%	99.999%	100%
1326101	0.1614898	0.15	0.15	0.157497	0.181875	0.330081	1.649511	6.825738	15.27376	22.98046

이 백분위 수를 가진 표의 내용을 해석해보자. 90%의 값 0.157497은 사용자의 90%가 낮은 PageRank 점수를 가짐을 의미한다. 99.99%는 상위 0.01% 리뷰어의 영향력 순위를 반영하고 100%는 가장 높은 PageRank 점수를 의미한다.

사용자의 90%가 전체 평균에 가까운 0.16 미만의 점수를 받았으며 PageRank 알고리즘에 의해 초기화된 0.15보다 약간 더 높은 점수를 받았다. 이 데이터는 매우 영향력 있는 리뷰어 몇 명의 의견과 함께 멱법칙 분포를 반영한다.

가장 영향력 있는 사용자만 찾고 싶기 때문에 상위 0.1%의 사용자에서 PageRank 점수를 받은 사용자를 찾는 질의를 만들어본다. 다음 질의는 PageRank 점수가 1.64951보다 높은 리뷰어를 찾는다(99.9% 그룹임을 알 수 있음).

```
// 사용자 중 상위 0.1 %에서 hotelPageRank 점수를 받은 사용자만 찾기.
MATCH (u:User)
WHERE u.hotelPageRank > 1.64951

// 해당 사용자 중 상위 10명 찾기
WITH u ORDER BY u.hotelPageRank DESC
LIMIT 10

RETURN u.name AS name,
       u.hotelPageRank AS pageRank,
       size((u)-[:WROTE]->()-[:REVIEWS]->()-[:IN_CATEGORY]->
           (:Category {name: "Hotels"})) AS hotelReviews,
       size((u)-[:WROTE]->()) AS totalReviews,
       size((u)-[:FRIENDS]-()) AS friends
```

질의를 실행하면 다음과 같은 결과를 얻을 수 있다.

name	pageRank	hotelReviews	totalReviews	friends
Phil	17.361242	15	134	8154
Philip	16.871013	21	620	9634
Carol	12.416060999999997	6	119	6218
Misti	12.239516000000004	19	730	6230
Joseph	12.003887499999998	5	32	6572
Michael	11.460049	13	51	6498
Abby	11.431505999999997	103	1322	1322
J	11.376136999999998	9	82	7922
Erica	10.993773	6	15	7071
Randy	10.748785999999999	21	125	7846

이 결과로 필^{Phil}이 많은 호텔을 리뷰하지는 않았지만 가장 신뢰할 수 있는 리뷰어라는 것을 보여준다. 필은 매우 영향력 있는 사람들과 연결될 가능성이 높지만 새로운 리뷰를 받고 싶다면 필의 프로필이 최고의 선택은 아니다. 필립은 점수가 약간 낮지만 친구가 가장 많고 필보다 5배 더 많은 리뷰를 작성했다. J가 가장 많은 리뷰를 작성하고 합리적인 수의 친구들을 갖고 있지만 J의 PageRank 점수는 가장 높지 않다. 그렇지만 여전히 상위 10위에 있다. 앱은 필^{Phil}, 필립^{Philip}, J의 호텔 리뷰를 강조 표시한다. 영향력 있는 사람과 리뷰 수의 적절한 조합을 제공한다.

관련 리뷰를 통해 인앱 추천을 개선했으므로 이제 비즈니스의 다른 내용인 컨설팅 쪽으로 넘어간다.

여행 비즈니스 컨설팅

컨설팅 서비스의 일환으로 호텔은 영향력 있는 방문자가 숙박에 대해 글을 쓸 때 알림을 받도록 구독을 위한 필요 조치를 제공할 수 있다. 첫 번째 작업으로 가장 영향력 있는 리뷰어별로 분류한 벨라지오Bellagio의 등급을 살펴보자.

```
query = """\
MATCH (b:Business {name: $hotel})
MATCH (b)<-[:REVIEWS]-(review)<-[:WROTE]-(user)
WHERE exists(user.hotelPageRank)
RETURN user.name AS name,
       user.hotelPageRank AS pageRank,
       review.stars AS stars
"""
with driver.session() as session:
    params = { "hotel": "Bellagio Hotel" }
    df = pd.DataFrame([dict(record) for record in session.run(query, params)])
    df = df.round(2)
    df = df[["name", "pageRank", "stars"]]

top_reviews = df.sort_values(by=["pageRank"], ascending=False).head(10)
print(tabulate(top_reviews, headers='keys', tablefmt='psql', showindex=False))
```

해당 코드를 실행하면 다음과 같은 출력을 볼 수 있다.

name	pageRank	stars
Misti	12.239516000000004	5
Michael	11.460049	4
J	11.431505999999997	5
Erica	10.993773	4
Christine	10.740770499999998	4

(이어짐)

name	pageRank	stars
Jeremy	9.576763499999998	5
Connie	9.118103499999998	5
Joyce	7.621449000000001	4
Henry	7.299146	5
Flora	6.7570075	4

이 결과는 최고 호텔 리뷰어의 이전 표 내용과 다르다. 여기에서는 벨라지오[Bellagio]를 평가한 리뷰어들만 살펴보고 있기 때문이다.

벨라지오의 호텔 고객 서비스 팀에게는 좋은 상황이다. 상위 10명의 영향력 있는 사람은 모두 호텔에 좋은 순위를 줬다. 고객 서비스 팀은 이 사람들이 다시 방문하고 그 경험을 다른 사람에게 공유하도록 격려하고 싶을 것이다.

혹시 이런 좋은 경험을 하지 못했지만 영향력은 가진 게스트들이 또 있을까? 다음 코드를 실행해 PageRank는 가장 높고 별점이 4개 미만인 게스트들을 찾을 수 있다.

```
query = """\
MATCH (b:Business {name: $hotel})
MATCH (b)<-[:REVIEWS]-(review)<-[:WROTE]-(user)
WHERE exists(user.hotelPageRank) AND review.stars < $goodRating
RETURN user.name AS name,
       user.hotelPageRank AS pageRank,
       review.stars AS stars
"""

with driver.session() as session:
    params = { "hotel": "Bellagio Hotel", "goodRating": 4 }
    df = pd.DataFrame([dict(record) for record in session.run(query, params)])
    df = df.round(2)
```

```
        df = df[["name", "pageRank", "stars"]]

top_reviews = df.sort_values(by=["pageRank"], ascending=False).head(10)
print(tabulate(top_reviews, headers='keys', tablefmt='psql', showindex=False))
```

해당 코드를 실행하면 다음과 같은 결과를 얻는다.

name	pageRank	stars
Chris	5.84	3
Lorrie	4.95	2
Dani	3.47	1
Victor	3.35	3
Francine	2.93	3
Rex	2.79	2
Jon	2.55	3
Rachel	2.47	3
Leslie	2.46	2
Benay	2.46	3

벨라지오에 더 낮은 등급을 부여한 가장 높은 순위의 사용자인 크리스[Chris]와 로리[Lorrie]는 (이전 질의 결과에 따름) 가장 영향력 있는 1,000명의 사용자 중 하나이므로 개별 평가 의견은 보장된다. 또한 많은 리뷰어가 머무는 동안 글을 쓰기 때문에 호텔은 영향력 있는 사람에 대한 실시간 알림으로 훨씬 더 긍정적인 상호작용을 촉진할 수 있다.

벨라지오 교차 프로모션

영향력 있는 리뷰어를 찾고 나서 벨라지오는 이제 잘 연결된 고객 도움을 받아 교차 프로모션을 위한 다른 비즈니스 식별 도움을 요청했다. 사용자 시나리오에서 그린 필드greenfield 기회를 사용해 다른 커뮤니티 유형에서 새로운 고객을 유치하고 고객 기반을 늘리는 것이 좋다. 이전에 다룬 매개 중심성 알고리즘을 사용해 벨라지오 리뷰어가 전체 옐프 네트워크에서 잘 연결될 뿐만 아니라 서로 다른 그룹 간의 다리 역할을 할 수 있는지 알아낼 수 있다.

사용자는 우선 라스베이거스Las Vegas에서 영향력 있는 사람을 찾는 데에만 관심이 있으므로 먼저 해당 사용자 태그를 지정한다.

```
MATCH (u:User)
WHERE exists((u)-[:WROTE]->()-[:REVIEWS]->()-[:IN_CITY]->
                          (:City {name: "Las Vegas"}))
SET u:LasVegas
```

라스베이거스 사용자를 대상으로 매개 중심성 알고리즘을 실행하려면 시간이 오래 걸리므로 대신 RA-브랜드Brandes 변형을 사용한다. 이 알고리즘은 노드를 샘플링하고 최단 경로를 특정 깊이까지만 탐색해 사이의 점수를 계산한다.

몇 번의 실험 후 사용자는 기본값과 다르게 설정한 몇 가지 매개변수를 사용해 결과를 개선했다. 최대 4홉(4 maxDepth)의 최단 경로를 사용하고 노드의 20%(0.2 확률)를 샘플링한다. 홉과 노드의 수를 늘리면 일반적으로 정확도가 높아지지만 결과를 계산하는 데 더 많은 시간이 소요된다. 특정 문제에 대해 최적의 매개변수를 얻으려면 일반적으로 감소 지점을 식별할 수 있는 테스트가 필요하다.

다음 질의로 알고리즘을 실행하고 결과를 between 프로퍼티에 저장한다.

```
CALL algo.betweenness.sampled('LasVegas', 'FRIENDS',
 {write: true, writeProperty: "between", maxDepth: 4, probability: 0.2} )
```

질의에서 이 점수 값을 사용하기 전에 점수가 어떻게 분포돼 있는지 알아보려고 빠른 탐색 질의를 다음과 같이 만든다.

```
MATCH (u:User)
WHERE exists(u.between)
RETURN count(u.between) AS count,
       avg(u.between) AS ave,
       toInteger(percentileDisc(u.between, 0.5)) AS `50%`,
       toInteger(percentileDisc(u.between, 0.75)) AS `75%`,
       toInteger(percentileDisc(u.between, 0.90)) AS `90%`,
       toInteger(percentileDisc(u.between, 0.95)) AS `95%`,
       toInteger(percentileDisc(u.between, 0.99)) AS `99%`,
       toInteger(percentileDisc(u.between, 0.999)) AS `99.9%`,
       toInteger(percentileDisc(u.between, 0.9999)) AS `99.99%`,
       toInteger(percentileDisc(u.between, 0.99999)) AS `99.999%`,
       toInteger(percentileDisc(u.between, 1)) AS p100
```

질의를 실행하면 다음과 같은 출력을 얻는다.

count	ave	50%	75%	90%	95%	99%	99.9%	99.99%	99.999%	100%
506028	320538.6014	0	10005	318944	1001655	4436409	34854988	214080923	621434012	1998032952

사용자의 절반이 0점을 받았고 이는 연결 상태가 전혀 좋지 않음을 의미한다. 상위 1개 백분위 수(99 % 열)는 500,000명의 사용자 집합에서 최소 4백만 개의 최단 경로를 가진다. 종합하면 대부분의 사용자가 연결 상태가 좋지 않지만 일부 사용자는 정보에 대해 많은 제어권을 행사했음을 의미한다. 이는 작은 세상small world 네트워크의 고전적 행동이다.

다음 질의를 실행해 슈퍼커넥터super-connector가 누구인지 확인할 수 있다.

```
MATCH(u:User)-[:WROTE]->()-[:REVIEWS]->(:Business {name:"Bellagio Hotel"})
WHERE exists(u.between)
RETURN u.name AS user,
```

```
        toInteger(u.between) AS betweenness,
        u.hotelPageRank AS pageRank,
        size((u)-[:WROTE]->()-[:REVIEWS]->()-[:IN_CATEGORY]->
                              (:Category {name: "Hotels"}))
        AS hotelReviews
ORDER BY u.between DESC
LIMIT 10
```

결과는 다음과 같다.

user	betweenness	pageRank	hotelReviews
Misti	841707563	12.239516000000004	19
Christine	236269693	10.740770499999998	16
Erica	235806844	10.993773	6
Mike	215534452	NULL	2
J	192155233	11.431505999999997	103
Michael	161335816	5.105143	31
Jeremy	160312436	9.576763499999998	6
Michael	139960910	11.460049	13
Chris	136697785	5.838922499999999	5
Connie	133372418	9.118103499999998	7

이전에 PageRank 질의에서 본 것과 동일한 사람들이 여기에도 있다. 하지만 마이크[Mike]는 흥미로운 예외 인물이다. 마크는 괜찮은 호텔들을 모두 검토하지 않았기 때문에(3개가 컷오프 수준이었음) 계산에서 제외됐지만 라스베이거스 옐프 사용자의 세계에서는 잘 연결돼 있다.

더욱 다양한 고객에게 다가가려고 다른 참고 자료의 '커넥터[connector]' 디스플레이를

244

살펴보고 무엇을 홍보해야 하는지 살펴본다. 이러한 사용자 중 상당수는 여러 음식점을 리뷰했기 때문에 다음 질의로 가장 좋아하는 음식점을 찾는다.

```
// 벨라지오를 검토한 상위 50명의 사용자 찾기
MATCH (u:User)-[:WROTE]->()-[:REVIEWS]->(:Business {name:"Bellagio Hotel"})
WHERE u.between > 4436409
WITH u ORDER BY u.between DESC LIMIT 50

// 사용자가 라스베이거스에서 리뷰한 레스토랑 찾기
MATCH (u)-[:WROTE]->(review)-[:REVIEWS]-(business)
WHERE (business)-[:IN_CATEGORY]->(:Category {name: "Restaurants"})
AND (business)-[:IN_CITY]->(:City {name: "Las Vegas"})

// 사용자의 리뷰가 3개 이상인 음식점만 포함
WITH business, avg(review.stars) AS averageReview, count(*) AS numberOfReviews
WHERE numberOfReviews >= 3

RETURN business.name AS business, averageReview, numberOfReviews
ORDER BY averageReview DESC, numberOfReviews DESC
LIMIT 10
```

이 질의는 영향력 있는 상위 50개 커넥터를 찾고 그중 3개 이상의 레스토랑 평가를 받은 상위 10개 라스베이거스 레스토랑을 찾는다. 질의를 실행하면 다음과 같은 결과를 얻는다.

business	averageReview	numberOfReviews
Jean Georges Steakhouse	5.0	6
Sushi House Goyemon	5.0	6
Art of Flavors	5.0	4
é by Jose Andres	5.0	4
Parma By Chef Marc	5.0	4
Yonaka Modern Japanese	5.0	4

(이어짐)

business	averageReview	numberOfReviews
Kabuto	5.0	4
Harvest by Roy Ellamar	5.0	3
Portofino by Chef Michael LaPlaca	5.0	3
Montesano's Eateria	5.0	3

이제 벨라지오가 이러한 레스토랑과 공동 프로모션을 진행해 일반적으로 도달할 수 없는 그룹의 새로운 고객을 유치해야 함을 알 수 있다. 벨라지오를 잘 평가하는 슈퍼커넥터는 새로운 유형의 타깃 방문자의 시선을 사로잡을 수 있는 레스토랑을 추천할 수 있다.

이제 벨라지오가 새로운 그룹에 속하게 됐으므로 커뮤니티를 사용해 앱을 더욱 개선 할 방법을 살펴본다.

유사 카테고리 찾기

최종 사용자가 앱을 사용해 호텔을 찾는 동안, 관심을 가질만한 다른 비즈니스를 살펴보자. 옐프 데이터 세트에는 1,000개 이상의 카테고리가 포함돼 있고 이러한 카테고리 중 일부는 서로 유사하다. 이 유사성을 사용해 사용자가 흥미로울 새로운 비즈니스에 대한 인앱 추천을 만들 것이다.

그래프 모델은 카테고리 간에 관계가 없지만 2장의 '일분, 이분, k분 그래프' 절에 설명된 아이디어를 사용해 비즈니스를 분류하는 방식을 기반으로 카테고리 유사성 그래프를 구축할 수 있다.

예를 들어 그림 7-8과 같이 비즈니스 하나만 호텔Hotels과 역사 여행Historical Tours으로 분류된다고 가정한다.

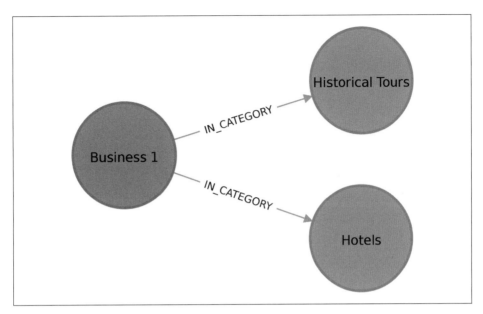

그림 7-8. 카테고리가 2개인 비즈니스

그러면 그림 7-9와 같이 가중치가 1인 호텔과 역사 여행 사이의 링크가 있는 투영
그래프가 생성된다.

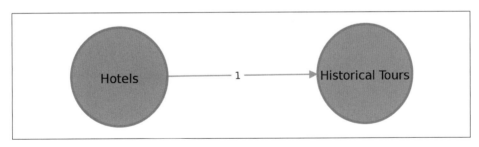

그림 7-9. 예상 카테고리 그래프

이 경우 실제로 유사성 그래프를 생성할 필요는 없다. 대신 예상 유사성 그래프를
통해 레이블 전파와 같은 커뮤니티 검출 알고리즘을 실행할 수 있다. 레이블 전파
를 사용하면 가장 공통점이 있는 상위 카테고리 주변의 비즈니스를 효과적으로 결
집(클러스터링)할 수 있다.

```
CALL algo.labelPropagation.stream(
    'MATCH (c:Category) RETURN id(c) AS id',
    'MATCH (c1:Category)<-[:IN_CATEGORY]-()-[:IN_CATEGORY]->(c2:Category)
    WHERE id(c1) < id(c2)
    RETURN id(c1) AS source, id(c2) AS target, count(*) AS weight',
    {graph: "cypher"}
)
YIELD nodeId, label
MATCH (c:Category) WHERE id(c) = nodeId
MERGE (sc:SuperCategory {name: "SuperCategory-" + label})
MERGE (c)-[:IN_SUPER_CATEGORY]->(sc)
```

그 슈퍼카테고리에 더 친숙한 이름을 지정해보자. 여기서는 가장 큰 카테고리의 이름을 사용한다.

```
MATCH (sc:SuperCategory)<-[:IN_SUPER_CATEGORY]-(category)
WITH sc, category, size((category)<-[:IN_CATEGORY]-()) as size
ORDER BY size DESC
WITH sc, collect(category.name)[0] as biggestCategory
SET sc.friendlyName = "SuperCat " + biggestCategory
```

그림 7-10에서 카테고리와 슈퍼 카테고리 샘플을 볼 수 있다.

248

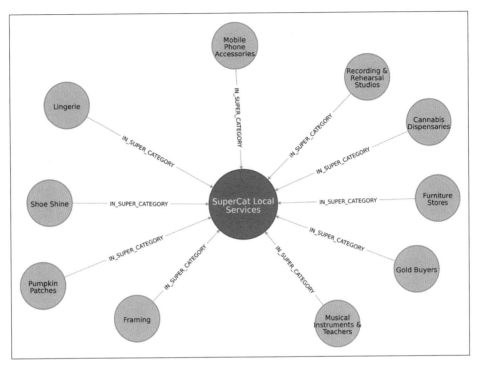

그림 7-10. 카테고리와 슈퍼카테고리

다음 질의는 라스베이거스 내 호텔에서 가장 유사한 카테고리를 찾는다.

```
MATCH (hotels:Category {name: "Hotels"}),
      (lasVegas:City {name: "Las Vegas"}),
      (hotels)-[:IN_SUPER_CATEGORY]->()<-[:IN_SUPER_CATEGORY]-
                                              (otherCategory)
RETURN otherCategory.name AS otherCategory,
    size((otherCategory)<-[:IN_CATEGORY]-(:Business)-
                         [:IN_CITY]->(lasVegas)) AS businesses
ORDER BY count DESC
LIMIT 10
```

질의를 실행하면 다음과 같은 출력을 얻을 수 있다.

otherCategory	businesses
Tours	189
Car Rental	160
Limos	84
Resorts	73
Airport Shuttles	52
Taxi	35
Vacation Rentals	29
Airports	25
Airlines	23
Motorcycle Rental	19

이 결과가 이상한가? 당연히 택시와 투어는 호텔이 아니다. 하지만 자체적으로 넣은 카테고리를 기반으로 질의를 실행했기 때문에 이러한 결과를 얻게 됐다. 이 유사성 그룹에서 레이블 전파 알고리즘이 실제로 사용자에게 보여주는 것은 인접한 비즈니스와 서비스다.

이제 각 카테고리에서 평균 이상의 평점을 받은 비즈니스를 찾아보자.

```
// 호텔과 동일한 슈퍼카테고리(SuperCategory)를 가진 라스베이거스에서 비즈니스 찾기
MATCH (hotels:Category {name: "Hotels"}),
      (hotels)-[:IN_SUPER_CATEGORY]->()<-[:IN_SUPER_CATEGORY]-
                                        (otherCategory),
      (otherCategory)<-[:IN_CATEGORY]-(business)
WHERE (business)-[:IN_CITY]->(:City {name: "Las Vegas"})

// 랜덤 카테고리 10개를 선택하고 90번째 백분위 수 별 등급 계산
WITH otherCategory, count(*) AS count,
     collect(business) AS businesses,
```

```
        percentileDisc(business.averageStars, 0.9) AS p90Stars
ORDER BY rand() DESC
LIMIT 10

// 패턴 이해를 사용해 평균 평점이 90번째 백분위 수보다
// 높은 각 카테고리의 비즈니스를 선택한다.
WITH otherCategory, [b in businesses where b.averageStars >= p90Stars]
                    AS businesses

// 카테고리당 하나의 비즈니스 선택
WITH otherCategory, businesses[toInteger(rand() * size(businesses))] AS business
RETURN otherCategory.name AS otherCategory,
       business.name AS business,
       business.averageStars AS averageStars
```

이 질의에서 처음으로 패턴 이해 방법(https://bit.ly/2HRa1gr)을 사용한다. 패턴 이해는 패턴 일치를 기반으로 목록을 생성하기 위한 구문 구성이다. 조건자[predicate]에 WHERE 절과 함께 MATCH 절을 사용해 지정된 패턴을 찾은 후에 사용자 지정 투영[custom projection]을 생성한다. Cypher 특징은 API용 질의 언어인 GraphQL(https://graphql.org)에서 영감을 받아 추가됐다.

질의를 실행하면 다음 결과를 얻을 수 있다.

otherCategory	businesses	averageStars
Motorcycle Rental	Adrenaline Rush Slingshot Rentals	5.0
Snorkeling	Sin City Scuba	5.0
Guest Houses	Hotel Del Kacvinsky	5.0
Car Rental	The Lead Team	5.0
Food Tours	Taste BUZZ Food Tours	5.0
Airports	Signature Flight Support	5.0

(이어짐)

otherCategory	businesses	averageStars
Public Transportation	JetSuiteX	4.6875
Ski Resorts	Trikke Las Vegas	4.833333333333332
Town Car Service	MW Travel Vegas	4.866666666666665
Campgrounds	McWilliams Campground	3.875

이러한 과정을 거친 이후에 사용자의 즉각적인 앱 동작 기반 실시간 추천을 할 수 있다. 예를 들어 사용자가 라스베이거스 호텔을 보고 있는 동안 평점이 좋은 인접한 라스베이거스 비즈니스를 강조할 수 있다. 이러한 접근 방식을 레스토랑이나 극장과 같은 모든 비즈니스 범주의 모든 위치에 일반화할 수 있다.

연습문제

- 도시의 호텔 리뷰가 시간에 따라 어떻게 변하는지 나타낼 수 있는가?

- 특정 호텔이나 다른 사업에도 적용할 수 있는가?

- 인기 추세(계절적 또는 기타)를 사용할 수 있는가?

- 가장 영향력 있는 리뷰어가 영향력을 가진 다른 리뷰어에게만 연결(아웃 링크)할 수 있을까?

아파치 스파크로 항공사 비행 데이터 분석

이 절에서는 스파크를 사용한 미국 공항 데이터 분석을 설명하고자 약간 다른 시나리오를 사용한다. 여행 일정이 많은 데이터 과학자이고 항공사 항공편과 지연에 대한 정보를 조사하고 싶다고 가정한다. 먼저 공항과 항공편 정보를 살펴본 다음 두 특정 공항의 지연에 대해 자세히 살펴본다. 커뮤니티 검출은 경로를 분석하고 상용 고객 포인트를 최대한 활용하는 데 사용된다.

미국 교통 통계국은 상당한 양의 교통 정보를 제공한다(https://bit.ly/2Fy0GHA). 분석을 위해 2018년 5월의 항공 여행 정시 성능 데이터^{air travel on-time performance data}를 사용한다. 이 데이터는 해당 달의 미국에서 출발하고 도착하는 항공편을 포함한다. 위치 정보와 같은 공항에 대한 세부 정보를 추가하려고 별도의 소스인 OpenFlights (https://bit.ly/2Frv8TO)에서도 데이터를 가져온다.

먼저 스파크에서 데이터를 불러온다. 앞 절의 경우와 마찬가지로 데이터는 이 책의 깃허브 저장소(https://bit.ly/2FPgGVV)에서 사용할 수 있는 CSV 파일로 제공된다.

```python
nodes = spark.read.csv("data/airports.csv", header=False)

cleaned_nodes = (nodes.select("_c1", "_c3", "_c4", "_c6", "_c7")
                    .filter("_c3 = 'United States'")
                    .withColumnRenamed("_c1", "name")
                    .withColumnRenamed("_c4", "id")s
                    .withColumnRenamed("_c6", "latitude")
                    .withColumnRenamed("_c7", "longitude")
                    .drop("_c3"))
cleaned_nodes = cleaned_nodes[cleaned_nodes["id"] != "\\N"]

relationships = spark.read.csv("data/188591317_T_ONTIME.csv", header=True)

cleaned_relationships = (relationships
                    .select("ORIGIN", "DEST", "FL_DATE", "DEP_DELAY",
                            "ARR_DELAY", "DISTANCE", "TAIL_NUM", "FL_NUM",
                            "CRS_DEP_TIME", "CRS_ARR_TIME",
                            "UNIQUE_CARRIER")
                    .withColumnRenamed("ORIGIN", "src")
                    .withColumnRenamed("DEST", "dst")
                    .withColumnRenamed("DEP_DELAY", "deptDelay")
                    .withColumnRenamed("ARR_DELAY", "arrDelay")
                    .withColumnRenamed("TAIL_NUM", "tailNumber")
                    .withColumnRenamed("FL_NUM", "flightNumber")
```

```
                .withColumnRenamed("FL_DATE", "date")
                .withColumnRenamed("CRS_DEP_TIME", "time")
                .withColumnRenamed("CRS_ARR_TIME", "arrivalTime")
                .withColumnRenamed("DISTANCE", "distance")
                .withColumnRenamed("UNIQUE_CARRIER", "airline")
                .withColumn("deptDelay",
                    F.col("deptDelay").cast(FloatType()))
                .withColumn("arrDelay",
                    F.col("arrDelay").cast(FloatType()))
                .withColumn("time", F.col("time").cast(IntegerType()))
                .withColumn("arrivalTime",
                    F.col("arrivalTime").cast(IntegerType()))
                )

g = GraphFrame(cleaned_nodes, cleaned_relationships)
```

일부 공항에는 유효한 공항 코드가 없기 때문에 해당 노드를 별도 처리해야 한다. 열에 좀 더 적절한 이름을 부여하고 일부 항목을 적절한 숫자 유형으로 변환한다. 또한 스파크의 그래프 프레임 라이브러리에서 사용할 수 있는 id, dst, src라는 열이 있는지 확인해야 한다.

또한 항공사 코드를 항공사 이름에 매핑하는 별도의 DataFrame을 만든다. 이는 이번 장의 뒷부분에서 사용할 것이다.

```
airlines_reference = (spark.read.csv("data/airlines.csv")
        .select("_c1", "_c3")
        .withColumnRenamed("_c1", "name")
        .withColumnRenamed("_c3", "code"))

airlines_reference = airlines_reference[airlines_reference["code"] != "null"]
```

탐색적 분석

데이터가 어떻게 보이는지 알아보고자 탐색적 분석^{exploratory analysis}부터 시작한다. 첫 번째로 몇 개의 공항이 있는지 살펴본다.

```
g.vertices.count()

1435
```

그리고 이 공항들 사이에 얼마나 많은 연결이 있는지 살펴본다.

```
g.edges.count()

616529
```

인기 있는 공항

출발 항공편이 가장 많은 공항은 어디인가? 연결 중심성 알고리즘을 사용해 공항에서 나가는 항공편 수를 계산할 수 있다.

```
airports_degree = g.outDegrees.withColumnRenamed("id", "oId")

full_airports_degree = (airports_degree
                        .join(g.vertices, airports_degree.oId == g.vertices.id)
                        .sort("outDegree", ascending=False)
                        .select("id", "name", "outDegree"))

full_airports_degree.show(n=10, truncate=False)
```

해당 코드를 실행하면 다음 출력을 얻을 수 있다.

id	name	outDegree
ATL	Hartsfield Jackson Atlanta International Airport	33837
ORD	Chicago O' Hare International Airport	28338
DFW	Dallas Fort Worth International Airport	23765
CLT	Charlotte Douglas International Airport	20251
DEN	Denver International Airport	19836
LAX	Los Angeles International Airport	19059
PHX	Phoenix Sky Harbor International Airport	15103
SFO	San Francisco International Airport	14934
LGA	La Guardia Airport	14709
IAH	George Bush Intercontinental Houston Airport	14407

대부분의 미국 대도시가 이 목록에 표시된다. 시카고, 애틀랜타, 로스앤젤레스, 뉴욕에는 모두 인기 있는 공항이 있다. 다음 코드를 사용해 나가는 항공편을 시각적으로 표현할 수도 있다.

```python
plt.style.use('fivethirtyeight')

ax = (full_airports_degree
    .toPandas()
    .head(10)
    .plot(kind='bar', x='id', y='outDegree', legend=None))

ax.xaxis.set_label_text("")
plt.xticks(rotation=45)
plt.tight_layout()
plt.show()
```

결과 차트는 그림 7-11에서 볼 수 있다.

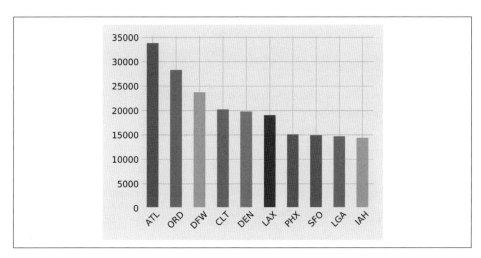

그림 7-11. 공항에서 출발하는 항공편

항공편 수가 감소하는 것을 살펴보면 상당히 놀랍다. 5번째로 인기 있는 공항인 덴 버 국제공항(DEN)은 1위인 하츠 필드 잭슨 애틀랜타 국제공항(ATL)의 절반보다 약 간 많은 수준으로 감소했다.

ORD에서 지연

이 시나리오에서 사용자는 서해안과 동해안 사이를 자주 여행하는데, 시카고 오헤 어 국제공항(ORD)과 같은 중간 허브에서 발생하는 지연을 확인하려고 한다. 다음의 데이터 세트에는 비행 지연 데이터가 이미 포함돼 있으므로 바로 사용할 수 있다.

다음 코드는 목적지 공항별로 그룹화된 ORD 출발 항공편의 평균 지연 정보를 찾는다.

```
delayed_flights = (g.edges
                .filter("src = 'ORD' and deptDelay > 0")
                .groupBy("dst")
                .agg(F.avg("deptDelay"), F.count("deptDelay"))
                .withColumn("averageDelay",
                        F.round(F.col("avg(deptDelay)"), 2))
```

```
        .withColumn("numberOfDelays",
                    F.col("count(deptDelay)")))

(delayed_flights
 .join(g.vertices, delayed_flights.dst == g.vertices.id)
 .sort(F.desc("averageDelay"))
 .select("dst", "name", "averageDelay", "numberOfDelays")
 .show(n=10, truncate=False))
```

목적지별로 그룹화된 평균 지연을 계산한 후 결과 스파크 DataFrame을 모든 정점이 포함된 DataFrame과 결합해 목적지 공항의 전체 이름을 인쇄할 수 있다.

이 코드를 실행하면 지연이 가장 심한 10개의 대상을 얻을 수 있다.

dst	name	averageDealy	numberOfDelays
CKB	North Central West Virginia Airport	145.08	12
OGG	Kahului Airport	119.67	9
MQT	Sawyer International Airport	114.75	12
MOB	Mobile Regional Airport	102.2	10
TTN	Trenton Mercer Airport	101.18	17
AVL	Asheville Regional Airport	98.5	28
ISP	Long Island Mac Arthur Airport	94.08	13
ANC	Ted Stevens Anchorage International Airport	83.74	23
BTV	Burlington International Airport	83.2	25
CMX	Houghton County Memorial Airport	79.18	17

흥미롭지만 한 가지 데이터 포인트가 눈에 띈다. ORD에서 CKB로 가는 12편의 항공편이 평균 2시간 이상 지연됐다. 이 공항 사이의 항공편을 찾고 어떤 일이 일어나고 있는지 살펴보자.

```
from_expr = 'id = "ORD"'
to_expr = 'id = "CKB"'
ord_to_ckb = g.bfs(from_expr, to_expr)

ord_to_ckb = ord_to_ckb.select(
    F.col("e0.date"),
    F.col("e0.time"),
    F.col("e0.flightNumber"),
    F.col("e0.deptDelay"))
```

그리고 다음 코드를 사용해 항공편이 얼마나 되는지를 표로 나타낼 수 있다.

```
ax = (ord_to_ckb
    .sort("date")
    .toPandas()
    .plot(kind='bar', x='date', y='deptDelay', legend=None))
ax.xaxis.set_label_text("")
plt.tight_layout()
plt.show()
```

이 코드를 실행하면 그림 7-12와 같은 차트를 볼 수 있다.

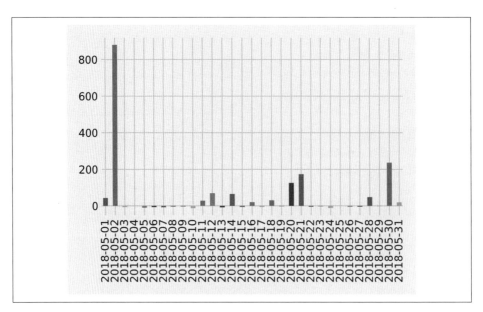

그림 7-12. ORD 출발 CKB 도착 항공편

전체 항공편 중 약 절반이 지연됐지만 2018년 5월 2일에는 14시간 이상이 지연돼 평균이 크게 왜곡됐다.

해안 공항에서 발생한 지연을 찾으려면 어떻게 해야 할까? 이러한 공항은 종종 악천후의 영향을 받기 때문에 다양한 지연 발생을 찾을 수 있다.

SFO의 좋지 않은 비행 날짜

안개와 관련된 '낮은 천장low ceiling' 문제를 가진 공항인 샌프란시스코 국제공항(SFO)의 지연을 고려해보자. 한 가지 분석 방법은 반복적인 서브그래프나 패턴인 모티프motif(모티브)를 확인하는 것이다.

그래프 패턴이 Neo4j의 모티프에 해당하며 MATCH 절을 사용하거나 Cypher에서 패턴 표현을 사용해 찾을 수 있다.

GraphFrames를 사용하면 모티프(http://bit.ly/2TZQ89B)를 탐색할 수 있고, 항공편 구조를 질의의 일부로 사용할 수 있다. 모티프를 사용해 2018년 5월 11일에 SFO에서 가장 지연된 항공편을 찾아본다. 다음 코드에서 이러한 지연 사항을 확인할 수 있다.

```
motifs = (g.find("(a)-[ab]->(b); (b)-[bc]->(c)")
          .filter("""(b.id = 'SFO') and
                  (ab.date = '2018-05-11' and bc.date = '2018-05-11') and
                  (ab.arrDelay > 30 or bc.deptDelay > 30) and
                  (ab.flightNumber = bc.flightNumber) and
                  (ab.airline = bc.airline) and
                  (ab.time < bc.time)"""))
```

모티프 (a)-[ab]-> (b); (b)-[bc]-> (c)는 같은 공항에서 들어오고 나가는 항공편을 찾는다. 그런 다음 결과 패턴을 필터링해 다음 항공편을 찾는다.

- 첫 번째 비행이 SFO에 도착하고 두 번째 비행은 SFO에서 출발하는 시퀀스

- SFO 도착이나 출발 시 30분 이상 지연하는 경우

- 동일한 항공편 번호와 항공사

그다음에 결과를 가져와서 관심 있는 열을 선택한다.

```
result = (motifs.withColumn("delta", motifs.bc.deptDelay - motifs.ab.arrDelay)
          .select("ab", "bc", "delta")
          .sort("delta", ascending=False))
result.select(
```

```
        F.col("ab.src").alias("a1"),
        F.col("ab.time").alias("a1DeptTime"),
        F.col("ab.arrDelay"),
        F.col("ab.dst").alias("a2"),
        F.col("bc.time").alias("a2DeptTime"),
        F.col("bc.deptDelay"),
        F.col("bc.dst").alias("a3"),
        F.col("ab.airline"),
        F.col("ab.flightNumber"),
        F.col("delta")
    ).show()
```

또한 도착 항공편과 출발 항공편 간의 델타(시간 차이)를 계산해 실제로 SFO의 지연 원인을 확인한다.

위 코드를 실행하면 다음 결과가 표시된다.

airline	flightNumber	a1	a1DeptTime	arrDelay	a2	a2DeptTime	deptDelay	a3	delta
WN	1454	PDX	1130	−18.0	SFO	1350	178.0	BUR	196.0
OO	5700	ACV	1755	−9.0	SFO	2235	64.0	RDM	73.0
UA	753	BWI	700	−3.0	SFO	1125	49.0	IAD	52.0
UA	1900	ATL	740	40.0	SFO	1110	77.0	SAN	37.0
WN	157	BUR	1405	25.0	SFO	1600	39.0	PDX	14.0
DL	745	DTW	835	34.0	SFO	1135	44.0	DTW	10.0
WN	1783	DEN	1830	25.0	SFO	2045	33.0	BUR	8.0
WN	5789	PDX	1855	119.0	SFO	2120	117.0	DEN	−2.0
WN	1585	BUR	2025	31.0	SFO	2230	11.0	PHX	−20.0

최악의 범죄자인 WN 1454는 맨 윗줄에서 표시된다. 일찍 도착했지만 거의 3시간 늦게 출발했다. arrDelay 열에 음수 값이 있음을 확인할 수 있다. 이는 SFO로의 비

행이 빨랐다는 것을 의미한다.

또한 WN 5789, WN 1585와 같은 일부 비행의 음수 델타로 표시해 SFO에서 지상에 있는 시간을 나타냈다.

항공사별 상호 연결 공항

이제 많은 여행을 했고 최대한 많은 목적지를 효율적으로 보고자 사용하기로 결정한 상용 고객 포인트(항공사 마일리지)가 곧 만료될 예정이라고 가정한다. 이 조건에서 특정 미국 공항에서 출발하는 경우 동일한 항공사를 사용해 몇 개의 다른 공항을 방문하고 출발 공항으로 돌아올 수 있을까?

먼저 모든 항공사를 식별하고 난 이후에 각 항공사에 몇 개의 항공편이 있는지 알아본다.

```
airlines = (g.edges
 .groupBy("airline")
 .agg(F.count("airline").alias("flights"))
 .sort("flights", ascending=False))

full_name_airlines = (airlines_reference
                      .join(airlines, airlines.airline
                            == airlines_reference.code)
                      .select("code", "name", "flights"))
```

이제 항공사를 보여주는 막대 차트를 만든다.

```
ax = (full_name_airlines.toPandas()
      .plot(kind='bar', x='name', y='flights', legend=None))

ax.xaxis.set_label_text("")
plt.tight_layout()
plt.show()
```

이 질의를 실행하면 그림 7-13과 같은 결과를 얻을 수 있다.

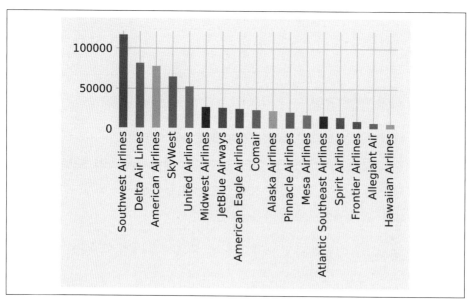

그림 7-13. 항공사별 항공편 수

이제 강한 연결 요소 알고리즘을 사용해 모든 공항이 해당 그룹의 다른 모든 공항
을 오가는 항공편이 있는 각 항공사의 공항 그룹 찾기 함수를 만들어본다.

```python
def find_scc_componerts(g, airline):
    # 제공된 항공사의 항공편만 갖는 서브그래프 생성
    airline_relationships = g.edges[g.edges.airline == airline]
    airline_graph = GraphFrame(g.vertices, airline_relationships)

    # 강한 연결 요소 계산
    scc = airline_graph.stronglyConnectedComponents(maxIter=10)

    # 가장 큰 구성 요소의 크기를 찾아 반환
    return (scc
        .groupBy("component")
        .agg(F.count("id").alias("size"))
        .sort("size", ascending=False)
```

```
        .take(1)[0]["size"])
```

다음 코드를 작성해 각 항공사와 가장 큰 강한 연결 구성 요소의 공항 수를 포함하는 DataFrame을 만들 수 있다.

```
# 각 항공사에 대해 가장 강하게 연결된 구성 요소를 계산한다.
airline_scc = [(airline, find_scc_components(g, airline))
                for airline in airlines.toPandas()["airline"].tolist()]
airline_scc_df = spark.createDataFrame(airline_scc, ['id', 'sccCount'])

# SCC DataFrame을 항공사 DataFrame과 결합해
# 항공사가 보유한 항공편 수와 가장 큰 구성 요소에서
# 도달할 수 있는 공항 수를 표시할 수 있다.
airline_reach = (airline_scc_df
 .join(full_name_airlines, full_name_airlines.code == airline_scc_df.id)
 .select("code", "name", "flights", "sccCount")
 .sort("sccCount", ascending=False))
```

이제 항공사를 보여주는 막대 차트를 만든다.

```
ax = (airline_reach.toPandas()
       .plot(kind='bar', x='name', y='sccCount', legend=None))

ax.xaxis.set_label_text("")
plt.tight_layout()
plt.show()
```

이 질의를 실행하면 그림 7-14와 같은 결과를 얻을 수 있다.

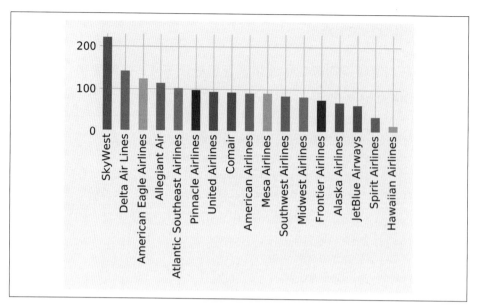

그림 7-14. 항공사가 도달할 수 있는 공항 수

SkyWest는 200개가 넘는 강한 연결 공항이 있는 가장 큰 커뮤니티를 가진다. 이는 제휴 항공사의 항공편에 사용되는 비즈니스 모델을 부분적으로 반영할 수 있다. 반면 사우스웨스트 항공사는 항공편 수가 가장 많지만 약 80개의 공항만 연결한다.

이제 사용자가 보유한 대부분의 상용 고객 포인트가 델타 항공(DL)에 있다고 가정한다. 특정 항공사의 네트워크 내 커뮤니티를 가진 공항을 찾을 수 있을까?

```
airline_relationships = g.edges.filter("airline = 'DL'")
airline_graph = GraphFrame(g.vertices, airline_relationships)

clusters = airline_graph.labelPropagation(maxIter=10)
(clusters
 .sort("label")
 .groupby("label")
 .agg(F.collect_list("id").alias("airports"),
      F.count("id").alias("count"))
 .sort("count", ascending=False)
```

```
.show(truncate=70, n=10))
```

질의를 실행하면 다음과 같은 출력이 표시된다.

label	airports	count
1606317768706	[IND, ORF, ATW, RIC, TRI, XNA, ECP, AVL, JAX, SYR, BHM, GSO, MEM, C···	89
1219770712067	[GEG, SLC, DTW, LAS, SEA, BOS, MSN, SNA, JFK, TVC, LIH, JAC, FLL, M···	53
17179869187	[RHV]	1
25769803777	[CWT]	1
25769803776	[CDW]	1
25769803782	[KNW]	1
25769803778	[DRT]	1
25769803779	[FOK]	1
25769803781	[HVR]	1
42949672962	[GTF]	1

DL이 사용하는 대부분의 공항은 두 그룹으로 분류된다. 자세히 살펴보면 표시할
공항이 너무 많아 여기서는 출발/도착 항공편이 가장 많은 공항만 표시했다. 공항
의 커뮤니티 크기를 계산하려고 다음 코드를 사용할 수 있다.

```
all_flights = g.degrees.withColumnRenamed("id", "aId")
```

그런 다음 이를 가장 큰 클러스터에 속한 공항과 결합한다.

```
(clusters
 .filter("label=1606317768706")
 .join(all_flights, all_flights.aId == result.id)
 .sort("degree", ascending=False)
```

```
.select("id", "name", "degree")
.show(truncate=False))
```

질의를 실행하면 다음과 같은 결과를 얻을 수 있다.

id	name	degree
DFW	Dallas Fort Worth International Airport	47514
CLT	Charlotte Douglas International Airport	40495
IAH	George Bush Intercontinental Houston Airport	28814
EWR	Newark Liberty International Airport	25131
PHL	Philadelphia International Airport	20804
BWI	Baltimore/Washington International Thurgood Marshall Airport	18989
MDW	Chicago Midway International Airport	15178
BNA	Nashville International Airport	12455
DAL	Dallas Love Field	12084
IAD	Washington Dulles International Airport	11566
STL	Lambert St Louis International Airport	11439
HOU	William P Hobby Airport	9742
IND	Indianapolis International Airport	8543
PIT	Pittsburgh International Airport	8410
CLE	Cleveland Hopkins International Airport	8238
CMH	Port Columbus International Airport	7640
SAT	San Antonio International Airport	6532
JAX	Jacksonville International Airport	5495

(이어짐)

id	name	degree
BDL	Bradley International Airport	4866
RSW	Southwest Florida International Airport	4569

그림 7-15에서 이 클러스터는 실제로 미국 동부에서 중서부로 집중돼 있음을 알 수 있다.

그림 7-15. 클러스터 1606317768706 공항

이제 두 번째로 큰 클러스터에 대해 동일한 작업을 수행한다.

```
(clusters
  .filter("label=1219770712067")
  .join(all_flights, all_flights.aId == result.id)
  .sort("degree", ascending=False)
  .select("id", "name", "degree")
  .show(truncate=False))
```

질의를 실행하면 다음과 같은 결과가 나온다.

id	name	degree
ATL	Hartsfield Jackson Atlanta International Airport	67672
ORD	Chicago O' Hare International Airport	56681
DEN	Denver International Airport	39671
LAX	Los Angeles International Airport	38116
PHX	Phoenix Sky Harbor International Airport	30206
SFO	San Francisco International Airport	29865
LGA	La Guardia Airport	29416
LAS	McCarran International Airport	27801
DTW	Detroit Metropolitan Wayne County Airport	27477
MSP	Minneapolis–St Paul International/Wold–Chamberlain Airport	27163
BOS	General Edward Lawrence Logan International Airport	26214
SEA	Seattle Tacoma International Airport	24098
MCO	Orlando International Airport	23442
JFK	John F Kennedy International Airport	22294
DCA	Ronald Reagan Washington National Airport	22244
SLC	Salt Lake City International Airport	18661
FLL	Fort Lauderdale Hollywood International Airport	16364
SAN	San Diego International Airport	15401
MIA	Miami International Airport	14869
TPA	Tampa International Airport	12509

그림 7-16에서 사용자는 이 클러스터가 허브 공항에 좀 더 초점을 맞추고 있는 것을 알 수 있다.

그림 7-16. 클러스터 1219770712067 공항

이러한 지도를 만드는 코드는 깃허브 저장소(https://bit.ly/2FPgGVV)에 있다.

DL 웹 사이트에서 상용 고객 프로그램을 확인하면 2회 사용 무료 프로모션이 있으며, 두 번의 항공편에서 포인트를 사용하면 다른 혜택을 무료로 받을 수 있다. 하지만 두 클러스터 중 하나 내에서만 비행해야 한다. 이 방법이 시간을 더 잘 활용할 수 있는 방법이며, 확실한 요점은 하나의 클러스터에서만 머무르는 것이다.

연습문제

- 최단 경로 알고리즘을 사용해 집에서 BZN^{Bozeman Yellowstone International Airport} 까지의 항공편 수를 알아보자.

요약

앞의 몇 장에서는 아파치 스파크와 Neo4j에서 경로 찾기, 중심성, 커뮤니티 검출에 대한 주요 그래프 알고리즘이 어떻게 작동하는지 자세히 설명했다. 7장에서는 다른 작업 및 분석과 관련해 여러 알고리즘을 사용하는 워크플로를 살펴봤다. Neo4j에서 옐프 데이터를 분석하려고 여행 비즈니스 시나리오를 사용하고 스파크에서 미국 항공사 데이터를 평가하고자 개인 항공 여행 시나리오를 사용했다.

8장에서는 점점 더 중요해지고 있는 그래프 알고리즘인 '그래프로 강화된 머신러닝'을 살펴본다.

머신러닝 향상을 위한
그래프 알고리즘

지금까지 레이블 전파와 같이 각 반복 동작으로 상태를 학습하고 업데이트하는 여러 알고리즘을 다뤘으며 일반적인 분석을 위해 그래프 알고리즘을 강조했다. 머신러닝^{ML, Machine Learning}에서 그래프의 애플리케이션이 증가하고 있으므로 이젠 그래프 알고리즘을 사용해 ML 워크플로를 개선하는 방법을 살펴본다.

8장에서는 그래프 알고리즘을 이용해 ML 예측 개선의 가장 실용적인 방법(연결 특징 추출과 관계 예측 활용)에 초점을 맞춘다. 먼저 몇 가지 기본적인 ML 개념과 더 나은 예측을 위한 상황별 데이터의 중요성을 다룬다. 스패머 사기, 검출, 링크 예측 등 그래프 특징이 적용되는 방식을 간단히 살펴본다.

머신러닝 파이프라인을 생성하는 방법을 시연한 다음에 링크 예측을 위한 모델을 학습하고 평가해 워크플로에 Neo4j와 스파크를 통합한다. 예제로 저자, 논문, 저자 관계, 인용 관계를 포함하는 인용 네트워크 데이터 세트^{Citation Network Dataset}를 기반으로 한다. 여러 모델을 사용해 연구 작성자가 향후 공동 작업할 가능성이 있는지 예측하고 그래프 알고리즘이 결과를 어떻게 개선하는지 보여준다.

머신러닝과 문맥의 중요성

머신러닝은 인공지능^{AI, Artificial Intelligence} 자체가 아니라 AI를 달성하는 방법이다. ML은 알고리즘을 사용해 더 나은 결과를 달성하는 방법에 대한 명시적인 프로그래밍 없이 예상 결과를 기반으로 특정 예제와 점진적 개선을 통해 소프트웨어를 훈련한다. 훈련은 모델에 많은 데이터를 제공하고 해당 정보를 처리하고 통합하는 방법을 학습한다.

ML에서 학습이란 알고리즘이 반복적으로 훈련 데이터와 비교해 분류 오류를 줄이는 등 객관적인 목표에 가까워지도록 지속적으로 변경하는 것을 의미한다. 또한 ML은 더 많은 데이터가 제공될 때 자체적으로 수정하고 최적화할 수 있는 동적 기능을 제공하며, 이는 많은 배치에 대한 사전 사용 훈련이나 사용 중 온라인 학습으로 발생할 수 있다.

최근 ML 예측, 대규모 데이터 세트의 접근성 및 병렬 컴퓨팅 성능의 성공으로 인해 AI 애플리케이션을 위한 확률 모델을 개발하는 사람들에게 ML은 더욱 실용화됐다. 머신러닝이 점점 더 널리 보급됨에 따라 머신러닝의 근본적인 목표인 인간과 비슷하게 선택하기임을 기억해야 한다. 그 목표를 잊어버리면 목표가 높은 규칙 기반 소프트웨어의 또 다른 버전으로 끝날 수 있다.

사람들이 더 나은 결정을 위해 콘텍스트를 사용해야 하는 것처럼 머신러닝 정확도를 높이고 솔루션을 더 광범위하게 적용하려면 많은 콘텍스트 정보를 통합해야 한다. 인간은 직접적인 데이터 포인트가 아닌 주변 콘텍스트를 사용해 상황에 필요한 것이 무엇인지 파악하고 누락된 정보를 추정하며 새로운 상황에 학습 결과를 적용한다. 이때 콘텍스트는 예측을 개선하는 데 도움이 된다.

그래프, 콘텍스트, 정확도

주변 정보와 관련 정보가 없으면 행동을 예측하거나 다양한 상황에 대한 권장 사항을 제시하는 솔루션은 좀 더 철저한 훈련과 규범적인 규칙들이 필요하다. 이것이

AI가 구체적이고 잘 정의된 작업에는 능숙하지만 모호할 경우에는 어려움을 겪는 이유 중 하나다. 그래프로 강화된 ML은 더 나은 의사 결정에 매우 중요한 누락된 콘텍스트 정보를 채우는 데 도움이 될 수 있다.

그래프 이론과 실제 생활에서 관계가 종종 가장 강력한 행동 예측 인자라는 것을 알 수 있다. 예를 들어 한 사람이 투표하면 친구, 가족, 심지어 동료까지도 투표할 가능성이 높다. 그림 8-1은 본드[R. Bond]의 2012년 연구 논문「사회적 영향력과 정치적 동원에 대한 6100만 명의 실험(A 61-Million-Person Experiment in Social Influence and Political Mobilization)」(https://www.nature.com/articles/nature11421)에서 보고된 페이스북 친구와 투표 결과를 기반으로 한 파급 효과를 보여준다.

저자는 사용자 중 1.4%가 친구의 투표에 영향을 받아 추가로 투표했고 흥미롭게도 친구의 친구가 또 1.7% 더 추가된 것으로 나타났다. 적은 비율이지만 큰 영향을 미칠 수 있으며 그림 8-1에서는 두 홉-아웃[2 hops out]의 사람들이 직접적인 친구만 있을 때보다 전체적으로 오히려 더 많은 영향을 미친 것을 볼 수 있다.

니콜라스 크리스타키스[Nicholas Christakis]와 제임스 파울러[James Fowler]의 책 『컨넥티드(connected』(Little, Brown and Company)에는 투표와 소셜 네트워크가 사용자에게 미치는 영향에 대한 다른 예가 나와 있다.

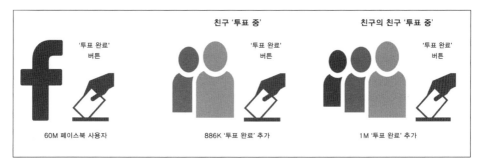

그림 8-1. 사람들은 소셜 네트워크를 통해 투표할 수 있다. 이 예에서 두 홉 떨어져 있는 친구는 직접 관계보다 더 전체적인 영향을 미쳤다.

그래프 특징과 콘텍스트를 추가하면 특히 연결이 중요한 상황에서 예측이 향상된다. 예를 들어 소매업체는 과거 데이터뿐만 아니라 고객 유사성 및 온라인 행동에 대한 상황별 데이터를 사용해 제품 추천을 개인화한다.

아마존^{Amazon}의 알렉사^{Alexa}는 정확도가 향상된 다수 레이어의 상황별 모델을 사용한다. 2018년, 아마존은 새로운 질문에 답할 때 이전 참고 자료를 대화에 통합하려고 '문맥 캐리오버^{carryover}'를 도입했다.

불행히도 오늘날 많은 머신러닝 접근법은 풍부한 문맥 정보를 놓치고 있다. 이는 ML이 튜플에서 빌드된 입력 데이터에 의존해 많은 예측 관계 및 네트워크 데이터를 제외하기 때문이다. 또한 상황 정보는 항상 쉽게 사용할 수 있는 것은 아니거나 접근하거나 처리하기 너무 어렵다. 홉이 4개 이상 떨어져 있는 연결을 찾는 것도 기존 방법에서는 큰 문제가 될 수 있다. 하지만 그래프를 사용하면 연결 데이터에 좀 더 쉽게 접근하고 통합할 수 있다.

연결 특징 추출과 선택

특징 추출과 선택은 원시 데이터를 가져와 머신러닝 모델 훈련에서 적합한 서브집합과 포맷^{format}을 생성할 때 쓸모 있다. 그리고 잘 실행되면 좀 더 일관되게 정확한 예측을 생성하는 ML로 이어질 수 있는 기본 단계로 활용할 수 있다.

특징 추출과 선택

'특징 추출'은 대량의 데이터와 속성을 일련의 대표적인 설명 속성으로 추출하는 방법이다. 이 프로세스는 입력 데이터에서 카테고리를 구별할 수 있게 입력 데이터의 고유한 특성이나 패턴에 대한 숫자 값(특징)을 도출한다. 크기, 포맷 또는 부수적 비교의 필요성 때문에 모델에서 데이터를 직접 분석하기 어려운 경우에 사용된다.

'특징 선택'은 목표에 가장 중요하거나 영향을 미치는 추출된 특징의 부분집합을 결정하는 과정이다. 그리고 효율성^{efficiency}뿐만 아니라 예측 중요성^{predictive importance}을 살펴보는 데 사용된다. 예를 들어 20개의 특징이 있고 그중 13개의 특징이 예측의 92%라면 모델 중에서 특징 7개를 제거할 수 있다.

특징을 제대로 조합하면 모델 학습 방식에 근본적인 영향을 줄 수 있으므로 정확도를 높일 수 있다. 조금만 개선해도 큰 차이가 있을 수 있기 때문에 이번 장에서는 연결 특징^{connected feature}에 집중한다. 연결 특징은 데이터의 구조에서 추출한 특징이다. 이 특징은 노드를 둘러싼 그래프의 일부 기반으로 한 그래프-로컬 질의 또는 연결 특징 추출을 위한 관계 기반 데이터 내에서 예측 요소를 식별하려고 그래프 알고리즘을 사용하는 그래프-글로벌 질의에서 파생될 수 있다.

그리고 올바른 특징 조합을 얻는 것뿐만 아니라 불필요한 특징을 제거해 모델이 과다 표적화^{hypertargeted}될 가능성을 줄이는 것도 중요하다. 이 방법은 훈련 데이터(오버피팅이라고 함)에서만 잘 동작하는 모델 만들기를 방지하고 적용 가능성을 크게 확장한다. 또한 그래프 알고리즘을 사용해 이러한 특징을 평가하고 연결 특징 선택^{connected feature selection} 모델에 가장 영향력이 있는 특징을 확인할 수 있다. 예를 들어 특징을 그래프의 노드에 매핑하고 유사한 특징을 기반으로 관계를 생성한 다음 특징의 중심성^{centrality of features}을 계산할 수 있다. 특징 관계는 데이터 포인트의 클러스터 밀도를 보존하는 능력으로 정의할 수 있다. 이 방법은 헤니앱^{K. Henniab}, 메즈가니^{N. Mezghani}, 구인-밸러랜드^{C. Gouin-Vallerand}의 논문 「부분 공간과 PageRank 중심성을 통한 비지도 그래프 기반 특징 선택(Unsupervised Graph-Based Feature Selection Via Subspace and PageRank Centrality)」(https://bit.ly/2HGON5B)에서 자세히 살펴볼 수 있다.

그래프 임베딩

그래프 임베딩은 특징 벡터로, 그래프에서 노드의 관계를 표현한 것이다. 이들은 그림 8-2에 표시된 (x, y, z) 좌표와 같이 차원 매핑이 있는 특징의 모음일 뿐이다.

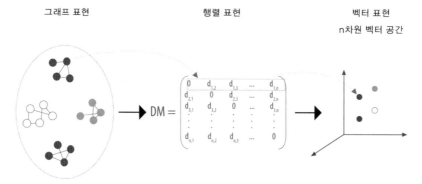

그림 8-2. 그래프 임베딩은 그래프 데이터를 다차원 좌표로 시각화할 수 있는 특징 벡터로 매핑한다.

그래프 임베딩은 연결 특징 추출과 약간 다르게 그래프 데이터를 사용한다. 이를 통해 전체 그래프나 그래프 데이터의 서브집합을 머신러닝 작업에 사용할 수 있는 숫자 형식으로 나타낼 수 있다. 이는 관계를 통해 더 많은 콘텍스트 정보를 가져오기 때문에 데이터가 분류되지 않는 비지도 학습에 특히 유용하다. 그래프 임베딩은 데이터 탐색, 엔티티 간 유사성 계산, 통계 분석을 돕기 위한 차원 감소에도 유용하다.

이 공간에서 node2vec, struc2vec, GraphSAGE(https://bit.ly/2HYdhqH), DeepWalk (https://bit.ly/2JDmIOo), DeepGL(https://bit.ly/2OryHxg)을 포함한 여러 옵션으로 빨리 진화한다.

이제 몇 가지 유형의 연결 특징을 살펴보자.

그래프 특징

그래프 특징에는 노드로 들어오고 나가는 관계의 수, 잠재적 트라이앵글의 수, 공통된 이웃과 같은 그래프에 대한 연결과 관련된 모든 수를 포함한다. 이 예제에서는 초기 가설을 사용해 좋은 테스트를 수행하고 수집하기 좋은 측정값을 갖고 시작한다.

찾고 있는 것이 무엇인지 정확히 알 때 특징 엔지니어링을 사용할 수 있다. 예를 들면 얼마나 많은 사람이 최대 4번의 홉 아웃으로 사기fraudulent 계정을 가졌는지 알고 싶어 하는 경우를 생각해보자. 이 접근법은 그래프 순회traversal를 사용해 레이블, 속성, 개수, 추론된 관계와 같은 항목들을 보고 관계의 깊은 경로를 매우 효율적으로 찾는다.

또한 이러한 프로세스를 쉽게 자동화하고 이러한 예측 그래프 특징을 기존 파이프라인에 전달할 수 있다. 예를 들어 사기꾼 관계의 수를 추상화하고 그 숫자를 다른 머신러닝 작업에 사용할 노드 속성으로 추가할 수 있다.

그래프 알고리즘 특징

그래프 알고리즘을 사용해 원하는 일반적인 구조는 알지만 정확한 패턴은 알기 어려운 특징들을 찾을 수 있다. 예를 들어 특정 유형의 커뮤니티 그룹이 사기임을 알고 있다고 가정한다. 전형적인 밀도나 계층이 특징으로 존재한다. 이 경우에 그 조직이 갖는 엄격한 특징이 아니라 유연하고 글로벌하게 관련된 구조가 필요하다. 이 예에서는 연결 특징을 추출하려고 커뮤니티 검출 알고리즘을 사용하지만 PageRank와 같은 중심성 알고리즘도 자주 사용된다.

또한 여러 유형의 연결 특징을 결합하는 접근법은 한 가지만 집착하는 경우보다 더 좋은 결과를 가진다. 예를 들어 다수의 연결 특징을 결합하면 루뱅 알고리즘을 사용해 찾은 커뮤니티, PageRank를 사용한 영향력 있는 노드를 기반으로 한 지표

들과 세 홉 아웃만큼 떨어진 것으로 측정된 사기꾼들을 예측할 수 있다.

그림 8-3에서는 PageRank, 컬러링^Coloring과 같은 그래프 알고리즘을 입력 차수 in-degree 및 출력 차수^out-degree와 같은 그래프 측정과 결합한 접근 방식을 어떻게 사용하는지 보여준다. 다음의 다이어그램은 파라이^S. Fakhraei의 「진화하는 다중 관계형 소셜 네트워크의 집단 스팸 검출(Collective Spammer Detection in Evolving Multi-Relational Social Networks)」(https://bit.ly/2TyG6Mm) 논문에서 발췌한 것이다.

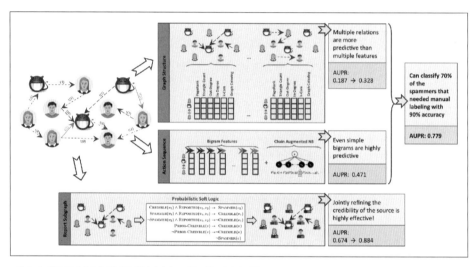

그림 8-3. 연결 특징 추출은 결과를 향상시키려고 다른 예측 방법과 결합될 수 있다. AUPR은 정밀도-재현율 커브의 영역을 나타내며 더 높은 숫자를 선호한다.

그래프 구조를 나타낸 절에서는 여러 그래프 알고리즘을 이용한 연결 특징 추출을 보여준다. 흥미롭게도 단순히 더 많은 특징을 추가하는 것보다 여러 유형의 관계에서 연결 특징을 추출하는 것이 훨씬 더 예측 가능함을 발견했다. 보고서의 서브 그래프 절은 그래프 특징이 ML 모델 사용 특징으로 어떻게 전환됐는지를 보여줬다. 그래프 강화 ML 워크플로에서 여러 방법을 결합함으로써 이전의 검출 방법을 개선하고 이전에 수동 레이블링이 필요한 스팸 발송자의 분류를 70%에서 90% 정확도로 높일 수 있었다.

연결 특징을 추출한 후에도 PageRank와 같은 그래프 알고리즘을 사용해 가장 영향력이 큰 특징의 우선순위를 높임으로써 훈련 능력을 향상시킬 수 있다. 이러한 방법을 통해 결과를 저하시키거나 프로세싱 속도를 저하시킬 수 있는 시끄러운 변수들을 제거하면서 데이터를 적절하게 나타낼 수 있다. 이러한 유형의 정보를 사용하고 특징 감소를 통해 추가 모델 튜닝을 수행하고 높은 공존 특징을 식별할 수 있다. 이 방법은 렌코^{D. lenco}, 메오^{R. Meo}, 보타^{M. Botta}의 연구 논문 「PageRank를 사용해 특징 선택하기(Using PageRank in Feature Selection)」(https://bit.ly/2JDDwVw)의 설명에서 확인할 수 있다.

연결 특징이 사기 및 스패머와 관련된 시나리오에 어떻게 적용되는지 알아봤다. 이러한 상황에서 활동들은 종종 불명료한 여러 레이어와 네트워크 관계에서 보이지 않을 수 있다. 전통적인 특징 추출과 선택 방법은 그래프가 가져오는 상황 정보^{contextual information} 없이는 행동을 감지할 수 없다.

연결 특징이 머신러닝을 향상시키는 또 다른 영역(그리고 이 장의 나머지 부분에서 중점을 두는 부분)은 '링크 예측'이다. 링크 예측은 관계가 미래에 형성될 가능성이나 이미 그래프에 있어야 하지만 불완전한 데이터로 인해 누락됐는지 여부를 추정하는 방법이다. 네트워크는 동적이며 상당히 빠르게 성장할 수 있기 때문에 곧 추가될 링크를 예측할 수 있다는 것은 제품 추천부터 약물 재타깃팅^{drug retargeting}, 범죄 관계^{criminal relationship} 추론까지 폭 넓은 적용 가능성을 가진다.

그래프의 연결 특징은 기본 그래프 특징과 중심성 및 커뮤니티 알고리즘에서 추출한 특징을 이용한 링크 예측 개선에 자주 사용된다. 노드 근접성이나 유사성에 기반을 둔 링크 예측도 표준으로 사용된다. 리벤-노웰^{D. Liben-Nowell}과 클라인버그^{J. Kleinberg}는 「소셜 네트워크의 링크 예측 문제(The Link Prediction Problem for Social Networks)」(https://bit.ly/2uoyB0q) 논문에서 네트워크 구조만으로도 노드 근접성을 감지하고 더 직접적인 측정 성능을 발휘할 수 있는 충분한 잠재 정보를 포함할 수 있다고 제안했다.

연결 특징이 머신러닝을 향상시킬 수 있는 방법을 살펴봤으니 이제 링크 예측 예를 살펴보자. 그리고 그래프 알고리즘을 적용해 예측 성능을 향상시키는 방법을 배워본다.

실전 그래프와 머신러닝: 링크 예측

나머지 장에서는 DBLP, ACM, MAG에서 추출한 연구 데이터 세트인 인용 네트워크 데이터 세트[Citation Network Dataset](https://aminer.org/citation) 기반의 실습 예제를 보여준다. 데이터 세트는 탕[J. Tang]의 「ArnetMiner: 학술 소셜 네트워크의 추출과 채굴 방법 (ArnetMiner: Extraction and Mining of Academic Social Network)」(http://bit.ly/2U4C3fb) 논문에서 볼 수 있다. 최신 버전은 3,079,007개의 논문, 1,766,547명의 저자, 9,437,718명의 저자 관계, 25,166,994개의 인용 관계를 포함한다.

이번에는 다음과 관련된 간행물에 게재된 논문에 초점을 둔 서브집합을 사용해 작업한다.

- 컴퓨터 과학 과목의 강의 노트

- ACM의 커뮤니케이션

- 국제 소프트웨어 공학 회의

- 컴퓨팅 및 통신의 발전

결과 데이터 세트는 51,956개의 논문, 80,299명의 저자, 140,575명의 저자 관계, 28,706개의 인용 관계를 가진다. 논문의 공동 작업 저자를 기반으로 공동 저자 그래프를 만든 다음 저자 간의 향후 공동 작업을 예측한다. 이때 이전에 공동 작업을 한 적이 없는 저자들 간의 공동 작업에만 관심을 두지만 두 작성자 간의 다른 여러 공동 작업에는 관심이 없다.

이 장의 나머지 부분에서는 필요한 도구를 설정하고 데이터를 Neo4j로 가져온다. 그리고 훈련과 테스트를 위해 데이터의 균형을 적절하게 맞추고 샘플을 스파크 DataFrame으로 분할하는 방법을 다룬다. 그런 다음 스파크에서 머신러닝 파이프 라인을 만들기 전에 링크 예측에 대한 가설과 방법을 설명한다.

마지막으로 기본 그래프 특징부터 시작해 Neo4j를 이용해 추출한 그래프 알고리즘 특징을 더 추가하는 훈련과 다양한 예측 모델까지 살펴본다.

도구와 데이터

도구와 데이터의 설정부터 시작해보자. 그런 다음 데이터 세트를 탐색하고 머신러닝 파이프라인을 생성한다.

이번 절에서는 다른 작업을 하기 전에 사용할 라이브러리를 살펴본다.

py2neo
> 파이썬 데이터 과학 생태계를 잘 지원하는 Neo4j 파이썬 라이브러리

pandas
> 사용하기 쉬운 데이터 구조 및 데이터 분석 도구로 데이터베이스 외부에서 데이터 랭글링을 위한 고성능 라이브러리

Spark MLlib
> 스파크의 머신러닝 라이브러리

 머신러닝 라이브러리로 MLlib를 사용한다. 이번 장에서는 MLlib을 scikit-learn과 같은 다른 ML 라이브러리와 함께 사용할 수 있다.

표시된 모든 코드는 pyspark REPL 내에서 실행된다. 다음 명령을 실행해 REPL을 시작할 수 있다.

```
export SPARK_VERSION="spark-2.4.0-bin-hadoop2.7"
./${SPARK_VERSION}/bin/pyspark \
  --driver-memory 2g \
  --executor-memory 6g \
  --packages julioasotodv:spark-tree-plotting:0.2
```

이 명령은 3장에서 REPL을 시작하는 데 사용한 명령과 비슷하지만 그래프 프레임 대신 **spark-tree-plotting** 패키지를 가져온다. 지금 시점에서는 최신 릴리스 버전 spark-2.4.0-bin-hadoop2.7을 사용하겠지만 독자가 내용을 읽을 때는 이미 변경됐을 수 있으므로 **SPARK_VERSION** 환경 변수를 적절하게 변경해야 한다.

그리고 사용해야 할 라이브러리들을 가져온다.

```
from py2neo import Graph
import pandas as pd
from numpy.random import randint

from pyspark.ml import Pipeline
from pyspark.ml.classification import RandomForestClassifier
from pyspark.ml.feature import StringIndexer, VectorAssembler
from pyspark.ml.evaluation import BinaryClassificationEvaluator

from pyspark.sql.types import *
from pyspark.sql import functions as F

from sklearn.metrics import roc_curve, auc
from collections import Counter

from cycler import cycler
import matplotlib
matplotlib.use('TkAgg')
import matplotlib.pyplot as plt
```

이제 Neo4j 데이터베이스를 연결한다.

```
graph = Graph("bolt://localhost:7687", auth=("neo4j", "neo"))
```

Neo4j로 데이터 가져오기

이제 데이터를 Neo4j에 가져오고 훈련과 테스트를 위한 균형 잡힌 분할을 만들 준비가 됐다. 데이터 세트의 버전 10(https://bit.ly/2TszAH3) ZIP 파일을 다운로드하고 압축을 푼 다음 import 폴더에 콘텐츠를 배치한다. 다음 파일들을 사용해야 하므로 꼭 있어야 한다.

- dblp-ref-0.json

- dblp-ref-1.json

- dblp-ref-2.json

- dblp-ref-3.json

import 폴더에 이 파일들이 있으면 Neo4j 설정 파일에 추가해야 하고 APOC 라이브러리를 사용해 처리할 수 있다.

```
apoc.import.file.enabled=true
apoc.import.file.use_neo4j_config=true
```

먼저 중복된 논문이나 저자를 나오지 않도록 제약 조건을 만든다.

```
CREATE CONSTRAINT ON (article:Article)
ASSERT article.index IS UNIQUE;

CREATE CONSTRAINT ON (author:Author)
ASSERT author.name IS UNIQUE;
```

이제 다음 질의를 실행해 JSON 파일에서 데이터를 가져온다.

```
CALL apoc.periodic.iterate(
    'UNWIND ["dblp-ref-0.json","dblp-ref-1.json",
            "dblp-ref-2.json","dblp-ref-3.json"] AS file
```

```
CALL apoc.load.json("file:///" + file)
YIELD value
WHERE value.venue IN ["Lecture Notes in Computer Science",
                      "Communications of The ACM",
                      "international conference on software engineering",
                      "advances in computing and communications"]
return value',
 'MERGE (a:Article {index:value.id})
ON CREATE SET a += apoc.map.clean(value,["id","authors","references"],[0])
WITH a,value.authors as authors
UNWIND authors as author
MERGE (b:Author{name:author})
MERGE (b)<-[:AUTHOR]-(a)'
, {batchSize: 10000, iterateList: true});
```

이 결과로 그림 8-4와 같은 그래프 스키마가 생성된다.

그림 8-4. 인용 그래프

논문과 저자를 연결하는 간단한 그래프이므로 예측에 도움이 되도록 관계 추론 정보를 더 추가한다.

공동 저자 그래프

저자 간의 향후 협업을 예측하고 싶으므로 공동 저자coauthorship 그래프를 만드는 것부터 시작한다. 다음의 Neo4j Cypher 질의는 논문에서 공동 작업한 모든 저자 쌍 사이에 CO_AUTHOR 관계를 생성한다.

```
MATCH (a1)<-[:AUTHOR]-(paper)-[:AUTHOR]->(a2:Author)
WITH a1, a2, paper
ORDER BY a1, paper.year
WITH a1, a2, collect(paper)[0].year AS year, count(*) AS collaborations
MERGE (a1)-[coauthor:CO_AUTHOR {year: year}]-(a2)
SET coauthor.collaborations = collaborations;
```

질의에서 CO_AUTHOR 관계를 설정한 연도는 이 두 저자가 공동 작업했던 가장 빠른 년도다. 저자 한 쌍이 공동 작업한 첫 번째 시간에만 관심이 있다. 이후 공동 작업 은 관심이 없다.

그림 8-5는 생성되는 그래프의 일부 예다. 흥미로운 커뮤니티 구조를 볼 수 있다.

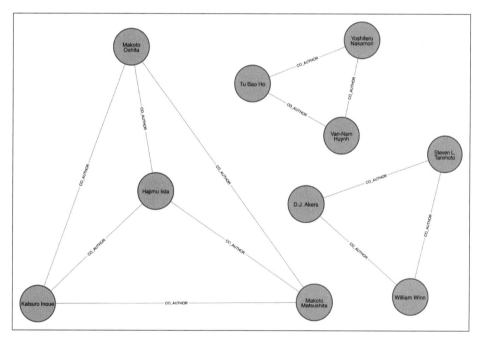

그림 8-5. 공동 저자 그래프

이 다이어그램의 각 원은 한 명의 저자를 나타내며 그 사이의 선은 CO_AUTHOR 관계다. 왼쪽에는 각기 다른 저자와 공동 작업한 네 명의 저자가 있고, 오른쪽에는 공동 작업한 저자 세 명의 예제 두 개를 볼 수 있다.

이제 데이터를 불러왔고 기본 그래프가 있으므로 훈련과 테스트에 필요한 두 개의 데이터 세트를 만든다.

균형된 훈련과 테스트용 데이터 세트 만들기

링크 예측 문제를 통해 향후 링크 생성을 예측하고자 한다. 이 데이터 세트는 논문에서 데이터를 분할하는 데 사용할 날짜 정보가 있기 때문에 잘 작동할 수 있다. 훈련/테스트 분할을 정의하는 데 사용할 연도를 파악해야 한다. 그 해 이전에 모든 것에 대해 모델을 훈련한 다음 해당 날짜 이후에 생성된 링크에서 테스트한다.

논문이 언제 게시됐는지 확인하는 것으로 시작한다. 다음 질의를 작성하면 연도별로 그룹화된 논문 수를 구할 수 있다.

```
query = """
MATCH (article:Article)
RETURN article.year AS year, count(*) AS count
ORDER BY year
"""

by_year = graph.run(query).to_data_frame()
```

다음 코드를 사용해 막대 차트로 시각화한다.

```
plt.style.use('fivethirtyeight')
ax = by_year.plot(kind='bar', x='year', y='count', legend=None, figsize=(15,8))
ax.xaxis.set_label_text("")
plt.tight_layout()
plt.show()
```

그림 8-6에서 코드를 실행해 생성된 차트를 볼 수 있다.

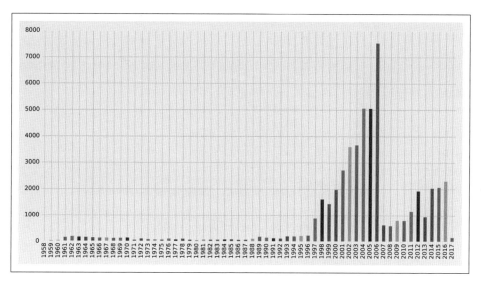

그림 8-6. 연도별 논문

1997년 이전에 출판된 논문은 거의 없었고 2001년에서 2006년 사이에 많은 논문이 출판됐다. 2007년에 하락하고 나서 2011년(2013년 제외)까지는 점진적으로 상승했다. 2006년은 모델 훈련과 예측을 위해 데이터를 분할하기에 좋은 해가 될 것 같다. 그해 이전에 몇 편의 논문이 출판됐고 그 동안과 이후에 몇 편의 논문이 출판됐는지 확인해본다. 이를 계산하고자 다음 질의를 만들 수 있다.

```
MATCH (article:Article)
RETURN article.year < 2006 AS training, count(*) AS count
```

결과는 다음과 같다. 'true'는 논문이 2006년 이전에 출판됐음을 의미한다.

training	count
false	21059
true	30897

나쁘지 않다. 논문의 60%는 2006년 이전에 출판됐고 40%는 2006년 또는 이후에 출판됐다. 이 결과는 훈련과 테스트를 위해 상당히 균형 잡힌 데이터 분할이다.

이제 논문의 좋은 분할 결과를 얻었으므로 공동 저자에 대해서도 동일하게 2006 분할을 사용한다. 첫 번째 공동 작업이 2006년 이전인 저자 쌍 사이에 CO_AUTHOR_EARLY 관계를 생성한다.

```
MATCH (a1)<-[:AUTHOR]-(paper)-[:AUTHOR]->(a2:Author)
WITH a1, a2, paper
ORDER BY a1, paper.year
WITH a1, a2, collect(paper)[0].year AS year, count(*) AS collaborations
WHERE year < 2006
MERGE (a1)-[coauthor:CO_AUTHOR_EARLY {year: year}]-(a2)
SET coauthor.collaborations = collaborations;
```

그런 다음 2006년 또는 이후에 첫 번째 공동 작업을 수행한 작성자 쌍 사이에 CO_AUTHOR_LATE 관계를 생성한다.

```
MATCH (a1)<-[:AUTHOR]-(paper)-[:AUTHOR]->(a2:Author)
WITH a1, a2, paper
ORDER BY a1, paper.year
WITH a1, a2, collect(paper)[0].year AS year, count(*) AS collaborations
WHERE year >= 2006
MERGE (a1)-[coauthor:CO_AUTHOR_LATE {year: year}]-(a2)
SET coauthor.collaborations = collaborations;
```

훈련 및 테스트 세트를 구축하기 전에 링크가 있는 노드 쌍이 몇 개 있는지 확인해 본다. 다음 질의는 CO_AUTHOR_EARLY 쌍의 개수를 찾는다.

```
MATCH ()-[:CO_AUTHOR_EARLY]->()
RETURN count(*) AS count
```

질의를 실행하면 다음과 같은 결과가 반환된다.

count
81096

다음의 질의를 사용하면 CO_AUTHOR_LATE 쌍의 수를 찾을 수 있다.

```
MATCH ()-[:CO_AUTHOR_LATE]->()
RETURN count(*) AS count
```

질의의 실행 결과는 다음과 같다.

count
74128

이제 훈련 및 테스트 데이터 세트를 구축할 준비가 됐다.

데이터의 균형과 분리

CO_AUTHOR_EARLY와 CO_AUTHOR_LATE 관계가 있는 노드 쌍은 긍정적인 예제지만 여기서는 부정적인 예제도 필요하다. 대부분의 실제 네트워크는 관계가 집중돼 찾기 어렵고 이 그래프도 다르진 않다. 두 노드가 관계를 갖지 않는 경우의 개수는 관계가 있는 개수보다 훨씬 많다.

CO_AUTHOR_EARLY 데이터를 질의하면 해당 유형의 관계를 가진 저자가 45,018명이지만 저자 간의 관계는 81,096명에 불과하다. 불균형적이라고 보이지는 않지만 그래프가 가질 수 있는 잠재적 최대 관계 수는 (45018 * 45017) / 2 = 1,013,287,653이며 이는 많은 부정적인 예(링크 없음)가 있음을 의미한다. 모든 부정적인 예제를 사용해 모델을 학습시키면 심각한 클래스 불균형 문제가 발생한다. 모델을 사용하면 모든 노드 쌍에 관계가 없다고 예측할 수 있고 매우 높은 정확도를 달성할 수 있다.

「링크 예측의 새로운 관점 및 방법(New Perspectives and Methods in Link Prediction)」 (http://www3.nd.edu/~dial/papers/KDD10.pdf) 논문에서 리흐텐왈터[R. Lichtenwalter], 루시어[J. Lussier], 촐라[N. Chawla]는 이러한 문제를 해결하기 위한 몇 가지 방법을 설명했다. 이러한 접근 방식 중 하나는 현재 연결되지 않은 이웃 내 노드를 찾아 부정적인[negative] 예제를 만드는 것이다.

이미 관계가 있는 쌍을 제외하고 서로 2~3개의 홉을 혼합한 노드 쌍을 찾아 부정적인 예제를 만든다. 그런 다음 동일한 수의 긍정 및 부정 예제를 갖도록 해당 노드 쌍을 다운샘플링한다.

 두 홉 거리에서는 서로 관계가 없는 노드가 314,248 쌍 있다. 거리를 3홉으로 늘리면 노드의 수는 967,677 쌍이 된다.

다음 함수는 다운샘플링하는 네거티브 예제를 사용한다.

```
def down_sample(df):
    copy = df.copy()
    zero = Counter(copy.label.values)[0]
    un = Counter(copy.label.values)[1]
    n = zero - un
    copy = copy.drop(copy[copy.label == 0].sample(n=n, random_state=1).index)
    return copy.sample(frac=1)
```

이 함수는 긍정 및 부정 예제 수의 차이를 계산한 다음 동일한 숫자가 되도록 부정적인 예제를 샘플링한다. 그리고 다음 코드를 실행해 균형적인 긍정 및 부정 예제로 훈련 세트를 만든다.

```
train_existing_links = graph.run("""
MATCH (author:Author)-[:CO_AUTHOR_EARLY]->(other:Author)
RETURN id(author) AS node1, id(other) AS node2, 1 AS label
```

```
""").to_data_frame()

train_missing_links = graph.run("""
MATCH (author:Author)
WHERE (author)-[:CO_AUTHOR_EARLY]-()
MATCH (author)-[:CO_AUTHOR_EARLY*2..3]-(other)
WHERE not((author)-[:CO_AUTHOR_EARLY]-(other))
RETURN id(author) AS node1, id(other) AS node2, 0 AS label
""").to_data_frame()

train_missing_links = train_missing_links.drop_duplicates()
training_df = train_missing_links.append(train_existing_links, ignore_index=True)
training_df['label'] = training_df['label'].astype('category')
training_df = down_sample(training_df)
training_data = spark.createDataFrame(training_df)
```

이제 label 열을 범주로 강제 설정했다. 여기서 값 1은 노드 쌍 사이에 링크가 있음을 나타내고 0은 링크가 없음을 나타낸다. 다음 코드를 실행해 DataFrame의 데이터를 볼 수 있다.

```
training_data.show(n=5)
```

node1	node2	label
10019	28091	1
10170	51476	1
10259	17140	0
10259	26047	1
10293	71349	1

결과에서 노드 쌍 목록과 공동 저자 관계가 있는지를 보여준다. 예를 들어 노드 10019와 28091은 협업을 나타내는 1개의 레이블을 가진다.

이제 다음 코드를 실행해 DataFrame의 내용 요약을 확인한다.

```
training_data.groupby("label").count().show()
```

결과는 다음과 같다.

label	count
0	81096
1	81096

동일한 개수의 긍정/부정적인 샘플을 사용해 훈련 세트를 만들었다. 이제 테스트 세트에 대해 동일한 작업을 수행해야 한다. 다음 코드는 균형 잡힌 긍정/부정적인 예제의 사용하에 테스트 세트를 만든다.

```
test_existing_links = graph.run("""
MATCH (author:Author)-[:CO_AUTHOR_LATE]->(other:Author)
RETURN id(author) AS node1, id(other) AS node2, 1 AS label
""").to_data_frame()

test_missing_links = graph.run("""
MATCH (author:Author)
WHERE (author)-[:CO_AUTHOR_LATE]-()
MATCH (author)-[:CO_AUTHOR*2..3]-(other)
WHERE not((author)-[:CO_AUTHOR]-(other))
RETURN id(author) AS node1, id(other) AS node2, 0 AS label
""").to_data_frame()

test_missing_links = test_missing_links.drop_duplicates()
test_df = test_missing_links.append(test_existing_links, ignore_index=True)
test_df['label'] = test_df['label'].astype('category')
test_df = down_sample(test_df)
test_data = spark.createDataFrame(test_df)
```

다음 코드를 실행해 DataFrame의 내용을 확인할 수 있다.

```
test_data.groupby("label").count().show()
```

결과는 다음과 같다.

label	count
0	74128
1	74128

이제 균형된 훈련 및 테스트 데이터 세트를 갖게 됐으므로 링크 예측 방법을 살펴
본다.

누락된 링크를 예측하는 방법

데이터의 어떤 요소가 나중에 두 명의 저자가 공동 저자가 될 수 있는지 예측할 때
필요한 몇 가지 기본적인 가정을 시작한다. 가설은 도메인과 문제에 따라 다를 수
있지만 이 경우 가장 예측 가능한 특징은 커뮤니티와 관련이 있을 것이다. 다음 요
소들이 작성자가 공동 작성자가 될 확률을 높인다는 가정을 갖고 시작한다.

- 더 많은 공동 저자

- 저자 간의 잠재적인 삼원triadic 관계

- 더 많은 관계를 가진 작성자

- 같은 커뮤니티의 저자

- 동일하고 긴밀한 커뮤니티의 저자

위의 가정을 기반으로 그래프 특징을 작성하고 이를 이진 분류기binary calssification를
훈련하는 데 사용한다. 이진 분류는 규칙을 기반으로 한 요소가 미리 정의된 두
그룹 중 어느 그룹에 속하는지 예측 작업하는 ML의 유형이다. 분류 규칙에 따라

한 쌍의 작성자가 링크를 가질지 여부를 예측하는 작업에 분류기를 사용한다. 예제에서 값 1은 링크(공저)가 있음을 의미하고 값 0은 링크가 없음(공저 없음)을 의미한다.

스파크에서는 바이너리 분류기를 랜덤 포레스트로 구현한다. 랜덤 포레스트는 그림 8-7과 같이 분류, 회귀, 기타 작업을 위한 앙상블 학습 방법이다.

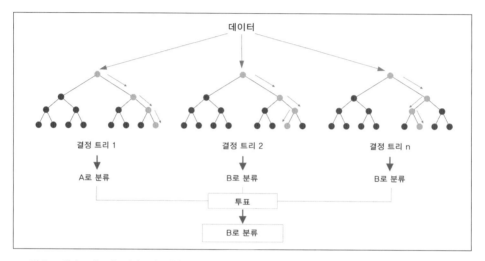

그림 8-7. 랜덤 포레스트는 결정 트리 모음을 만든 다음 과반수 투표(분류용) 또는 평균값(회귀용)에 대한 결과를 집계한다.

랜덤 포레스트 분류기는 훈련한 다중 결정 트리의 결과를 가져온 다음에 투표를 사용해 분류를 예측한다. 이 예제에서는 링크(공저)가 있는지 여부에 관계없이 분류한다.

이제 워크플로를 만들어보자.

머신러닝 파이프라인 생성

스파크의 랜덤 포레스트 분류기를 기반으로 머신러닝 파이프라인을 만든다. 이는 데이터 세트가 강함과 약함의 혼합으로 구성되므로 매우 적합한 방법이다. 약한 특징이 때때로 도움이 될 수 있지만 랜덤 포레스트 방법은 훈련 데이터에만 맞는 모델을 만들지 않도록 보장한다.

ML 파이프라인을 만들려고 특징 목록을 `fields` 변수로 전달한다. 이 특징 목록은 분류기가 사용한다. 분류기는 이러한 특징을 **features**이라는 단일 열로 수신 예상하므로 `VectorAssembler`를 사용해 데이터를 필요한 형식으로 변환한다.

다음 코드는 머신러닝 파이프라인을 만들고 MLlib를 사용해 우선순위를 설정한다.

```
def create_pipeline(fields):
    assembler = VectorAssembler(inputCols=fields, outputCol="features")
    rf = RandomForestClassifier(labelCol="label", featuresCol="features",
                                numTrees=30, maxDepth=10)
    return Pipeline(stages=[assembler, rf])
```

`RandomForestClassifier`는 다음 매개변수들을 사용한다.

labelCol

예측하려는 변수가 포함된 필드의 이름이다. 즉, 노드 쌍에 링크가 있는지 여부를 가진다.

featuresCol

노드 쌍에 링크가 있는지 여부를 예측할 때 사용할 변수가 포함된 필드의 이름이다.

numTrees

랜덤 포레스트를 구성하는 결정 트리의 개수다.

maxDepth

결정 트리의 최대 깊이다.

실험을 통해 결정 트리의 수와 깊이를 선택했다. 성능을 최적화하고자 조정할 수 있는 알고리즘 설정과 같은 하이퍼 매개변수 사용을 생각할 수 있다. 최상의 하이퍼 매개변수는 종종 미리 결정하기가 어렵고 모델을 튜닝하려면 일반적으로 시행착오가 필요하다.

기본 사항을 다루고 파이프라인을 설정했으므로 모델을 만들고 얼마나 잘 수행되는지 평가해보자.

링크 예측: 기본 그래프 특징

먼저 공동 저자에서 추출한 특징, 우대 부착preferential attachment, 이웃의 총합total union of neighbors을 기반으로 두 저자가 미래의 공동 작업을 할지 여부를 예측하는 간단한 모델을 만든다.

공동 저자common authors

> 두 저자 사이의 잠재적 트라이앵글triangle 개수를 찾는다. 이는 공동 저자가 있는 두 명의 저자가 향후 소개되고 공동 작업을 할 수 있음을 나타낸다.

우대 부착preferential attachment

> 공동 저자 수를 곱해 각 저자 쌍에 대한 점수를 만든다. 직관적으로는 저자가 이미 많은 논문을 공동 집필한 사람과 공동 작업할 가능성이 더 높다.

이웃의 총합total union of neighbors

> 각 작성자의 총 공동 작성자 수에서 중복된 개수를 뺀다.

Neo4j에서는 Cypher 질의를 사용해 이러한 값을 계산할 수 있다. 다음 함수는 훈련 세트에 대해 이러한 측정값을 계산한다.

```
def apply_graphy_training_features(data):
    query = """
    UNWIND $pairs AS pair
```

```
    MATCH (p1) WHERE id(p1) = pair.node1
    MATCH (p2) WHERE id(p2) = pair.node2
    RETURN pair.node1 AS node1,
           pair.node2 AS node2,
           size([(p1)-[:CO_AUTHOR_EARLY]-(a)-
                     [:CO_AUTHOR_EARLY]-(p2) | a]) AS commonAuthors,
           size((p1)-[:CO_AUTHOR_EARLY]-()) * size((p2)-
                     [:CO_AUTHOR_EARLY]-()) AS prefAttachment,
           size(apoc.coll.toSet(
               [(p1)-[:CO_AUTHOR_EARLY]-(a) | id(a)] +
                     [(p2)-[:CO_AUTHOR_EARLY]-(a) | id(a)]
           )) AS totalNeighbors
    """
    pairs = [{"node1": row["node1"], "node2": row["node2"]}
                               for row in data.collect()]
    features = spark.createDataFrame(graph.run(query,
                           {"pairs": pairs}).to_data_frame())
    return data.join(features, ["node1", "node2"])
```

그리고 다음 함수는 테스트 세트를 사용해 계산한다.

```
def apply_graphy_test_features(data):
    query = """
    UNWIND $pairs AS pair
    MATCH (p1) WHERE id(p1) = pair.node1
    MATCH (p2) WHERE id(p2) = pair.node2
    RETURN pair.node1 AS node1,
           pair.node2 AS node2,
           size([(p1)-[:CO_AUTHOR]-(a)-[:CO_AUTHOR]-(p2) | a]) AS commonAuthors,
           size((p1)-[:CO_AUTHOR]-()) * size((p2)-[:CO_AUTHOR]-())
                           AS prefAttachment,
           size(apoc.coll.toSet(
               [(p1)-[:CO_AUTHOR]-(a) | id(a)] + [(p2)-[:CO_AUTHOR]-(a) | id(a)]
           )) AS totalNeighbors
    """
```

```
pairs = [{"node1": row["node1"], "node2": row["node2"]}
                for row in data.collect()]
features = spark.createDataFrame(graph.run(query,
                {"pairs": pairs}).to_data_frame())
return data.join(features, ["node1", "node2"])
```

이 두 함수는 모두 node1, node2 열에 노드 쌍을 포함하는 DataFrame을 가져온다. 그런 다음 이러한 쌍을 포함하는 맵 배열을 만들고 각 노드 쌍에 대한 각 측정값을 계산한다.

 UNWIND 절은 특히 이번 장에서는 하나의 질의에서 노드 쌍을 많이 모아 모든 특징을 하나의 질의로 반환할 때 특히 유용하다.

스파크에서 앞의 두 함수를 훈련에 적용하고 다음 코드를 사용해 DataFrame을 테스트할 수 있다.

```
training_data = apply_graphy_training_features(training_data)
test_data = apply_graphy_test_features(test_data)
```

훈련 세트의 데이터를 살펴보자. 다음 코드는 commonAuthors 빈도의 히스토그램을 표시한다.

```
plt.style.use('fivethirtyeight')
fig, axs = plt.subplots(1, 2, figsize=(18, 7), sharey=True)
charts = [(1, "have collaborated"), (0, "haven't collaborated")]

for index, chart in enumerate(charts):
    label, title = chart
    filtered = training_data.filter(training_data["label"] == label)
    common_authors = filtered.toPandas()["commonAuthors"]
    histogram = common_authors.value_counts().sort_index()
```

```
histogram /= float(histogram.sum())
histogram.plot(kind="bar", x='Common Authors', color="darkblue",
               ax=axs[index], title=f"Authors who {title} (label={label})")
axs[index].xaxis.set_label_text("Common Authors")

plt.tight_layout()
plt.show()
```

그림 8-8에서 생성된 차트를 볼 수 있다.

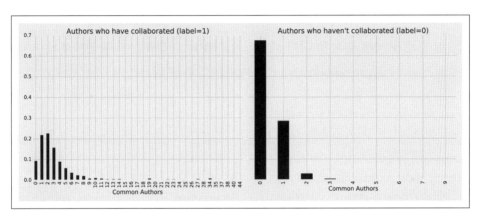

그림 8-8. commonAuthors의 빈도

왼쪽에는 저자가 공동 작업한 경우의 commonAuthors 빈도가 표시되고 오른쪽에는
공동 작업하지 않은 경우의 commonAuthors 빈도가 표시된다. 공동 작업을 하지 않
은 사람(오른쪽)의 경우 최대 공동 저자 수는 9명이지만 값의 95%는 1명이나 0명이
다. 공동 논문 작업을 하지 않은 경우가 놀라운 일은 아니며, 다른 공동 저자를 갖지
않는 경우가 대부분이다. 공동 작업 저자(왼쪽)의 경우 70%는 공동 저자가 5명 미
만이고 다른 공동 저자의 수는 한 명에서 두 명 사이가 높다.

이제 누락된 링크를 예측하도록 모델을 훈련시키려고 한다. 다음 함수를 사용해
수행한다.

```
def train_model(fields, training_data):
    pipeline = create_pipeline(fields)
    model = pipeline.fit(training_data)
    return model
```

commonAuthors만 사용하는 기본 모델을 만드는 것부터 시작한다. 다음 코드를 사용해 해당 모델을 만들 수 있다.

```
basic_model = train_model(["commonAuthors"], training_data)
```

학습된 모델을 사용해 일부 더미 데이터에 어떻게 작동하는지 확인해보자. 다음 코드에서는 다른 값 commonAuthors를 사용한 결과를 평가한다.

```
eval_df = spark.createDataFrame(
    [(0,), (1,), (2,), (10,), (100,)],
    ['commonAuthors'])

(basic_model.transform(eval_df)
 .select("commonAuthors", "probability", "prediction")
 .show(truncate=False))
```

해당 코드를 실행하면 다음과 같은 결과를 얻는다.

commonAuthors	probability	prediction
0	[0.7540494940434322,0.245950505956787]	0.0
1	[0.7540494940434322,0.245950505956787]	0.0
2	[0.0536835525078107,0.9463164474921892]	1.0
10	[0.0536835525078107,0.9463164474921892]	1.0

commonAuthors 값이 2 미만이면 저자 간에 관계가 없을 확률이 75%이므로 모델의 예측값은 0이다. commonAuthors 값이 2 이상이면 확률이 94%다. 저자 간의 관계가

302

존재할 것이므로 모델은 1을 예측한다.

이제 테스트 세트를 사용해 모델을 평가한다. 모델이 얼마나 잘 수행 가능한지 평가하는 방법은 여러 가지가 있지만 대부분은 표 8-1에 설명된 몇 가지 기본 예측 방법을 기준으로 파생된다.

표 8-1. 예측 메트릭(prediction metrics)

측정 방식	공식	내용
정확도	$\dfrac{TruePositives + TrueNegatives}{TotalPredictions}$	모델의 올바른 예측 비율이나 올바른 예측의 총 수를 총 예측 수로 나눈 값을 의미한다. 데이터가 불균형적인 경우 정확도만으로는 오해의 소지가 있을 수 있다. 예를 들어 95마리의 고양이와 5마리의 개가 포함된 데이터 세트가 있고 모델에서 모든 이미지가 고양이라고 예측하는 경우에 개를 올바르게 식별하지 않아도 95%의 정확도 점수를 얻는다.
정밀도	$\dfrac{TruePositives}{TruePositives + FalsePositives}$	올바른 긍정적인 식별 비율이다. 낮은 정밀도 점수는 더 많은 위양성(false positive)을 나타낸다. 위양성을 만들지 않는 모델의 정밀도는 1.00이다.
재현율 – 진양성율(true positive rate)	$\dfrac{TruePositives}{TruePositives + FalseNegatives}$	올바르게 식별된 실제 양성율을 나타낸다. 낮은 재현율 점수(recall score)는 더 많은 위음성(false negative) 값을 나타낸다. 위음성 값을 만들지 않는 모델의 재현율(recall)은 1.00이다.
위양성율(False positive rate)	$\dfrac{FalsePositives}{FalsePositives + TrueNegatives}$	식별된 잘못된 양성율을 나타낸다. 높은 점수는 더 많은 위음성 값을 나타낸다.
수신 동작 특성 곡선(Receiver Operating Characteristic Curve)	X-Y 차트	ROC 커브는 다른 분류 임곗값에서 거짓 양성율에 대한 재현율(진양성 비율)의 플롯을 나타낸다. AUC(Area Under Curve, 커브 아래 영역)는 X-Y축 (0, 0)에서 (1, 1)까지 ROC 커브 아래의 2차원 영역을 측정한다.

정확도, 정밀도, 재현율, ROC 커브를 사용해 모델을 평가한다. 정확도는 대략적인 척도이므로 전반적인 정밀도와 재현율 척도를 높이는 데 초점을 맞춰야 한다. ROC 커브를 사용해 개별 특징이 예측률을 어떻게 변화시키는지 비교할 것이다.

목표에 따라 다른 조치를 선호할 수 있다. 예를 들어 질병 지표에 대한 모든 거짓 음성을 제거하고 싶지만 모든 예측 결과를 양성으로 하진 않는다. 잘못된 결과로 판단할 가능성을 가진 일부 결과를 2차 검사로 전달하는 여러 모델에 대해 여러 임곗값을 설정할 수 있다. 분류 임곗값을 낮추면 전체적으로 더 많은 양성 결과가 나오므로 위양성과 참양성이 모두 증가한다.

다음 함수를 사용해 이러한 예측 측정값을 계산해본다.

```python
def evaluate_model(model, test_data):
    # 테스트 세트에 대해 모델 실행
    predictions = model.transform(test_data)

    # 진양성, 위양성, 위음성 카운트 계산
    tp = predictions[(predictions.label == 1) &
                     (predictions.prediction == 1)].count()
    fp = predictions[(predictions.label == 0) &
                     (predictions.prediction == 1)].count()
    fn = predictions[(predictions.label == 1) &
                     (predictions.prediction == 0)].count()

    # 수동으로 재현율과 정밀도 계산
    recall = float(tp) / (tp + fn)
    precision = float(tp) / (tp + fp)

    # 스파크 MLLib의 이진 분류 평가기를 사용해 정확도 계산
    accuracy = BinaryClassificationEvaluator().evaluate(predictions)

    # sklearn 함수를 사용해 위양성율과 진양성율 계산
    labels = [row["label"] for row in predictions.select("label").collect()]
    preds = [row["probability"][1] for row in predictions.select
                ("probability").collect()]
    fpr, tpr, threshold = roc_curve(labels, preds)
    roc_auc = auc(fpr, tpr)

    return { "fpr": fpr, "tpr": tpr, "roc_auc": roc_auc, "accuracy": accuracy,
             "recall": recall, "precision": precision }
```

그리고 결과를 사용하기 쉬운 형식으로 표시하는 함수를 만들어보자.

```
def display_results(results):
    results = {k: v for k, v in results.items() if k not in
                        ["fpr", "tpr", "roc_auc"]}
    return pd.DataFrame({"Measure": list(results.keys()),
                            "Score": list(results.values())})
```

다음의 코드로 함수를 호출하고 결과를 표시한다.

```
basic_results = evaluate_model(basic_model, test_data)
display_results(basic_results)
```

일반 저자 모델에 대한 예측 측정은 다음과 같다.

measure	score
accuracy	0.864457
recall	0.753278
precision	0.968670

일련의 저자 쌍에서 공동 저자 수만을 기준으로 향후 공동 작업을 예측할 수 있음을 감안할 때 시작은 나쁘지 않다. 그러나 이러한 측정 결과들을 서로 고려하면 더 큰 그림을 얻을 수 있다. 예를 들어 이 모델의 정밀도는 0.968670이므로 링크가 존재하는지 예측하는 데 매우 유용하다. 하지만 재현율은 0.753278이므로 링크가 없는 시기를 예측할 때는 부적합하다.

또한 다음 함수를 사용해 ROC 커브(진양성과 위양성의 상관관계)를 나타낼 수 있다.

```
def create_roc_plot():
    plt.style.use('classic')
    fig = plt.figure(figsize=(13, 8))
    plt.xlim([0, 1])
    plt.ylim([0, 1])
```

```
    plt.ylabel('True Positive Rate')
    plt.xlabel('False Positive Rate')
    plt.rc('axes', prop_cycle=(cycler('color',
                ['r', 'g', 'b', 'c', 'm', 'y', 'k'])))
    plt.plot([0, 1], [0, 1], linestyle='--', label='Random score
                (AUC = 0.50)')
    return plt, fig
def add_curve(plt, title, fpr, tpr, roc):
    plt.plot(fpr, tpr, label=f"{title} (AUC = {roc:0.2})")
```

다음과 같이 사용한다.

```
plt, fig = create_roc_plot()

add_curve(plt, "Common Authors",
    basic_results["fpr"], basic_results["tpr"], basic_results["roc_auc"])

plt.legend(loc='lower right')
plt.show()
```

그림 8-9에서 기본 모델의 ROC 커브를 볼 수 있다. 일반 저자 모델은 커브(AUC) 점수 아래 0.86 영역이다. 이는 하나의 전체적인 예측 측정값을 제공하지만 이것이 목표에 맞는지 평가하는 데 차트(또는 다른 측정값)가 필요하다. 그림 8-9에서 80% 의 참양성율(재현율)에 가까워질수록 위양성율은 약 20%가 된다. 이렇게 높은 값 은 위양성을 추적하는 데 비용이 많이 드는 사기 검출[fraud detection]과 같은 시나리오 에서는 문제가 될 수 있다.

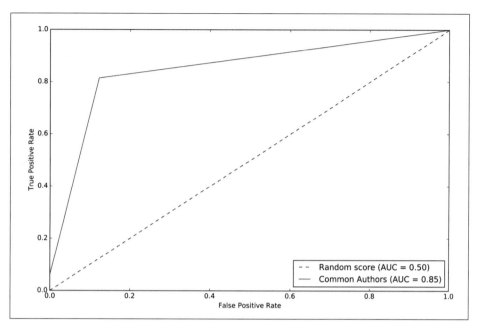

그림 8-9. 기본 모델용 ROC 커브

이제 다른 그래프 특징을 사용해 예측을 개선할 수 있는지 살펴보자. 모델을 훈련하기 전에 데이터가 어떻게 분산되는지 살펴본다. 다음 코드를 실행해 각 그래프 특징에 대한 기술적 통계치^{descriptive statistics}를 표시할 수 있다.

```
(training_data.filter(training_data["label"]==1)
 .describe()
 .select("summary", "commonAuthors", "prefAttachment", "totalNeighbors")
 .show())

(training_data.filter(training_data["label"]==0)
 .describe()
 .select("summary", "commonAuthors", "prefAttachment", "totalNeighbors")
 .show())
```

다음 표에서 해당 코드를 실행한 결과를 볼 수 있다.

summary	commonAuthors	prefAttachment	totalNeighbors
count	81096	81096	81096
mean	3.5959233501035808	69.93537289138798	10.082408503502021
stddev	4.715942231635516	171.47092255919472	8.44109970920685
min	0	1	2
max	44	3150	90

summary	commonAuthors	prefAttachment	totalNeighbors
count	81096	81096	81096
mean	0.37666469369635985	48.18137762651672	12.97586810693499
stddev	0.6194576095461857	94.92635344980489	10.082991078685803
min	0	1	1
max	9	1849	89

링크(공저)와 링크 없음(공저 없음) 사이의 차이가 큰 특징은 더 큰 분할을 갖기 때문에 더 예측 가능해야 한다. prefAttachment의 평균값은 공동 작업을 한 작성자가 그렇지 않은 작성자보다 더 높다. 그 차이는 commonAuthors의 경우 훨씬 더 중요한 의미를 갖는다. totalNeighbors의 값에 큰 차이가 없다는 것을 알 수 있으며 이 특징은 예측력이 낮다는 것을 의미한다. 또한 큰 표준 편차를 갖는 것과 우대 부착preferential attachment의 최솟값과 최댓값은 흥미로운 값이다. 이러한 내용들로 인해 집중된 허브(슈퍼커넥터)를 가진 작은 세상 네트워크를 기대할 수 있다.

이제 다음 코드를 실행해 우선적 연결과 이웃의 전체 결합을 추가하는 새 모델을 학습해보자.

```
fields = ["commonAuthors", "prefAttachment", "totalNeighbors"]
```

```
graphy_model = train_model(fields, training_data)
```

이제 모델을 평가하고 그 결과를 표시한다.

```
graphy_results = evaluate_model(graphy_model, test_data)
display_results(graphy_results)
```

그래프 모델에 대한 예측 측정 결과는 다음과 같다.

measure	score
accuracy	0.978351
recall	0.924226
precision	0.943795

정확도와 재현율은 크게 증가했지만 정밀도가 약간 떨어지고 링크의 약 8%를 여전히 잘못 분류하고 있다. ROC 커브를 그리고 다음 코드를 실행해 기본 모델과 그래프 모델을 비교한다.

```
plt, fig = create_roc_plot()

add_curve(plt, "Common Authors",
          basic_results["fpr"], basic_results["tpr"],
                        basic_results["roc_auc"])

add_curve(plt, "Graphy",
          graphy_results["fpr"], graphy_results["tpr"],
          graphy_results["roc_auc"])

plt.legend(loc='lower right')
plt.show()
```

그림 8-10에서 출력 결과를 볼 수 있다.

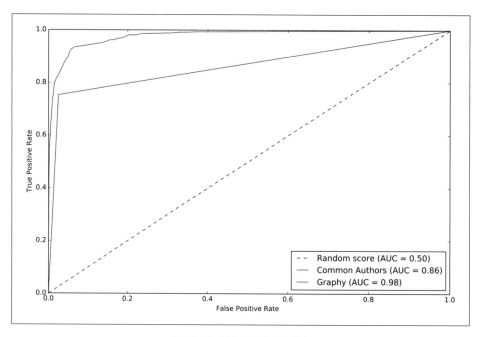

그림 8-10. 그래프 모델의 ROC 커브

전반적으로 올바른 방향으로 가고 있는 것처럼 보이며, 비교 결과를 시각화해 여러 모델이 결과에 미치는 영향을 파악하는 것이 좋다.

이제 특징이 하나 이상 여러 개이므로 어떤 특징이 가장 큰 차이를 만드는지 평가해야 한다. 특징의 중요도를 통해 다양한 특징이 모델 예측에 미치는 영향을 평가한다. 이를 통해 다양한 알고리즘과 통계가 갖는 결과에 대한 영향력을 평가할 수 있다.

 스파크의 랜덤 포레스트 알고리즘은 특징의 중요도를 계산하고자 포레스트의 모든 트리에서 불순물(impurity) 감소를 평균화한다. 랜덤하게 할당된 비정상적 레이블 빈도가 불순물이 된다. 특징 랭킹은 평가 대상 특징 그룹과 비교해 항상 1로 정규화된다.

다음 함수를 사용해 가장 영향력 있는 특징을 보여주는 차트를 만든다.

```
def plot_feature_importance(fields, feature_importances):
    df = pd.DataFrame({"Feature": fields, "Importance": feature_importances})
    df = df.sort_values("Importance", ascending=False)
    ax = df.plot(kind='bar', x='Feature', y='Importance', legend=None)
    ax.xaxis.set_label_text("")
    plt.tight_layout()
    plt.show()
```

그리고 다음과 같이 사용한다.

```
rf_model = graphy_model.stages[-1]
plot_feature_importance(fields, rf_model.featureImportances)
```

해당 함수를 실행한 결과는 그림 8-11에서 확인할 수 있다.

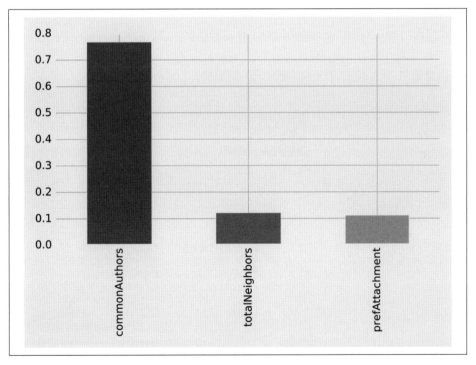

그림 8-11. 중요 특징 그래프 모델

지금까지 사용한 3가지 특징 중 **commonAuthors**가 가장 중요하다.

예측 모델이 어떻게 생성되는지 이해하려면 먼저 스파크-트리-플로팅 라이브러리(https://bit.ly/2usxOf2)를 사용해 랜덤 포레스트의 결정 트리 중 하나를 시각화한다. 다음 코드를 통해 GraphViz 파일(http://www.graphviz.org)을 만든다.

```
from spark_tree_plotting import export_graphviz

dot_string = export_graphviz(rf_model.trees[0],
    featureNames=fields, categoryNames=[], classNames=["True", "False"],
    filled=True, roundedCorners=True, roundLeaves=True)

with open("/tmp/rf.dot", "w") as file:
    file.write(dot_string)
```

터미널에서 다음 명령을 실행해 해당 파일의 시각적 표현을 할 수 있다.

```
dot -Tpdf /tmp/rf.dot -o /tmp/rf.pdf
```

해당 명령의 출력은 그림 8-12에서 볼 수 있다.

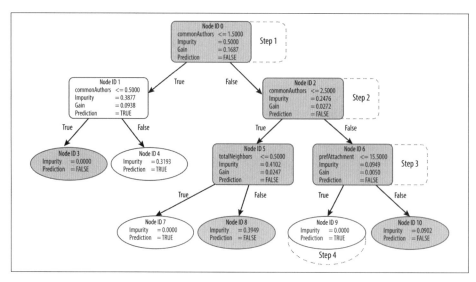

그림 8-12. 결정 트리 시각화

312

이 결정 트리를 사용해 다음 특징을 가진 한 쌍의 노드가 연결돼 있는지 예측한다고 가정해보자.

commonAuthors	prefAttachment	totalNeighbors
10	12	5

랜덤 포레스트는 예측하고자 다음과 같은 단계들을 거친다.

1. 1.5개 이상의 commonAuthors를 가진 node 0에서 시작하며 False 분기를 따라 node 2까지 내려간다.

2. 이제 여기에는 2.5개 이상의 commonAuthor가 있으므로 False 분기를 따라 node 6으로 이동한다.

3. prefAttachment의 점수는 15.5점 미만이고 node 9로 이동한다.

4. node 9는 이 결정 트리의 리프 노드다. 즉, 더 이상 조건을 확인할 필요가 없다. 이 노드에 대한 Prediction 값(즉, True)이 결정 트리의 예측 결과다.

5. 마지막으로 랜덤 포레스트는 이러한 결정 트리 컬렉션에서 예측 항목을 평가하고 가장 인기 있는 결과를 기반으로 예측한다.

이제 더 많은 그래프의 특징들을 살펴보자.

링크 예측: 트라이앵글과 결집 계수

추천 솔루션은 종종 일정한 형태의 트라이앵글 메트릭에 기반을 두고 예측하기 때문에 사용자의 사례에서 도움이 될 수 있는지 살펴본다. 다음 질의를 사용해 노드가 속한 트라이앵글의 개수와 결집 계수를 계산할 수 있다.

```
CALL algo.triangleCount('Author', 'CO_AUTHOR_EARLY', { write:true,
    writeProperty:'trianglesTrain', clusteringCoefficientProperty:
                    'coefficientTrain'});

CALL algo.triangleCount('Author', 'CO_AUTHOR', { write:true,
    writeProperty:'trianglesTest', clusteringCoefficientProperty:
                    'coefficientTest'});
```

다음 함수를 사용해 특징들을 DataFrames에 추가한다.

```python
def apply_triangles_features(data, triangles_prop, coefficient_prop):
    query = """
    UNWIND $pairs AS pair
    MATCH (p1) WHERE id(p1) = pair.node1
    MATCH (p2) WHERE id(p2) = pair.node2
    RETURN pair.node1 AS node1,
           pair.node2 AS node2,
           apoc.coll.min([p1[$trianglesProp], p2[$trianglesProp]])
                            AS minTriangles,
           apoc.coll.max([p1[$trianglesProp], p2[$trianglesProp]])
                            AS maxTriangles,
           apoc.coll.min([p1[$coefficientProp], p2[$coefficientProp]])
                            AS minCoefficient,
           apoc.coll.max([p1[$coefficientProp], p2[$coefficientProp]])
                            AS maxCoefficient
    """

    params = {
        "pairs": [{"node1": row["node1"], "node2": row["node2"]}
                        for row in data.collect()],
        "trianglesProp": triangles_prop,
        "coefficientProp": coefficient_prop
    }
    features = spark.createDataFrame(graph.run(query, params).to_data_frame())
    return data.join(features, ["node1", "node2"])
```

트라이앵글 개수와 결집 계수 알고리즘에 최소 및 최대 접두사(prefix)를 적용했다. 비방향성 그래프에서 저자가 쌍으로 전달되는 순서를 기반으로 모델 학습을 하지 않을 방법이 필요하다. 이를 위해 저자별로 특징들을 최소/최대 개수로 분할한다.

다음 코드를 사용해 훈련 및 테스트 데이터 프레임에 앞의 함수를 적용할 수 있다.

```
training_data = apply_triangles_features(training_data,
                                "trianglesTrain", "coefficientTrain")
test_data = apply_triangles_features(test_data,
                                "trianglesTest", "coefficientTest")
```

그리고 다음 코드를 실행해 각 트라이앵글 특징에 대한 기술 통계를 표시한다.

```
(training_data.filter(training_data["label"]==1)
 .describe()
 .select("summary", "minTriangles", "maxTriangles",
   "minCoefficient", "maxCoefficient")
 .show())

(training_data.filter(training_data["label"]==0)
 .describe()
 .select("summary", "minTriangles", "maxTriangles", "minCoefficient",
                                "maxCoefficient")
 .show())
```

다음 표에서 위의 코드를 실행한 결과를 볼 수 있다.

summary	minTriangles	maxTriangles	minCoefficient	maxCoefficient
count	81096	81096	81096	81096
mean	19.478260333431983	27.73590559337082	0.5703773654487051	0.8453786164620439
stddev	65.7615282768483	74.01896188921927	0.3614610553659958	0.2939681857356519

(이어짐)

summary	minTriangles	maxTriangles	minCoefficient	maxCoefficient
min	0	0	0.0	0.0
max	622	785	1.0	1.0

summary	minTriangles	maxTriangles	minCoefficient	maxCoefficient
count	81096	81096	81096	81096
mean	5.754661142349808	35.651980368945445	0.49048921333297446	0.860283935358397
stddev	20.639236521699	85.82843448272624	0.3684138346533951	0.2578219623967906
min	0	0	0.0	0.0
max	617	785	1.0	1.0

이 비교에서 공동 저자 데이터와 비공동 저자 데이터 간에 큰 차이가 없다는 것을 알 수 있다. 이는 그 특징이 예측적이지 않다는 것을 의미한다. 다음 코드를 실행해 또 다른 모델을 학습할 수 있다.

```
fields = ["commonAuthors", "prefAttachment", "totalNeighbors",
          "minTriangles", "maxTriangles", "minCoefficient", "maxCoefficient"]
triangle_model = train_model(fields, training _data)
```

이제 모델을 평가하고 결과를 표시한다.

```
triangle_results = evaluate_model(triangle_model, test_data)
display_results(triangle_results)
```

트라이앵글 모델에 대한 예측 측정 결과는 다음 표에서 볼 수 있다.

measure	score
accuracy	0.992924
recall	0.965384
precision	0.958582

이전 모델에 각각의 새로운 특징을 추가했고 예측 조치 결과는 잘 증가했다. 다음 코드를 사용해 트라이앵글 모델을 ROC 커브 차트에 추가한다.

```
plt, fig = create_roc_plot()

add_curve(plt, "Common Authors",
          basic_results["fpr"], basic_results["tpr"], basic_results["roc_auc"])

add_curve(plt, "Graphy",
          graphy_results["fpr"], graphy_results["tpr"],
                              graphy_results["roc_auc"])

add_curve(plt, "Triangles",
          triangle_results["fpr"], triangle_results["tpr"],
                              triangle_results["roc_auc"])

plt.legend(loc='lower right')
plt.show()
```

그림 8-13에서 출력을 볼 수 있다.

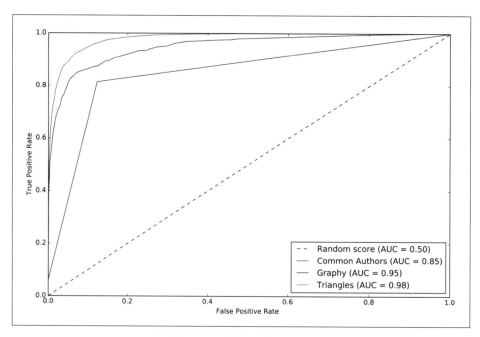

그림 8-13. 트라이앵글 모델용 ROC 커브

우리의 모델은 일반적으로 개선됐고 예측 측정 결과는 높은 90이 나왔다. 가장 쉽게 이득을 얻을 수 있지만 여전히 개선의 여지가 있기 때문에 일반적으로 어렵다. 중요한 특징이 어떻게 바뀌었는지 살펴보자.

```
rf_model = triangle_model.stages[-1]
plot_feature_importance(fields, rf_model.featureImportances)
```

해당 함수의 실행 결과는 그림 8-14에서 확인할 수 있다. 특징 commonAuthors는 여전히 모델에 가장 큰 영향을 미친다. 새로운 영역을 살펴보고 커뮤니티 정보를 추가하면 어떤 일이 일어나는지 확인할 필요가 있다.

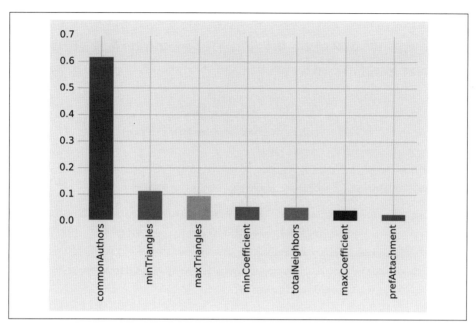

그림 8-14. 특징 중요성: 트라이앵글 모델

링크 예측: 커뮤니티 검출

아직 링크가 없는 경우 동일한 커뮤니티에 있는 노드들이 링크를 가질 가능성이
더 높다고 가정한다. 또한 커뮤니티가 빡빡할수록 링크 가능성이 높다.

첫 번째로 Neo4j의 레이블 전파 알고리즘을 사용해 더 거친 커뮤니티를 계산한다.
이를 위해 다음 질의를 사용해 커뮤니티를 테스트 세트의 프로퍼티 partitionTest
와 훈련 세트의 프로퍼티 partitionTrain에 저장한다.

```
CALL algo.labelPropagation("Author", "CO_AUTHOR_EARLY", "BOTH",
    {partitionProperty: "partitionTrain"});
CALL algo.labelPropagation("Author", "CO_AUTHOR", "BOTH",
    {partitionProperty: "partitionTest"});
```

또한 루뱅 알고리즘을 사용해 세분화된 그룹을 계산한다. 루뱅 알고리즘은 중간 클러스터를 반환하며, 훈련 세트의 경우 프로퍼티 louvainTrain과 테스트 세트의 경우 프로퍼티 louvainTest에 이러한 클러스터 중 가장 작은 클러스터를 저장한다.

```
CALL algo.louvain.stream("Author", "CO_AUTHOR_EARLY",
                         {includeIntermediateCommunities:true})
YIELD nodeId, community, communities
WITH algo.getNodeById(nodeId) AS node, communities[0] AS smallestCommunity
SET node.louvainTrain = smallestCommunity;

CALL algo.louvain.stream("Author", "CO_AUTHOR",
                         {includeIntermediateCommunities:true})
YIELD nodeId, community, communities
WITH algo.getNodeById(nodeId) AS node, communities[0] AS smallestCommunity
SET node.louvainTest = smallestCommunity;
```

이제 이러한 알고리즘에서 값을 반환할 수 있는 다음의 함수를 만든다.

```
def apply_community_features(data, partition_prop, louvain_prop):
    query = """
    UNWIND $pairs AS pair
    MATCH (p1) WHERE id(p1) = pair.node1
    MATCH (p2) WHERE id(p2) = pair.node2
    RETURN pair.node1 AS node1,
           pair.node2 AS node2,
           CASE WHEN p1[$partitionProp] = p2[$partitionProp] THEN
                   1 ELSE 0 END AS samePartition,
           CASE WHEN p1[$louvainProp] = p2[$louvainProp] THEN
                   1 ELSE 0 END AS sameLouvain
    """
    params = {
            "pairs": [{"node1": row["node1"], "node2": row["node2"]} for
                            row in data.collect()],
            "partitionProp": partition_prop,
            "louvainProp": louvain_prop
```

```
        }
        features = spark.createDataFrame(graph.run(query, params).to_data_frame())
        return data.join(features, ["node1", "node2"])
```

이 함수를 훈련에 적용하고 다음 코드를 사용해 스파크의 DataFrames를 테스트할 수 있다.

```
training_data = apply_community_features(training_data,
                                         "partitionTrain", "louvainTrain")
test_data = apply_community_features(test_data, "partitionTest", "louvainTest")
```

노드 쌍이 동일 파티션에 속하는지 확인할 수 있다.

```
plt.style.use('fivethirtyeight')
fig, axs = plt.subplots(1, 2, figsize=(18, 7), sharey=True)
charts = [(1, "have collaborated"), (0, "haven't collaborated")]

for index, chart in enumerate(charts):
    label, title = chart
    filtered = training_data.filter(training_data["label"] == label)
    values = (filtered.withColumn('samePartition',
                F.when(F.col("samePartition") == 0, "False")
                           .otherwise("True"))
                           .agg(F.count("label").alias("count"))
                           .select("samePartition", "count")
                           .toPandas())
    values.set_index("samePartition", drop=True, inplace=True)
    values.plot(kind="bar", ax=axs[index], legend=None,
                title=f"Authors who {title} (label={label})")
    axs[index].xaxis.set_label_text("Same Partition")
plt.tight_layout()
plt.show()
```

이 코드를 실행한 결과는 그림 8-15에서 볼 수 있다.

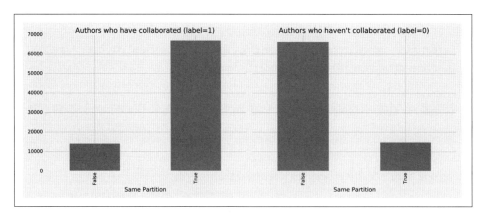

그림 8-15. 동일한 파티션

이 특징은 예측 가능하다. 공동 작업을 수행한 저자는 그렇지 않은 저자보다 동일한 파티션에 있을 가능성이 훨씬 더 높다. 다음 코드를 실행해 루뱅 클러스터에 대해 동일한 작업을 수행할 수 있다.

```python
plt.style.use('fivethirtyeight')
fig, axs = plt.subplots(1, 2, figsize=(18, 7), sharey=True)
charts = [(1, "have collaborated"), (0, "haven't collaborated")]

for index, chart in enumerate(charts):
    label, title = chart
    filtered = training_data.filter(training_data["label"] == label)
    values = (filtered.withColumn('sameLouvain',
                F.when(F.col("sameLouvain") == 0, "False")
                        .otherwise("True"))
                        .groupby("sameLouvain")
                        .agg(F.count("label").alias("count"))
                        .select("sameLouvain", "count")
                        .toPandas())
    values.set_index("sameLouvain", drop=True, inplace=True)
    values.plot(kind="bar", ax=axs[index], legend=None,
                title=f"Authors who {title} (label={label})")
    axs[index].xaxis.set_label_text("Same Louvain")
```

```
plt.tight_layout()
plt.show()
```

이 코드를 실행한 결과는 그림 8-16에서 볼 수 있다.

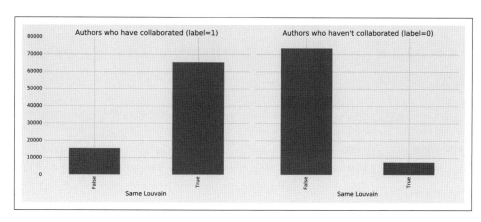

그림 8-16. 동일한 Louvain 클러스터

이 특징 또한 예측 가능하다. 같은 클러스터에 있을 가능성이 높고 그렇지 않은 사람들은 같은 클러스터에 있을 가능성이 매우 낮다.

다음 코드를 실행해 또 다른 모델을 훈련할 수 있다.

```
fields = ["commonAuthors", "prefAttachment", "totalNeighbors",
          "minTriangles", "maxTriangles", "minCoefficient", "maxCoefficient",
          "samePartition", "sameLouvain"]
community_model = train_model(fields, training_data)
```

이제 모델을 평가하고 결과를 표시한다.

```
community_results = evaluate_model(community_model, test_data)
display_results(community_results)
```

커뮤니티 모델에 대한 예측 측정은 다음과 같다.

measure	score
accuracy	0.995771
recall	0.957088
precision	0.978674

일부 측정값이 개선됐고 비교할 수 있게끔 다음 코드를 실행해 모든 모델의 ROC 커브를 나타낸다.

```
plt, fig = create_roc_plot()

add_curve(plt, "Common Authors",
          basic_results["fpr"], basic_results["tpr"], basic_results["roc_auc"])

add_curve(plt, "Graphy",
          graphy_results["fpr"], graphy_results["tpr"],
          graphy_results["roc_auc"])

add_curve(plt, "Triangles",
          triangle_results["fpr"], triangle_results["tpr"],
          triangle_results["roc_auc"])

add_curve(plt, "Community",
          community_results["fpr"], community_results["tpr"],
          community_results["roc_auc"])

plt.legend(loc='lower right')
plt.show()
```

그림 8-17에서 결과를 볼 수 있다.

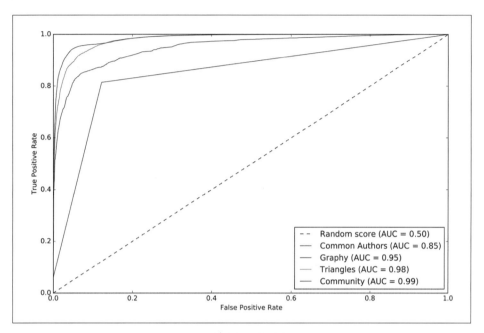

그림 8-17. 커뮤니티 모델을 위한 ROC 커브

커뮤니티 모델 추가로 개선된 점을 확인할 수 있고 가장 중요한 특징은 무엇인지
살펴본다.

```
rf_model = community_model.stages[-1]
plot_feature_importance(fields, rf_model.featureImportances)
```

해당 기능을 실행한 결과는 그림 8-18에서 확인할 수 있다.

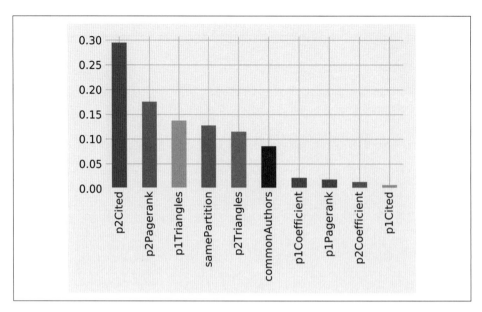

그림 8-18. 특징 중요성: 커뮤니티 모델

일반 저자 모델이 전반적으로 매우 중요하지만 새 데이터에 대한 예측을 왜곡할 수 있는 지나친 지배적 요소를 사용하지 않는 것이 좋다. 커뮤니티 검출 알고리즘은 모든 특징이 포함된 마지막 모델에서 많은 영향력이 있었고 이는 예측 접근 방식을 완성하는 데 도움이 된다.

예제에서 그래프 기반 특징이 간단한 것이 좋은 시작점인 것을 확인했으며, 그래프와 그래프 알고리즘 기반 특징들을 지속적으로 추가해 예측 측정 결과를 지속적으로 개선한다. 이제 공동 저자 링크를 예측하기 위한 훌륭하고 균형 잡힌 모델을 갖게 됐다.

연결 특징 추출에 그래프를 적용하면 예측을 크게 향상시킬 수 있다. 이상적인 그래프 특징과 알고리즘은 네트워크 도메인과 그래프 모양 등의 데이터 속성에 따라 다르다. 데이터 내 예측 요소를 먼저 고려하고 미세 조정 전에 서로 다른 유형의 연결 특징을 사용해 가설^{hypotheses}을 테스트하는 것이 좋다.

여러 조사 영역과 다른 모델 빌드 방법이 있다. 추가 탐색을 위한 몇 가지 아이디어들은 다음과 같다.

- 포함하지 않은 콘퍼런스 데이터 모델은 얼마나 예측 가능할까?
- 새로운 데이터를 테스트할 때 일부 특징을 제거하면 어떻게 될까?
- 훈련과 테스트를 위해 연도를 기준으로 나누는 것이 예측에 영향을 미칠까?
- 이 데이터 세트에는 논문 내 여러 인용을 가진다. 이 데이터를 사용해 다른 특징을 생성하거나 향후의 인용을 예측할 수 있을까?

요약

8장에서는 그래프 특징과 알고리즘을 사용해 머신러닝을 향상시키는 방법을 살펴봤다. 몇 가지 예비 개념을 다루고 링크 예측을 위해 Neo4j와 아파치 스파크를 통합하는 자세한 예제들을 살펴봤다. 랜덤 포레스트 분류기 모델을 평가하고 다양한 유형의 연결 특징을 통합해 결과를 개선하는 방법을 설명했다.

전체 내용 요약

이 책에서는 그래프 개념, 실행 플랫폼, 분석을 다뤘다. 아파치 스파크와 Neo4j에서 그래프 알고리즘을 사용하는 방법에 대한 많은 실제 예제를 살펴봤고 그래프가 어떻게 머신러닝을 향상시키는지 살펴봤다.

그래프 알고리즘은 사기를 방지하고 통화 라우팅을 최적화해 독감 확산을 예측할 수 있는 시스템 분석의 핵심이다. 당신도 오늘날의 고도로 연결된 데이터를 활용하는 고유한 솔루션을 개발해 주길 바란다.

추가 정보와 자원

부록에서는 일부 독자에게 도움이 될 수 있는 추가 정보를 살펴본다. 알고리즘의 다른 유형, Neo4j로 데이터를 가져오는 다른 방법과 다른 프로시저 라이브러리를 알아본다. 데이터 세트 찾기, 플랫폼 지원과 훈련에 대한 리소스도 살펴본다.

기타 알고리즘

그래프 데이터와 함께 많은 알고리즘을 사용할 수 있다. 이 책에서는 고전적인 그래프 알고리즘을 가장 잘 대표하는 것들과 애플리케이션 개발자들에게 가장 많이 사용되는 것들에 초점을 맞췄다. 채색 및 휴리스틱과 같은 일부 알고리즘은 학술 사례에 더 관심이 있거나 쉽게 파생될 수 있기 때문에 생략됐다.

에지 기반edge-based 커뮤니티 검출과 같은 다른 알고리즘은 흥미롭지만 Neo4j나 아파치 스파크에서는 아직 구현되지 않았다. 그래프 분석의 사용이 늘어남에 따라 두 플랫폼 모두에서 사용되는 그래프 알고리즘 목록이 늘어날 것으로 예상한다.

그래프와 함께 사용되지만 본질적으로 엄격하게 그래프화되지 않은 카테고리의 알고리즘도 있다. 예를 들어 8장에서는 머신러닝에서 사용되는 몇 가지 알고리즘을 살펴봤다. 또 다른 주목할 부분은 유사성 알고리즘으로 권장 사항과 링크 예측에 자주 적용된다. 유사성 알고리즘은 노드 속성과 같은 항목을 비교하려고 다양한 방법을 사용해 서로 가장 유사한 노드를 찾는다.

Neo4j 대량 데이터 가져오기와 옐프

Cypher 질의 언어로 Neo4j로 데이터를 가져오려면 트랜잭션 접근 방식을 사용한다. 그림 A-1은 이 프로세스의 개략적인 개요를 보여준다.

그림 A-1. Cypher 기반 가져오기

이 방법은 증분 데이터 가져오기 또는 최대 1천만 레코드의 대량 가져오기에 적합하지만 초기 대량 데이터 세트를 가져올 때 Neo4j 가져오기^{Import} 도구가 더 낫다. 이 도구는 그림 A-2와 같이 트랜잭션 로그를 건너뛰고 저장 파일을 직접 생성한다.

그림 A-2. Neo4j 가져오기 도구 사용

Neo4j 가져오기 도구는 CSV 파일을 처리하고 이 CSV 파일에 특정 헤더가 있을 것으로 예상한다. 그림 A-3은 도구로 처리할 수 있는 CSV 파일의 예를 보여준다.

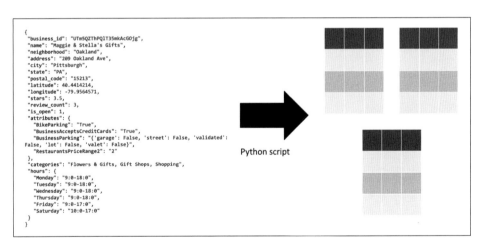

그림 A-3. Neo4j 가져오기 도구가 처리할 수 있는 CSV 파일의 형식

옐프 데이터 세트의 크기는 Neo4j 가져오기 도구가 데이터를 Neo4j로 가져오는 데 가장 적합한 선택임을 보여준다. 데이터는 JSON 형식이므로 첫 번째로 Neo4j 가져오기 도구에서 예상하는 형식으로 변환해야 한다. 그림 A-4는 변환해야 하는 JSON의 예를 보여준다.

```
{
  "business_id": "UTmSQZThPQlT35mkAcGOjg",
  "name": "Maggie & Stella's Gifts",
  "neighborhood": "Oakland",
  "address": "209 Oakland Ave",
  "city": "Pittsburgh",
  "state": "PA",
  "postal_code": "15213",
  "latitude": 40.4414214,
  "longitude": -79.9564571,
  "stars": 3.5,
  "review_count": 3,
  "is_open": 1,
  "attributes": {
    "BikeParking": "True",
    "BusinessAcceptsCreditCards": "True",
    "BusinessParking": "{'garage': False, 'street': False, 'validated':
False, 'lot': False, 'valet': False}",
    "RestaurantsPriceRange2": "2"
  },
  "categories": "Flowers & Gifts, Gift Shops, Shopping",
  "hours": {
    "Monday": "9:0-18:0",
    "Tuesday": "9:0-18:0",
    "Wednesday": "9:0-18:0",
    "Thursday": "9:0-18:0",
    "Friday": "9:0-17:0",
    "Saturday": "10:0-17:0"
  }
}
```

Python script

그림 A-4. JSON을 CSV로 변환

파이썬을 사용해 데이터를 CSV 파일로 변환하는 간단한 스크립트를 만들 수 있다.

데이터를 해당 형식으로 변환하면 Neo4j로 가져올 수 있다. 이 수행 방법을 설명하는 자세한 내용은 이 책의 리소스 저장소(https://bit.ly/2FPgGVV)에 있다.

APOC와 다른 Neo4j 도구

APOC^Awesome Procedures On Cypher(https://bit.ly/2JDfSbS)는 데이터 통합, 데이터 정리, 데이터 변환, 일반 도움말 기능과 같은 일반적인 작업을 지원하는 450개 이상의 프로시저와 함수를 포함하는 라이브러리다. APOC는 Neo4j의 표준 라이브러리다.

또한 Neo4j는 코드 없는 탐색을 지원하는 'playground' 앱의 알고리즘과 같은 그래프 알고리즘 라이브러리와 사용할 수 있는 다른 도구를 제공한다. 이 도구들은 그래프 알고리즘(https://neo4j.com/developer/graph-algorithms) 개발자 사이트에서 찾을 수 있다.

데이터 세트 찾기

테스트 목표나 가설과 일치하는 그래프 데이터 세트를 찾는 것은 어려울 수 있다. 연구 논문을 검토하는 것 외에도 네트워크 데이터 세트에 대한 색인 탐색을 고려해야 한다.

- 스탠포드 네트워크 분석 프로젝트^SNAP, The Stanford Network Analysis Project(https://snap.stanford.edu/index.html)는 관련 문서, 사용 가이드와 함께 여러 데이터 세트를 포함한다.

- 복잡 네트워크의 콜로라도 인덱스^ICON, Colorado Index of Complex Network(https://icon.colorado.edu/)는 네트워크 과학의 다양한 영역에서 탐색 가능한 연구-품질 네트워크 데이터 세트의 인덱스다.

- 코블렌츠 네트워크 컬렉션^{KONECT, The Koblenz Network Collection}(http://konect.uni-koblenz.de/)에는 네트워크 과학 연구를 수행하기 위한 다양한 타입의 대규모 네트워크 데이터 세트가 있다.

대부분의 데이터 세트는 더 유용한 형식으로 변환하는 데 추가적인 작업이 어느 정도 필요하다.

아파치 스파크와 Neo4j 플랫폼 지원

아파치 스파크와 Neo4j 플랫폼에 대한 온라인 리소스가 많이 있으므로 특정 질문이 있다면 해당 커뮤니티에 문의하는 것이 좋다.

- 일반적인 스파크 질문은 스파크 커뮤니티 페이지(https://bit.ly/2UXMmyI)에서 users@spark.apache.org를 구독한다.

- GraphFrames 질문의 경우 깃허브 문제 추적기(https://bit.ly/2YqnYrs)를 사용한다.

- 모든 Neo4j 관련 질문(그래프 알고리즘 포함)은 Neo4j 커뮤니티 온라인(https://community.neo4j.com/)을 방문한다.

훈련

그래프 분석을 시작하기 위한 훌륭한 리소스가 많다. 그래프 알고리즘, 네트워크 과학, 네트워크 분석에 대한 강의나 책을 발견할 수 있다. 온라인 학습을 위한 몇 가지 좋은 예는 다음과 같다.

- 파이썬 과정에서 코세라^{Coursera}의 소셜 네트워크 분석(https://bit.ly/2U87jtx)

- 레오니드 주코프^{Leonid Zhukov}의 소셜 네트워크 분석 유튜브 시리즈(https://bit.ly/2Wq77n9)

- 스탠포드 대학교의 네트워크 분석 과정(http://web.stanford.edu/class/cs224w/)은 비디오 강의, 읽기 목록, 기타 리소스를 제공한다.

- 복잡성 탐색기^{Complexity Explorer}(https://www.complexityexplorer.org/)는 복잡성 과학에 대한 온라인 과정을 제공한다.

찾아보기

ㅈ

ㅊ

ㅋ

그래프 알고리즘

아파치 스파크와 Neo4j를 사용한 실전 예제

발 행 | 2021년 7월 22일

지은이 | 마크 니덤 · 에이미 호들러
옮긴이 | 테크 트랜스 그룹 T4

펴낸이 | 권 성 준
편집장 | 황 영 주
편 집 | 조 유 나
         김 진 아
디자인 | 송 서 연

에이콘출판주식회사
서울특별시 양천구 국회대로 287 (목동)
전화 02-2653-7600, 팩스 02-2653-0433
www.acornpub.co.kr / editor@acornpub.co.kr

한국어판 ⓒ 에이콘출판주식회사, 2021, Printed in Korea.
ISBN 979-11-6175-542-7
http://www.acornpub.co.kr/book/graph-algorithms

책값은 뒤표지에 있습니다.